中国博士后科学基金项目（资助编号：2017M622528）

社会资本与
地方高校协同创新

张廷 著

中国社会科学出版社

图书在版编目（CIP）数据

社会资本与地方高校协同创新/张廷著 . —北京：中国
社会科学出版社，2019. 6
ISBN 978 - 7 - 5203 - 4517 - 0

Ⅰ.①社…　Ⅱ.①张…　Ⅲ.①社会资本—影响—地方
高校—产学合作—研究—中国　Ⅳ.①G649.21

中国版本图书馆 CIP 数据核字（2019）第 110758 号

出 版 人　赵剑英
责任编辑　刘晓红
责任校对　周晓东
责任印制　戴　宽

出　　　版　中国社会科学出版社
社　　　址　北京鼓楼西大街甲 158 号
邮　　　编　100720
网　　　址　http：//www.csspw.cn
发 行 部　010 - 84083685
门 市 部　010 - 84029450
经　　　销　新华书店及其他书店

印刷装订　北京君升印刷有限公司
版　　　次　2019 年 6 月第 1 版
印　　　次　2019 年 6 月第 1 次印刷

开　　　本　710×1000　1/16
印　　　张　13.75
插　　　页　2
字　　　数　212 千字
定　　　价　66.00 元

凡购买中国社会科学出版社图书，如有质量问题请与本社营销中心联系调换
电话：010 - 84083683

序

　　地方高校是一个相对于国家部属高校的概念，是由各级地方政府作为教育举办者的高等院校。开展协同创新是地方高校实现内涵式发展的重要路径，也是其突破发展困境的必然选择。国家实施以协同创新为主要内容的"2011 计划"恰逢其时，对地方高校而言更具战略意义。"2011 计划"明确提出不搞论资排辈，不划等级层次，鼓励特色发展，为地方高校实现"进位赶超"提供了历史机遇。协同创新本质上是科技创新的社会网络化，地方高校由于办学历史短、积淀少，无法具备部属高校所具有的那种特殊号召力和吸引力，特别是在融入区域创新网络方面缺乏体制机制支撑，导致创新资源管理封闭、分散、低效，难以形成聚合效应，从而制约了协同创新的有效开展。

　　社会资本是近年来社会学研究领域备受关注的分析工具，它所强调的社会网络关系、互惠规范和信任合作等要素高度契合了协同创新的社会治理需求。社会资本结构维度主要表现为网络联系和网络结构，有利于协同各方获取高质量的信息；关系维度主要表现为组织之间的信任，有利于组织学习和知识共享；认知维度主要表现为共同愿景和共享价值观，有利于促进协同各方实现有效沟通。社会资本三个维度可以推动协同创新网络各结点在加强行为互动和资源共享的基础上实现风险共担和利益共享，从而激发创新聚变效应。社会资本还以组织学习为中介变量对协同创新产生影响，社会资本是组织学习的实现路径和动力机制，而组织学习有利于促进协同创新体内隐性知识的转化并为技术创新输送知识来源，利用式学习有利于渐进式创新，探索式学习有利于变革式创新。另外，宏观层次的社会环境、社会信任、社会文化、社会制度，中观层次的地方高校内部社会资本、外部社会资本，微观层次的地方高校内部领导、师生员工个人社会资本，通过投资和开发，可以生成创新联盟的社会资本，促进协同创新水平和绩效的提升。

投资和开发社会资本是推动地方高校协同创新的重要力量，体制机制建设是实现协同创新目标的关键。结合"2011 计划"的政策导向，以社会资本的整合为着眼点构建科学合理、规范有效、富有活力的体制机制成为推动地方高校协同创新的重要路径。一是健全互动网络体系。通过密切协同创新共享式社会网络、建立有效联结机制、构建高效沟通机制、积累社会资源，形成多方参与协同创新的合力。二是完善信任治理机制。通过建立协同创新联盟内部信任机制、发挥政府协调各方关系的服务功能、健全社会评价机制，促进良好信任关系的形成。三是建立互惠社会规范。通过建立公平合理的利益分配制度、建立协同创新激励机制、完善促进协同创新的科技法律体系，巩固协同创新网络关系。四是培育社团组织。社团组织是生成社会资本的重要载体，通过加强政府制度供给、改进社团组织管理方式、优化社团自身建设，推动民间社团组织健康发展。五是推动文化价值整合。通过加强校园文化和联盟文化建设、强化联盟身份认同、构建协同创新社会环境，以文化啮合协同创新网络关系。

张　廷

2019 年 1 月 1 日

目　　录

第一章　绪论……………………………………………………… 1

　　第一节　问题与任务：深入推进协同创新研究……………… 1

　　第二节　回顾与反思：国内外相关研究综述及评述………… 10

　　第三节　方法与思路：本书的技术路线和结构安排………… 27

第二章　协同创新：地方高校科技创新的社会网络化趋势……… 32

　　第一节　从线性范式到网络范式：技术创新的新经济
　　　　　　社会学阐释…………………………………………… 32

　　第二节　从体制壁垒到融合集成：高校科技创新模式的
　　　　　　变迁…………………………………………………… 41

　　第三节　从个体创新到协同创新：地方高校提升创新能力的
　　　　　　必然选择……………………………………………… 51

第三章　社会资本：一种新的分析工具和解释范式……………… 60

　　第一节　厘定社会资本：多视角的趋同表述………………… 60

　　第二节　聚焦社会资本：若干重要问题解析………………… 69

　　第三节　开发社会资本：地方高校获取社会资源的重要
　　　　　　渠道…………………………………………………… 78

第四章　结构关联：社会资本与协同创新的相关性探究………… 88

　　第一节　结构、关系及认知：社会资本与协同创新相互关联的

三个维度 ……………………………………………………… 89

第二节 知识、学习及组织：社会资本以组织学习为中介影响
协同创新 ………………………………………………… 98

第三节 宏观、中观及微观：地方高校协同创新体系中
社会资本的分析层次 ………………………………… 109

第五章 现状分析：地方高校协同创新概况及其社会资本存量…… 119

第一节 发展成就：地方高校开展协同创新的基本情况……… 119

第二节 制约因素：地方高校协同创新体系中的社会
资本不足…………………………………………………… 128

第三节 政策导向："2011 计划"对地方高校协同创新提出了
新要求……………………………………………………… 137

第六章 路径选择：以社会资本的整合推动地方高校协同创新…… 145

第一节 健全互动网络体系：形成多方参与协同创新的
合力 ……………………………………………………… 145

第二节 完善信任治理机制：协同创新网络形成和运作的
基础 ……………………………………………………… 152

第三节 建立互惠社会规范：巩固协同创新网络关系的
保障 ……………………………………………………… 156

第四节 培育社会资本载体：打造促进协同创新的
社团组织………………………………………………… 161

第五节 推动文化价值整合：以文化啮合协同创新
网络关系 ………………………………………………… 166

第七章 案例解剖：社会资本视角下的 W 大学协同创新分析 …… 171

第一节 实践探索：W 大学协同创新体系建设状况 ……… 171

第二节 制约因素：W 大学协同创新的社会发展障碍 …… 181

第三节 改进策略：基于社会资本的 W 大学协同创新
能力建设 ………………………………………………… 186

第八章　结语··196

　　第一节　结论：投资社会资本是推动地方高校协同创新的

　　　　　　新引擎···196

　　第二节　创新：开拓了协同创新研究的新视野················199

　　第三节　展望：研究愿景的期盼··································201

参考文献··202

第一章 绪论

第一节 问题与任务：深入推进协同创新研究

一 地方高校协同创新的困境

党的十八大报告指出："要坚持走中国特色自主创新道路，以全球视野谋划和推动创新，提高原始创新、集成创新和引进消化吸收再创新能力，更加注重协同创新。"党的十八大以来，以习近平同志为核心的党中央高度重视科技创新工作，要求以重大科技任务攻关和国家大型科技基础设施为主线，依托最有优势的创新单元，整合全国创新资源，建立目标导向、绩效管理、协同攻关、开放共享的新型运行机制，促进各类科研机构、大学、企业研发机构形成功能互补、良性互动的协同创新新格局。

早在 2011 年 4 月 25 日，胡锦涛同志在清华大学百年校庆纪念大会上就提出："要积极推动协同创新，通过体制机制创新和政策项目引导，鼓励高校同科研机构、企业开展深度合作，建立协同创新的战略联盟，促进资源共享，联合开展重大科研项目攻关，在关键领域取得实质性成果，努力为建设创新型国家作出积极贡献。"① 这是第一次从国家战略层面对高校协同创新提出明确要求。这一重要论述顺应了国内外最

---

① 胡锦涛：《在庆祝清华大学建校 100 周年大会上的讲话》，《人民日报》2011 年 4 月 25 日第 2 版。

新的产业发展规律和科技创新规律，对提高自主创新能力，建设创新型国家，具有直接的指导意义（李兴华，2011）。为贯彻落实胡锦涛同志重要讲话精神，促进高等教育与科技、经济、文化的有机结合，2012年3月，教育部、财政部联合推出了以协同创新为核心内容的"高等学校创新能力提升计划"（以下简称"2011计划"）。"2011计划"是体现国家意志的重大战略决策，是继"211工程""985工程"之后，为提升高校创新能力、推进高等教育质量建设，国家推出的又一具有战略性、全局性的重大工程计划。"2011计划"启动后，全国各地高校协同创新中心如雨后春笋般纷纷建立起来。

地方高校是一个相对于国家部属高校的概念，是指在教育部统一指导下由各级地方政府作为教育举办者的高等院校。① 截至2012年4月底，全国普通高校（不含独立学院）共计2138所，其中地方高校2026所，占普通高校总数的94.76%。② 2011年，地方高校的毕业生数、招生数、在校生数分别占全国高校总数的94.5%、95%、94%。③ 作为我国高等学校的主体，地方高校承担着为区域培养人才以及为地方经济和社会发展服务的重要使命。随着"十二五"时期我国进入以区域经济发展为板块的新阶段，地方高等教育对地方经济发展支撑更为重要（陈希，2010）。但是，由于缺少中央财政重点支持，加上地方财力有限，地方高校的建设发展远远滞后于国家部属高校。科研经费投入不足、高层次科研项目少、高端人才引进难等难题，严重阻碍了地方高校办学水平的提高（孔建益，2012）。④ "2011计划"与先前推出的"211工程""985工程"的一个显著区别就是不固化单位、不论资排辈，鼓励特色发展，看重实质性贡献。地方高校与区域经济社会发展有着天然的联系，普遍走上了特色化发展之路，协同创新成为地方高校突破发展

---

① 杨林、李伟、李宏：《我国地方高校发展战略研究》，《国家教育行政学院学报》2009年第11期。

② 教育部批准的高等学校名单（截至2012年4月24日），http://www.moe.edu.cn/publicfiles/business/htmlfiles/moe/moe_634/201205/135137.html。

③ 唐景莉：《"2011计划"对于地方高校意味着什么》，《中国教育报》2013年1月3日第7版。

④ 柯进、程毓：《武汉科大：校企携手"加减乘"尝到协同创新甜头》，《中国教育报》2012年7月3日第1版。

瓶颈提供了难得的政策机遇。"2011 计划"以服务国家和区域发展战略为目标，以"国家需求、国际一流"为着眼点，特别强调体制机制创新，地方高校经过多年发展，已经具备了参与协同创新计划的基础条件，实施"2011 计划"是地方高校实现一流的必然选择（程桦，2012）。

长期以来，多数地方高校积极顺应科技和经济发展要求，自觉不自觉地开展了一些协同创新活动，促进了科技进步和自身创新能力的提升。例如，通过组建跨学科学术团队、培育高新技术研究领域、与企业联合建立共享研究平台、培育学科交叉研究项目等，积极参与产业创新联盟建设、联合企业和科研院所申报重大科技专项、与行业和地方共建研究中心、瞄准地方经济社会发展需求开展科技攻关等（李忠云等，2011）。但地方高校协同创新过程中还存在一些突出问题，亟待解决。

一是协同创新的层次不高。客观上，地方高校缺乏区位优势、科研基础薄弱、办学资源受到挤压，整体实力逊色于国家部属高校。主观上，由于地方高校体制封闭，院系学科资源分割，科学研究、教育培训和企业生产之间没有建立起密切的沟通交流通道，地方高校与科研院所、企业之间优势互补、利益共享、紧密合作、共同发展的合作机制还没有真正形成。地方高校协同创新还是以技术转让、合作开发、委托开发等低层次合作为主，而共建技术合作联盟和研发机构、共建一体化经济实体等高层次的合作性还比较少（赵杨等，2012）。

二是协同创新的深度不够。协同创新体内的组成人员来自不同的行业、领域和部门，他们在人生追求、价值观念和思维方式等方面差异较大，难以形成有效协同。一方面，在地方高校内部，同一院校内不同学院、不同实验室之间互相保密、互相封锁成为普遍现象①；另一方面，在协同各方相互之间，由于分属不同的管理部门、不同的体系和领域，内部组成人员的人事、工资和工作关系等限制在不同的条块之中，难以进行岗位、职责和待遇整合，导致难以形成深度信任与合作。现有的各种合作形式大多是政府行政推动的结果，市场利益机制对协同创新各单

---

① 陈磊：《科研领域为什么患上了"自闭症"？》，《科技日报》2011 年 11 月 24 日第 1 版。

位的推动作用没有很好地发挥出来，所以协同创新网络总体上表现为外部板块式黏合，而不完全是内在有机融合，协同创新联盟的规模效应和制度优势还没有有效发挥出来。

三是协同创新的动力不足。协同创新各方处于不同的领域，各自追求的目标和价值观念也不一样，故使合作各方动力不足、活力不强。高校的教师和科研人员一般把发表论文、出版专著、争取科研课题作为价值追求，比较关注个人学术地位和声誉，把科学研究的学术价值放在首要位置。但是，对科研成果的市场价值关注较少，在科技成果转化和应用方面既不擅长也缺乏动力，再加上职称评定的评价体系也不太重视科研成果的应用，主要以学术水平为衡量标准，这就必然导致教师和科研人员不会把面向企业和市场做研发作为奋斗目标。[①] 另外，由于地方高校改革力度不够、分配机制不完善、利益分配不公现象的存在，也使地方高校主动寻求与企业合作的活力不强。

四是协同创新的氛围不浓。不少地方高校教育自身体系内尚缺乏长远的规划和持续的创新能力，缺乏具有核心竞争优势的学科和学科群，缺乏支持创新和宽容失败的文化氛围。教育外部尚未建立能与社会互动乃至引领社会发展的机制，教育依然存在战略思想保守、政策措施缺乏前瞻性、配套改革滞后等问题，创新人才发展缺乏应有的氛围和空间。部分地方高校还没有从小富即安、封闭孤立的小农思想和论资排辈、因循守旧的传统意识中解放出来，仅仅在教育系统内部寻求科研资源、仅仅在学科内部寻找科研课题的思维还普遍存在。

当前，学术界积极开展对高校协同创新研究。但是，理论界专门针对地方高校协同创新的研究比较少；现有成果较多考虑协同创新体系的"硬件"建设和地方政府的政策支持，对影响协同创新发展的社会因素关注不够。而实际上，协同创新体系是一个由创新单位、创新要素和创新环境共同构成的复杂系统，涉及经济社会发展多方面的内容，其中受特定社会文化影响而形成，并由正式、非正式社会制度联结而成的个人或群体间相互交往、彼此熟悉的关系网络，对地方高校科技创新能力与

---

① 钱晓勤：《我国高校科技成果转化中存在的问题及其对策》，《中国高教研究》2001年第 11 期。

创新效率具有重要的影响，在推动地方高校协同创新参与单位间技术学习互动、提高技术创新效率、形成区域创新文化等方面发挥着重要的作用。笔者认为，面对目前存在的上述问题，社会资本这一理论范式可以成为研究地方高校协同创新的强有力的分析框架。

二 社会资本理论的契合

社会资本是 20 世纪 80 年代后期在资本内涵拓展的基础上形成的，是自然资本、物质资本、人力资本等概念出现后，对资本外延进一步发展而形成的新的资本形式。[①] 近年来社会资本已成为社会学、经济学、政治学等多学科领域得到广泛应用的前沿和热点，作为一种跨学科理论，成为国内外学者用以解释科技进步、经济增长和社会发展的新范式（袁鹏举，2009）。社会资本与人们的社会关系和社会交往密切相关，其组成要素涉及：规范和谐有序的交往网络、相互信任的价值认同、公民参与意识与合作精神、社会自治组织与社团、平等互惠的利益基础等（苏令银，2010）。除此之外，作为一种与自然资本、物质资本、人力资本不同的资本形式，社会资本可以增强社会发展活力并提高社会运转效率，是一种典型的"软资本"。一般来说，一个组织或区域发展情况不仅取决于其物质资本和人力资本情况，还取决于连接这些资本的社会资本的数量和质量。社会资本发达，发展就比较迅速；相反，则发展缓慢甚至停滞或倒退。[②] 社会资本已成为促进一个组织或区域发展的必要条件。由此可见，社会资本之所以成为一个有广泛解释力的概念而进入多学科理论探讨和经验研究的视野，是因为社会资本理论既有悠久的思想理论渊源，又有深厚的社会现实基础，对学术理论和现实实践都具有重要的指导意义。社会资本理论无疑将成为 21 世纪一个不容忽视的学术话语（夏松，2007）。

基于以上的整体认识，社会资本是一种具有高度概括力的理论解释范式，是研究地方高校协同创新的有效分析工具（毋庸置疑，地方高

---

① 钟涨宝、黄甲寅、万江红：《社会资本理论述评》，《社会》2001 年第 10 期。
② 方竹兰：《中国体制转轨过程中的社会资本积累》，《中国人民大学学报》2002 年第 5 期。

校协同创新困境是多方面的，我们这里将采用理想类型的分析方法，主要从社会资本的角度来探讨其缘由）。从理论层面来看，社会资本的充分发育是地方高校开展协同创新的基础。推进协同创新的关键是协同各方在打破体制壁垒的基础上实现有效沟通和融合，协同创新体内高密度的社会资本成为开展深度合作的首要前提和重要条件。如果协同创新环境中充满了怀疑、猜忌和彼此之间的不信任，协同各方就不可能形成共同的目标，也不可能形成精诚合作的团队精神，更难以形成自主自愿的社会关系网络，最终无法实现高质量的合作。社会资本的多少直接关系到协同创新体的精神状态，也直接决定了协同创新的绩效和水平。只有在参与协同创新的各个单位和个人有着高度的信任、合作、互助的团队精神，具有强烈的主体意识、参与意识、权利意识，并且拥有广泛丰富的社会组织和社会团体的基础上，才能实现技术创新链条各个环节的合作互动。当代中国正处在社会转型期，社会资本呈现出特殊的发展状态：一方面，传统的"乡族式"社会资本受到冲击，在个体存量上明显下降，但在行动能力上却表现得明显"过剩"；另一方面，现代的"社团式"社会资本没有真正建立起来，在行动能力上显得有些"不足"（王华，2004）。我国是个人情社会，特殊的历史文化传统决定了社会资本存量很丰富，但是，由于社会转型、发展失衡、体制变迁、文化冲突等客观原因的存在，导致社会资本呈现"异型发展"，在功能导向上倾向于功利主义，在价值取向上有群体本位特点，在品格特质上有亲和权利的色彩，在发展空间上有浓郁的裙带主义倾向，这些都对协同创新产生了不良影响。

地方高校社会资本作为一种凝结在社会网络中的资源，主要可以分为三个层次：宏观层面上是地方政府主导的社会网络，中观层面是各种组织之间组成的协作网络，微观层面是社会成员的个人关系网络。地方高校社会资本主要通过这三个层次影响协同创新，也就是说，社会资本的多少可以直接决定协同创新能否得到地方政府、企业及其他社会组织和个人的信任和支持，决定了协同创新的社会网络的大小、紧密程度，决定了其社会资源的占有量。首先，从宏观社会网络来看，我国属于服从型公共行政文化，政府在社会发展中居于主导和核心地位，政府是最大的社会资本法人实体，相比较而言，参与型行政文化十分匮乏。一般来说，当一个社会某一层面的社会网络非常强大的时候，相关社会组织和个人为了节省交易成本就会非常倚重这一社会关系，从而产生一种"马太效应"，导致这一社会网络更加强大、作用更加突出。由于政府主导的社会网络十分强大，地方高校科研管理必然就要格外倚重政府财政投入。其次，从中观社会组织协作网络来看，应该说这是社会资本非常雄厚的领域，本应通过组织之间建立发达的网络联系，实现社会资本的有效聚集。但是，由于我国社会资本具有很强的封闭性，相互之间信任与合作不足，社会交易成本较高，加上地方高校社会资本相对分散，与企业和其他社会组织的合作过多地依赖教师个人社会关系，导致合作难以深入，也缺乏稳定性。最后，从微观的个人社会网络来看，我国个人社会资本具有强烈的民族特色。费孝通在《乡土中国》一书中将其描述为"差序格局"，中国的社会群体、组织和个人的社会资本的分布犹如水面形成的波纹，以生育和婚姻为中心，一圈圈推出去，每个网络的中心都是不同的个体。① 这种社会资本的半径是比较小的，而且"外局群体"和"内局群体"区分得非常清晰。在这种格局下，对内部人具有高度的开放性，容易在社会资本链合互动的基础上形成"攻守同盟"，通过默认规范和潜规则降低交易费用，维护"局部利益"，对外则具有高度的封闭性。这种传统社会资本对地方高校科研组织管理模式产生了深刻影响，基本都是采取教授加助手和研究生的方式组成相对独立的科研梯队。这种科研组织方式比较灵活且富有凝聚力，但是也存在着科研力量分散的严重不足，特别是在当前社会资本比较封闭、分散的条件下，这种地方高校科研管理体制的弊端更加显著，导致过度竞争和个人社会关系过于分散，社会资本缺乏有效整合，被限制在封闭的个体和小圈子内，成为当前地方高校科技创新最大的障碍。要推进协同创新，并不是资金投入能够解决的，还必须加大社会资本的投入。因此，地方高校协同创新存在的困境，从本质上来说就是社会资本不足。

由此观之，作为社会资本的核心内容和基本要素的信任、互惠规范和关系网络等，也正好是协同创新得以形成以及良好维持的基础和纽

① 费孝通：《乡土中国》，上海人民出版社 2007 年版。

带，协同创新在本质上和社会资本的内涵之间具有某种结构性依赖关系。研究协同创新问题，就要求我们引入新的分析视角和范畴，社会资本无疑成为促进地方高校协同创新的一个不可忽视的要素。

三　理论与实践价值的探讨

在高等教育发展的新形势下，协同创新已经成为大势所趋，学界和实践部门都致力于讨论提升高校协同创新能力这一热点话题，需要寻求科学规范合理的理论视角和解释范式；把社会资本引入协同创新研究恰恰符合协同创新的社会治理需求，这一研究具有较高的学术价值和实践意义。社会资本的分析途径还有助于推动人们从更深的理论层面去关注社会结构背后隐藏的参与网络、互惠规范、社会关系和信任合作，这些社会资本形式对于协同创新绩效的提升具有不容忽视的作用。在这一认识的基础上，本书把社会资本作为解读地方高校协同创新的理论视角，以明确的研究取向来思考社会网络、互惠规范、信任合作等社会资本内容的实现方式及其与协同创新的内在联系，以求将协同创新的研究引入一个更为广阔的空间，进而更加积极有效地推动地方高校协同创新健康发展。因此，从社会资本的视角来探讨地方高校协同创新，不但具有较高的理论价值，而且具有很强的现实意义。

（一）理论意义

从整体上看，本书主要有两个方面的理论价值。第一，深入研究地方高校社会资本有助于丰富和完善社会资本理论。目前的社会资本研究，涉及个人、团队、企业、地区及国家等方面的较多，但关于高校社会资本的研究很少，关于地方高校社会资本的研究更是极为匮乏。由于从整体和个体两个角度，地方高校既是一个由内部成员个体构成的网络整体，又是更大范围内的地方高校内外组织间网络中的构成个体，因而，对地方高校社会资本的分析，必须认识到地方高校内部网络所形成的内部社会资本和外部联系所形成的外部社会资本在地方高校行为中所扮演的不同角色。本书有助于丰富和完善社会资本理论，并为进一步开展地方高校社会资本的相关研究提供基础性支持。第二，将社会资本理论引入协同创新研究，分析社会资本在地方高校协同创新中的意义。在国外，社会资本在技术创新和社会发展中的作用引起日益广泛的关注，相关研究处于方兴未艾之势。在国内，近年来社会资本被广泛应用于多个研究领域，但很少有人运用社会资本理论研究协同创新问题。尽管少数技术创新研究或多或少地涉及社会资本理论，但专门从社会资本的视角分析高校协同创新的研究较少。尤其值得注意的是，现有研究更多的是将社会资本当作一种既定的"存量"，分析它在宏观社会发展和微观个人行动中的意义。相比之下，对于社会资本的产生与投资问题，相关研究要少得多。本书从社会资本的视角切入地方高校协同创新问题，分析高校社会资本的生成机制以及社会资本在地方高校协同创新中的作用，这有助于拓展协同创新研究的理论路径，丰富国内的社会资本研究。

（二）实践意义

本书的实践意义也可以归结为两个方面：一是探索地方高校协同创新的新模式，为地方高校科技创新的改革提供有益思考。协同创新使地方高校的办学合作突破了学科樊篱或教育框架，具有了多学科以及涉及政府、企业、社会甚至国际的合作新广度，而社会资本作为科技创新的重要动力，已成为地方高校开展合作研究不可或缺的"资源库"。社会资本的结构维度、关系维度和认知维度这三个基本维度对于获取创新信息、维护信任合作、实现知识共享具有直接作用，对地方高校协同创新具有显著影响。因此，地方高校协同创新要想取得实质性的成果，必须在创新网络的基础上构建基于社会资本的协同各方有效联结机制、合作共赢的激励机制、促进知识共享的沟通交流机制、创新联盟动态信任机制等关键性的体制机制，以机制的融合集成实现社会资源的整合，从而共同推动科技创新绩效的提升。二是探索社会资本开发的可行路径，为促进社会资本建设提供有益思考。国际经验表明，社会资本对于技术创新具有十分重要的作用，一个组织或区域如果拥有较多的社会资本，那么它就更容易促进技术进步，因此，发展地方高校的社会资本是推进协同创新的一个重要举措。但是，一直以来，地方高校技术创新政策主要致力于改善高校的物资资本和人力资本，相比之下，社会资本在技术创新中的作用则未引起足够的关注。本书将分析社会资本的生成机制以及社会资本在促进地方高校社会融入方面所起的作用，并就如何促进地方高校的社会资本建设提供政策建议。这可以为现有管理机制如何在物质资本和人力资本之外投资社会资本提供有益思考，从而拓宽地方高校协同创新的政策路径。

第二节　回顾与反思：国内外相关研究综述及评述

一　社会资本理论研究概况

所谓的资本，就是期望在市场中获得回报的资源投资。[1] 英语中的"capital"一词是从拉丁字"capitalis"衍生而来，"capitalis"一词源于印欧字"kaput"。从语义学角度来看，"kaput"在印欧语中本来的含义是"头"，在古代欧洲拥有牛的头数是衡量财产多少的标准。[2] 根据 F. 布劳代尔的考察结果，进入近代以后的 12—13 世纪，"资本"一词被赋予了"款项""存款""资金""生息资本"的内涵。[3] 马克思在前人研究的基础上创造性地拓展了资本的外延，把资本概念引入社会关系领域，他认为资本不仅仅是物质，还是"一定的社会的、属于一定历史社会形态的生产关系，它体现在一个物上，并赋予这个物以特有的社会性质"。[4] 20 世纪 60 年代，西方学术界普遍性地把资本的从物质性概念过渡到非实体性概念。比如，美国两位著名经济学家西奥多·舒尔茨（T. Schultz）和加里·贝克尔（G. Becker）提出了"人力资本"的概念并应用于经济学研究之中。[5][6] 资本家族陆续出现物质资本、人力资本、技术资本、金融资本、文化资本等概念，资本开始泛指一切能够带来价值增值的资源。

---

[1]　Lin Nan, *Social Capital：A Theory of Social Structure and Action*, Cambridge University Press, 2001.

[2]　Joseph T. Shipley, *Dictionary of Word Origins*, Amercia, 1957：7.

[3]　F. Braudel, "Civilization and Capitalism", 15th – 18th Century, vol. Ⅱ：*The Wheels of Commerce*, N. Y.：Harper and Row, 1982, p. 233.

[4]　Mikhail Ivanovich Volkov, *A Dictionary of Political Economy*, Moscow：Progress Publishers, 1981.

[5]　Thodore W. Schultz, *Human Capital Investment and Urban Competitiveness*, 1960.

[6]　Becker, G., "Investment in Human Capital：A Theoretical Analysis", *The Journal of Political Economy*, 1962, 70（S5）.

（一）国外关于社会资本理论的研究

20 世纪 80 年代社会资本概念提出后，90 年代迅速成为学界关注的前沿和焦点问题，在社会学、经济学、管理学和政治学等多种学科领域得到广泛应用，成为一种颇受关注的理论分析范式。法国知名社会学家布尔迪厄于 1980 年首先在《社会科学研究》杂志上以《社会资本随笔》为题发表文章，提出"社会资本"的概念，从而开启了社会资本理论研究的滥觞。[①] 在布尔迪厄研究的基础上，美国社会学家科尔曼于 1988 年在《美国社会学杂志》发表题为《社会资本在人力资本创造中的作用》的论文，从社会结构的角度对社会资本的概念进行了界定和表述[②]，随后他又撰写了《社会理论的基础》一书，全面系统地论述了社会资本理论。进入 20 世纪 90 年代以后，当时担任哈佛大学社会学教授的帕特南于 1993 年、1995 年、1996 年分别发表了《使民主运转起来：现代意大利的公民传统》[③]、《独自打保龄球：美国下降的社会资本》[④]、《繁荣的社群——社会资本和公共生活》[⑤] 等研究成果，得到了学术界的广泛认同，推动社会资本理论成为社会学领域的前沿问题。随后，更多的学者加入有关社会资本的讨论和研究，使社会资本一时之间成为社会学、经济学和政治学共同关注的热点。

（二）国内社会资本理论相关研究

社会资本理论研究在国外兴起后迅速引起国内学者的关注，并积极将这一富有解释能力的理论工具引入国内，并结合国内各种经济、政治和社会问题开展适用性研究，产生了一批研究成果。国内关于社会资本的相关研究可以从整体上归纳为四个方面。

1. 从宽泛的经济文化关系的层面开展社会资本相关研究

早在 1988 年国内就出版了与社会资本概念类似的书籍，开始研究

---

① Bourdieu Pierre, *Le Capital Social: Notes Provisioned*, Acted Rec. Sci. Soc. 30.

② Coleman, J. S., "Social Capital in the Creation of Human Capital", *American Journal of Sociology*, 1988, 94.

③ Putnam, R. et al., *Making Democracy Work: Civic Traditions in Modern Italy*, Princeton: Princeton University Press, 1993.

④ Putnam, R. D., "Bowling Alone: America's Declining Social Capital", *Journal of Democracy*, 1995 (6).

⑤ Putnam, R. D., "The Prosperous Community, Social Capital and Public Life", *The American Prospect*, 1993, 13: 35–42.

经济与文化的协调发展问题，如《经济与文化》等刊物。在此之后先后出现了一批关于信任、规范、制度以及文化对经济社会发展作用的著作，如周浩然、张炜1994年撰写并由中国经济出版社出版的《现代经济文化导论》，中国经济文化研究院1995年编写、人民出版社出版的《华夏文明振兴之路——经济与文化协同发展论》，罗治英1996年著、中央编译出版社出版的《地区形象论》等。这一阶段的研究成就主要在于人们已经开始关注文化对经济社会发展所起到的推动作用，涉及网络、规范、制度、信任、传统、形象等要素，被称为"文化力"。这些研究成果虽然没有直接使用"社会资本"这一概念，但其研究内容和社会资本具有高度的相关性和相似性。[①]

2. 以制度经济学为着眼点探讨网络、规范和制度对经济社会发展的意义

国内一批有影响的学者如吴敬琏、樊纲等经济学家开展的制度经济学研究，实质上对国内社会资本理论的研究和发展做出了重要贡献。比较有代表性的文献，如樊纲的《中华文化、理论化制度与经济发展》，把制度和文化作为推动经济社会发展的核心动力。樊纲提出，无论是正式制度还是非正式制度，在经济社会发展的过程中发挥着重要作用。他认为，改革开放以来中国现代化建设取得突出成就，融入世界发展潮流和遵循国际通用规则是关键原因，更重要的是中国自身已经逐步实现了经济社会发展的制度理性化。[②]

3. 直接从西方引入社会资本理论，对西方社会资本理论进行翻译和介绍

1993年帕特南的著作《使民主运转起来：现代意大利的公民传统》公开出版以后，引起了国内学术界的广泛关注，一些敏锐性较强的学者开始引进和介绍社会资本理论。李惠彬、杨雪冬主编并由社会科学文献出版社于2000年出版了《社会资本与社会发展》，曹荣湘选编并由上海三联书店于2003年出版了《走出囚徒困境：社会资本与制度分析》，

---

① 卜长莉：《社会资本与社会和谐》，社会科学文献出版社2005年版，第69页。

② 中国经济文化研究院：《华夏文明振兴之路——经济与文化协同发展论》，人民出版社1995年版，第272—286页。

这两部书收录了西方政治学家、经济学家、社会学家关于社会资本的相关观点，较为全面、系统地引进了西方社会资本理论。除此之外，一些比较有影响力的学术刊物如《马克思主义与现实》和《经济社会体制比较》等期刊也陆续刊出一些介绍社会资本理论的文章。如周红云编译了戈兰·海登的《公民社会、社会资本与发展》，并且发表了一篇题为《社会资本：布尔迪厄、科尔曼和帕特南的比较》的文章；龙虎翻译了埃利诺·奥斯特罗姆的《社会资本：流行的狂热抑或基本的概念》，李熠煜翻译了弗兰·汤克斯的《信任、社会资本与经济》，等等。

4. 社会资本的应用与实证研究，主要领域包括社会资本与经济发展、政治发展、社会发展、城市社区建设、农村治理、教育治理等许多方面

社会资本与经济发展方面，张其仔的《社会资本论：社会资本与经济增长》在国内率先开展了社会资本对促进经济效益提升的作用研究。① 边燕杰等对广州市 188 家企业开展了深入调研，通过细致的数据分析得出了企业社会资本可以直接提升企业经营管理能力和经济效益的重要结论。② 在社会资本促进政治发展领域的研究，燕继荣的《投资社会资本——政治发展的一种新维度》、黎珍的《正义与和谐——政治哲学视野中的社会资本》，对于我们从社会资本角度研究和推动中国政治发展和进步具有很强的启发意义。③ 在社会资本促进社会发展领域的研究，比较有代表性的是卜长莉的《社会资本与社会和谐》一书，她从分析社会资本理论产生的原因、基本内涵、运行过程及存在的根据入手，深刻论述了中国社会变迁过程中社会资本的特点及其在社会转型中的作用。④ 社会资本与城市社区建设方面，姜振华的《社区参与与城市社区社会资本的培育》考察了社区参与与城市社区社会资本培育的关系。⑤ 社会资本与农村治理方面的研究主要有：周红云撰写的《社会资

① 张其仔：《社会资本论：社会资本与经济增长》，社会科学文献出版社 1997 年版。
② 边燕杰、丘海雄：《企业的社会资本及其功效》，《中国社会科学》2000 年第 2 期。
③ 黎珍：《正义与和谐——政治哲学视野中的社会资本》，人民出版社 2008 年版。
④ 卜长莉：《社会资本与社会和谐》，社会科学文献出版社 2005 年版。
⑤ 姜振华：《社区参与与城市社区社会资本的培育》，中国社会出版社 2008 年版。

本与中国农村治理改革》、苗月霞编写的《中国乡村治理模式变迁的社会资本分析——人民公社与"乡政村治"体制的比较研究》，以及郑传贵的《社会资本与农村社区发展》，这三本专著都从社会资本的角度对农村治理提出了新的理解，深入考察和分析了社会资本作用于农村治理的内在机制，并且从政策制定的层面对如何通过投资社会资本加强农村治理工作进行了系统规划。

具体到社会资本在教育领域中的应用，目前已有学者做了一些研究。盛冰在《社会资本与学校变革》一文中从关系、制度、认知三个方面探讨了社会资本对学校变革的作用和意义，提出创造、提升或重建社会资本是推进学校变革的新途径。庄西真在《学校社会资本论》中提出了"学校社会资本"的概念；他在深入剖析社会资本结构的基础上把教育领域内学校的各种联系归纳为横向联系、纵向联系和社会联系，并认为这些联系共同组成学校的社会资本；他还提出应当以学校校长为代表来测量学校社会资本。胡钦晓的《大学社会资本研究》提出了高校社会资本的概念，并将高校社会资本由内部社会资本和外部社会资本两部分组成；高校社会资本对于信息获取、合作创新、社会融资等诸多方面有重要作用，培育高校社会资本离不开健全的法律法规，离不开高校领导、社会责任和团体组织的维护和保障。除此之外，杨跃的《关于学校社会资本的理论思考》、陈坤的《学校社会资本及其经济学意义》、侯志军的《社会资本与大学发展研究》等文章较为系统地阐述了高校社会资本对人才培养、组织创新、信息沟通、社会融资水平及科研绩效的影响功效。

二 协同创新理论研究概况

提出创新概念的学者首推经济学家熊彼特，他从经济学的角度将创新定义为"运用发明与发现，促使经济发展的概念"。[①] 协同创新是在创新概念基础上逐步发展起来的，最早给出定义的是美国麻省理工学院斯隆中心彼得·葛洛研究员，他认为协同创新是"由自我激励的人员

---

① Schumpeter, J., *The Theory of Ecomomic Development: An Inquiry into Profits, Capital, Credit, Interest, and Business Cycle*, Harvard University Press, Cambridge, MA, 1934.

所组成的网络小组形成集体愿景，借助网络交流思路、信息及工作状况，合作实现共同的目标"。① 协同创新是将协同论（Hermann Haken，1976）应用于技术创新领域而形成的新型创新模式，是创新理论的新发展，这种模式与原始创新、集成创新和引进消化吸收再创新等自主创新模式不同，本质上是一种管理创新。

（一）围绕企业这一创新主体开展的协同创新研究

从实现途径来看，协同创新可以划分为内部协同和外部协同两个范畴。关于企业内部协同创新的研究，学者们一般围绕与企业内部创新密切相关的核心要素和支撑要素的协同模式、影响因素、过程模型、运作机制和创新效应展开，其中核心要素主要涉及技术和市场，支撑要素主要包括组织、战略、管理、制度和文化等。张钢等（1997）对我国技术密集型企业进行深入调研并结合具体案例开展研究，创造性地提出了组织、技术、文化协同创新的框架和模式。② 王方瑞（2003）详细分析了技术与市场互动的内在机理并给出了协同管理的理论模型，结合实际提出了技术和市场协同创新管理的实施办法。③ 谢芳等（2006）对企业集团内部如何开展协同创新及其管理进行了细致的理论研究和实证分析，深入探讨了企业内部协同创新相关的主要影响因素，分析了它们与协同创新效应的相互关系，并提出了协同创新效应对创新绩效的影响机理。④ 饶扬德（2008）在前人研究的基础上进一步拓展了研究领域，提出市场、技术和管理三维创新体系的结构、内容和效能，并对企业如何建立三维协同机制提出了政策建议。⑤ 白俊红等（2008）以实证研究的方式剖析影响企业内部协同创新的要素及其协同机制，对显著影响协同

---

① Collaborative Innovation Network，http：//en. wikipedia. org/wiki/Collaborative_ innovation_ network.

② 张钢、陈劲、许庆瑞：《技术、组织与文化的协同创新模式研究》，《科学学研究》1997 年第 2 期。

③ 王方瑞：《基于全面创新管理的企业技术创新和市场创新的协同创新管理研究》，硕士学位论文，浙江大学，2003 年。

④ 谢芳：《企业集团内部协同创新机理研究》，硕士学位论文，浙江大学，2006 年。

⑤ 饶扬德：《市场、技术及管理三维创新协同机制研究》，《科学管理研究》2008 年第 4 期。

创新绩效的组织、战略、制度、技术和文化五个要素进行了深入分析。[①] 刘国龙（2009）探讨了协同创新促进产业成长进步的重要作用和实现机制，提出了产品创新、工艺创新、市场创新相互协作配合的新思路。[②]

有关企业外部协同创新的研究，相关成果整体上可以分为横向协同和纵向协同两个方面，前者指的是同一个大的产业领域内具体产业主体之间的协同，后者指的是同一产业功能链上不同细分环节的产业主体之间的协同。在横向协同创新研究方面，研究的热点在于创新模型构建、运行机制的规范、协同模式的优化、创新绩效的提升，等等。Dongsheng Yang 等（2008）把多 Agent 方法引入协同创新研究，以校企协同创新系统为主要研究对象，建立了相应的动态机制模型。[③] Hongzhuan Chen 等（2009）为了克服产学研协同创新的不稳定性，针对现实生活中受限的理性、技术信息的闭塞等问题，通过建立灰色对称进化模型来实现协同创新的平衡性、稳定性。[④] Jin Chen 等（2008）认为，企业应当是技术创新的主体，要加强大学知识和技术的生产、提高企业吸收能力，全面提升企业技术创新能力对于发展中国家来说意义重大。[⑤] 金林（2007）认为，科技型中小企业要通过协同创新提升自身市场竞争力，其重要途径是加强与科技中介的沟通与合作，在剖析两者协同的动因、效应、运行模式的基础上，提出了两者协同创新网络体系的构建方

① 白俊红、陈玉和、李婧：《企业内部创新协同及其影响要素研究》，《科学学研究》2008 年第 2 期。

② 刘国龙：《协同创新促进产业成长机制研究——基于产品创新、工艺创新和市场创新三螺旋视角》，硕士学位论文，武汉理工大学，2009 年。

③ Dongsheng Yang, Yongan Zhang, "Simulation Study on University – Industry Cooperative Innovation Based on Multi – agent Method", Proceedings of the 2008 International Conference on Computer Science and Software Engineering, 2008: 528 – 531.

④ Hongzhuan Chen, Qiangqiang Zhao, Zhenxin Jin, Study on Grey Evolutionary Game of "Industry – University – Institute" Cooperative Innovation, Proceedings of 2009 IEEE International Conference on Grey Systems and Intelligent Sercices, 2009: 1120 – 1125.

⑤ Jin Chen, Weiwei Ye, "The Modes of Univerdity – Industry Collaborative Innovation in Service: A Case Study from China", Proceedings of the IEEE International Conference on Management and Service Science, 2008: 1471 – 1475.

法。① Decheng Fan（2009）对协同创新绩效评价进行了研究，从合作机制、投入、产出、效应、环境等方面建立指标体系，并把模糊积分法引入协同创新评价研究，指出中国产学研合作存在的问题并提出了一系列解决方案。② 解学梅（2010）从"企业—政府""企业—企业""企业—研究组织""企业—中介"的协同关系入手，运用结构方程模型研究了协同创新网络对企业协同创新绩效的促进作用。③ Jieyi Pan 等（2009）把风险作为协同创新研究的着眼点，提出了校企协同的风险评估与管理的量化指标体系，并且把蒙特·卡洛模拟方法和风险矩阵运用到协同创新风险水平评估中。④ 在纵向协同创新研究方面，研究的热点在于各方纵向的协同模式、模型、实施策略、收益分配，等等。何勇等（2007）建立了退货政策模型并以此为案例，有效证明了创新成本由供应商和销货商共同承担的方式可以解决供应链协作的问题，而单纯的退货政策则难以解决这一问题。⑤ Lou 等（2007）对低成本创新进行了深入研究并建立了相关模型，他把博弈论模型运用到这一研究，结果发现低成本创新不仅对供应商有利，对客户也十分有益。⑥ 张巍（2009）深入研究了供应链问题，他将供应商、制造商和销售商规整为三级供应链，并且针对具有纵向溢出效应的供应链企业间如何实现协同创新问题进行了深入探讨，提出了相应的协同创新模型。⑦ 张旭梅等（2008）进

---

① 金林：《科技中小企业与科技中介协同创新研究》，硕士学位论文，大连理工大学，2007 年。

② Decheng Fan, Xiaoxu Tang, "Performance Evaluation of Industry – University – Research Cooperatice Technological Innovation Based on Fuzzy Integral", International Conference on Management Science & Engineering, 2009: 1789 – 1795.

③ 解学梅：《中小企业协同创额网络与创新绩效的实证研究》，《管理科学学报》2010 年第 8 期。

④ Jieyi Pan, Fen Wang, "Analysis and Evaluation of Knowledge Transfer Risks in Collaborative Innovation Based on Extension Method", IEEE Xplore, 2008: 1 – 4.

⑤ 何勇、赵林度、何炬：《供应链协同创新管理模式研究》，《管理科学》2007 年第 5 期。

⑥ G. X. Lou, S. X. Zeng, C. M. Tan, Cost – Reducing Innovation Collaboration in Supply Chain Manage + ment, Conference on Wireless Communications, Networking and Mobile Computing, 2007: 4929 – 4932.

⑦ 张巍、张旭梅、肖剑：《供应链企业间的协同创新及收益分配研究》，《研究与发展管理》2008 年第 4 期。

一步拓展了协同创新主体范围，将整个产品生命周期所涉及的供应链成员纳入协同研究，甚至包括客户在内。他们在研究产品设计、制造、运输、营销等环节协同创新内涵和运作过程的基础上，提出了供应链企业间协同创新的实施策略。[①] Minghua Jin 等（2009）把协同创新风险作为主要研究对象，构建了开展风险评估和管理的物元模型，通过分析企业和客户协同创新过程中相关风险因素，对其风险水平进行了定性和定量评估。[②]

（二）以高校为"2011 计划"实施主体的协同创新研究

胡锦涛在清华大学百年校庆纪念大会上的讲话，明确了高校在"2011 计划"中的实施主体地位，国内关于高校协同创新的研究成果不断涌现。近年来，论述高校协同创新的文章和著述主要涉及以下几个方面：

1. 高校协同创新的必要性和可行性

李兴华（2011）指出，协同创新已经成为创新型国家和区域提高自主创新能力的全新组织模式，如果没有高校协同创新，创新效率就不可能提高，损耗也会大大增加。[③] 叶仕满（2012）提出，高等学校要推进内涵式发展，必须从人才培养、科学研究、社会服务和文化传承创新四项基本职能出发，大力推进协同创新，全面提升创新能力，从而提高高等教育的质量和水平。[④] 顾冠华（2012）以麻省理工学院能源研究计划为例，阐述高校跨学科、跨部门、跨领域的研究中心，为整合各种力量协同合作创新提供了很大的平台和广阔的空间。[⑤] 张来斌（2011）提出，面对世界科技创新发展的新趋势和建设创新型国家的新要求，高校应积极开展协同创新，这既是服务国家和区域战略需求的需要，也是顺

[①] 张旭梅、张巍、钟和平：《供应链企业间的协同创新及其实施策略研究》，《现代管理科学》2008 年第 5 期。

[②] Jin Minghua, Zhang Xue, "Analysis and Assessment on Risks of Enterprise – customer Collaborative Innovation", International Conference on Managerment and Service Science, 2009: 1 – 4.

[③] 李兴华：《协同创新是提高自主创新能力和效率的最佳形式》，《科技日报》2011 年 9 月 23 日第 6 版。

[④] 叶仕满：《协同创新：高校提升创新能力的战略选择》，《中国高校科技》2012 年第 3 期。

[⑤] 顾冠华：《发挥高校在新兴产业中的协同创新作用》，《群众》2012 年第 6 期。

应科技发展趋势的需要，更是建设高水平行业特色型大学的需要。① 宁滨（2011）认为，全力推进协同创新，是大学服务于技术创新体系的重要任务，是大学服务经济社会发展的有效方式。② 王迎军（2011）从高校内部和外部两个方面分析，认为建立协同创新机制是培养创新人才的重要途径。③ 季晶（2011）提出，高校作为科技创新的主力军，要提升科研服务能力，推进政产学研用的融合发展，参与构建具有中国特色创新型国家的新模式。④ 马德秀（2011）认为，积极推动协同创新是全面深化产学研合作的必然选择。⑤

2. 高校在协同创新中的地位和作用

宁滨（2012）认为，作为科技第一生产力和人才第一资源的重要结合点，高校在协同创新中处于特殊地位，应成为协同创新体系的中坚力量。⑥⑦ 殷翔文（2012）认为，高校在"2011 计划"项目中具有特殊重要的地位，因为该计划项目经费属于教育科目，因而由高校作为牵头单位进行申报，牵头高校是"2011 计划"项目的实施主体，也是责任主体。但是，这并不是说高校在协同创新活动中是唯一责任主体。根据面向领域的不同，协同创新有多种不同的类型。在不同类型的协同创新共同体内，应根据国家创新体系的定位分工，或根据共同体的合作契约的要求，确定协同各方的职责定位，承担相应的义务。比如，在面向学术科技前沿的基础理论研究或人才培养的协同创新中，就应当以高校作为责任主体，由高校负责推动协同创新活动的开展；在面向区域发展的协同创新中，高校就难以承担责任主体的职责，应当由地方政府承担这

---

① 张来斌：《行业特色大学要积极开展协同创新》，《中国教育报》2011 年 12 月 28 日第 5 版。

② 宁滨：《全力推进协同创新　服务经济社会发展》，《中国高等教育》2011 年第 17 期。

③ 王迎军：《构建协同创新机制　培养拔尖创新人才》，《中国教育报》2011 年 4 月 23 日第 5 版。

④ 季晶：《推进高校协同创新　提升科研服务能力》，《科教导刊》（上旬刊）2011 年第 12 期。

⑤ 马德秀：《以协同创新谱写产学研合作新篇章》，《中国科技产业》2011 年第 12 期。

⑥ 宁滨：《高校在协同创新中的地位和作用》，《人民日报》2012 年 4 月 19 日第 8 版。

⑦ 宁滨：《高校应成为协同创新体系的中坚力量》，《中国科学报》2012 年 2 月 29 日第 6 版。

一责任；而在面向行业产业的协同创新中，应当由企业作为第一责任主体。①

3. 高校协同创新基础理论探讨

何郁冰（2012）对协同创新内在机理进行深入探讨，提出了"战略—知识—组织"三个层面互动的协同创新模式，从而构建了高校协同创新的理论分析框架。② 张力（2011）认为，推进协同创新特别是促成战略联盟，必须充分调动和整合各种社会资源，既要积极引导外部需求，也要大力刺激内生动力，并且要努力实现内外平衡，要把营造社会氛围和政策环境作为推动协同创新健康发展的重要内容。③ 李素矿（2012）提出，高校要科学把握协同创新的四个维度：高校内涵发展与高等教育发展的融合、彰显教师和学生的能动性、统筹高校四大功能协调发展、用好国内外两个市场两种资源。④ 李健（2012）认为，推进协同创新，高校一方面要把为经济建设、社会发展和国家安全服务作为自己的神圣使命；另一方面要通过制度创新，进一步调动广大教师从事产学研合作的积极性。⑤

4. 高校协同创新的困境和路径研究

李忠云等（2011）提出，制约协同创新深入开展的各种因素中，利益分割问题应当引起高度关注，这一问题解决得好坏直接影响科学家们参与协同创新的积极性和主动性，这就需要有关部门健全和完善组织、平台、项目、评价、经费等要素的供给。⑥ 罗维东（2012）认为，协同创新有别于产学研合作、联合技术攻关，其本质是要实现体制机制创新，形成具有长期稳定性的科研队伍，不是简单应对临时性项目，而是要实现协同发展和持续性技术创新。⑦ 陈亚珠等（2012）认为，协同创新需要有健全的科学研究队伍体系，广阔的国际合作视野，人才、学

---

① 殷翔文：《高校协同创新的角色定位与价值追求》，《中国高校科技》2012 年第 7 期。

② 何郁冰：《产学研协同创新的理论模式》，《科学学研究》2012 年第 2 期。

③ 张力：《产学研协同创新的战略意义和政策走向》，《教育研究》2011 年第 7 期。

④ 李素矿：《高校协同创新要把握好四个维度》，《光明日报》2012 年 8 月 30 日第 8 版。

⑤ 李健：《大力加强产学研协同创新》，《光明日报》2012 年 3 月 11 日第 6 版。

⑥ 李忠云等：《高校协同创新的困境、路径及政策建议》，《中国高等教育》2011 年第 17 期。

⑦ 罗维东：《高校应如何推进协同创新》，《中国高校科技》2012 年第 7 期。

科、科研三位一体的团队和人才梯队。① 刘建平（2012）认为，高校要在更大范围内进行更高质量的校企协同创新，必须以突破制约协同创新的文化瓶颈为切入点，重构有利于协同创新的文化体系。② 丁振国等（2012）认为，积极推进协同创新，一要优化机制，引导高校内部与地方经济社会发展协同；二要搭建平台，引导高校与高校之间的协同；三要设立专项，构建产学研协同创新体系。③

　　关于地方高校协同创新，也有部分学者进行了初步探索。程桦（2012）认为，改革开放以来，地方高校均取得了快速发展，各项事业都取得了长足的进步，但与国际一流大学和国内部属高校相比，还有较为明显的差距。国家实施"2011 计划"对地方高校来说，是十分难得的政策机遇。④ 贺金玉（2012）认为，我国高等院校分类指导的原则性和协同创新的层次性，赋予了地方新建本科院校在推进协同创新进程中的特殊使命，必将大有作为。地方新建本科院校在贯彻落实"2011 计划"的进程中，要密切结合区域经济社会发展，瞄准地方建设发展的重大现实问题，推进经济与科技、教育与科技的结合，在结合的过程中提升自身的科技创新水平和服务能力，为地方经济社会发展做出积极贡献。⑤ 何云峰（2012）认为，行业性地方高校要勇于冲破产、学、研、用相关单位间的藩篱，积极参与行业产业创新战略联盟，通过多元深度融入行业创新体系和国家创新体系，才能在新战略机遇期不断发现持续发展的新增长点与内在发展的强劲动力。⑥

---

① 陈亚珠等：《协同创新：中国高校深化改革还需要什么》，《高校教育管理》2012 年第 6 期。

② 刘建平：《突破协同创新的文化瓶颈》，《光明日报》2012 年 5 月 30 日第 8 版。

③ 丁振国等：《引导高校协同创新　服务湖北经济社会发展》，《社会建设》2012 年第 2 期。

④ 程桦：《协同创新是地方高校实现一流的战略选择》，《中国教育报》2012 年 6 月 19 日第 5 版。

⑤ 贺金玉：《协同创新　地方新建本科院校大有可为》，《中国教育报》2012 年 7 月 10 日第 6 版。

⑥ 何云峰：《农业协同创新：地方农业高校的发展契机与时代使命》，《光明日报》2012 年 6 月 9 日第 6 版。

三 社会资本视角下的协同创新的研究概况

高校协同创新是近年来才兴起的理论和实践热点，社会资本理论是20世纪90年代以后才被学界关注的前沿和焦点问题，从社会资本理论视角研究高校协同创新在国内尚属起步阶段。但是，以社会资本理论研究技术创新却起步较早，目前已经取得了一定的成果，提出了一些有影响的理论，为本书的研究奠定了坚实的基础。下面将从社会资本视角下的技术创新研究、产学研合作研究、协同创新研究三个方面对现有文献进行综述。

（一）社会资本视角下的技术创新研究

安纳利·萨克森宁（1994）对造成美国两个主要高新技术产业基地——硅谷和128公路地区——发展差异的社会经济文化因素作了深刻的比较分析，他以强有力的实证和逻辑论证了两地存在差异的根源，就在于它们制度环境和文化背景的巨大差异，从而说明了社会资本的极端重要性。[1] Gabbay和Zuckerman（1998）就企业R&D中科学家个人网络和社会资本对企业创新机会的影响进行研究发现，在应用研究和开发部门，那些拥有较多社会关系网络的科技人员更容易获得成功。[2] 加拿大学者Rejean Landry等从交易成本理论、区域创新要素构成等角度研究社会资本对技术创新的影响，并进行了实证研究，他们进行了回归分析后发现，企业的创新可能性与其网络关系资产、社会关系资产呈正比关系，另外，他们还深入研究和分析了企业社会资本对技术创新程度的影响。[3] 在国内，2000年5月，苏州工业园区的薛普文在《城市规划汇刊》上发表《创新发展与社会资本——高新技术产业园区的发展策略》一文，从高新园区产业发展与技术创新的制度因素、社会结构及社会基础设施等方面进行研究，虽然文中也使用了"社会资本"这一概念，

---

① AnnaLee Saxenian, *Regional Advantage: Culture and Competition in Silicon Valley and Route 128*, Harvard University Press, Cambridge, 1994.

② Shaul M. Gabbay and Ezra W. Zuckerman, "Social Capital and Opportunity in Corporate R&D: The Contingent Effect of Contact Density on Mobility Expectations", *Social Science Research*, Vol. 27, 1998, pp. 189–217.

③ Landry, R., Amara, N. and Lamari, M., "Does Social Capital Determine Innovation? To What Extent?" *Technological Forecasting & Social Change*, Vol. 69, 2002, pp. 681–701.

但其主要研究内容还是区域创新体系的相关要素。2011 年 4 月，复旦大学樊圣君博士在《经济评论》上撰文分析区域集群中的社会资本优势对区域和国家持续竞争优势的影响。谢舜等（2004）深入研究了社会资本对技术创新的动力、业绩和环境的影响及其促进作用，把嵌入理论、社会资源理论、社会关系网络理论等工具引入技术创新研究，从理论上开拓了我国技术创新的新视角。[1]

在高校技术创新领域，周艳（2005）对高校教师社会资本进行了深入研究，通过深度访谈和问卷调查，分析了高校教师社会资本整体情况、教师积累社会资本的愿望与行动、不同类型的社会资本对教师科研的影响等问题。[2] 王世彤等（2006）用社会资本理论分析我国高校科研管理体制存在的问题，并从增加与改善高校社会资本的角度提出了改进高校科研管理的建议。[3] 鲍林（2010）通过理论与实践分析，找到了四条以整合社会资本推动高校科技创新的途径：一是巩固和扩大科技创新的社会资本网络，二是在社会网络结构中要占据有利位置，三是建立共享的意识体系，四是在合作网络中要形成深度信任。[4] 金海燕（2010）通过社会资本的三个维度来分析社会资本对高校教师科研的影响，认为良好的社会结构有助于提高教师科研素质，社会关系有助于改善科研环境，社会认知有助于促进科研动机的形成。[5] 邓甘庆等（2010）以社会资本的视角，从重视跨学科团队的组建、加强对高校科研文化的培育、完善科研管理中的信任机制三方面探讨科研管理创新的路径。[6] 刘国权（2011）认为，在友缘、亲缘、业缘三种类型中，业缘关系上的社会资本投入对科研的作用最大；而社会资本的投入对教师科研课题的获取和

---

① 谢舜、肖冬平：《论社会资本对技术创新的作用与影响》，《广西大学学报》（哲学社会科学版）2004 年第 3 期。

② 周艳：《社会资本与教师科研发展——华中科技大学个案研究》，硕士学位论文，华中科技大学，2005 年。

③ 王世彤、王文玲：《我国高校科研管理的社会资本分析》，《科技管理研究》2006 年第 2 期。

④ 鲍林：《高校科技创新的路径选择：社会资本观》，《科技管理研究》2010 年第 5 期。

⑤ 金海燕：《社会资本对高校教师科研的影响机制研究》，《当代教育论坛》2010 年第 6 期。

⑥ 邓甘庆等：《试析社会资本视角下的高校科研管理创新》，《中国卫生事业管理》2010 年第 5 期。

评奖作用较大，对论文检索和高质量的论文的作用较小。[①]

（二）社会资本视角下的产学研合作研究

产学研合作是技术创新的一种重要形式，是提升自主创新能力的有效途径。吴晓波等（2004）以社会资本三个基本维度为研究出发点，从结构、关系和认知角度分析企业产学研合作，认为社会资本对于获取有效信息、建立信任关系、进行深入沟通有重要作用，这些有利于企业积累智力资本。他还运用具体案例展开实证分析，找到了社会资本和产学研合作相关要素的内在关联，提出投资社会资本是促进产学研合作的重要路径。[②] 李琳等（2005）认为，产学研知识联盟是一种高效的风险互担、优势互补进而实现多赢目标的社会网络组织，由于区域内的企业、高校和科研院所是通过股权或契约关系相互联结，所以联盟内部的信任关系和伙伴间的社会资本是提升联盟绩效的关键因素。首先，信任关系和社会资本是联盟伙伴间知识共享的前提条件，影响相互间知识转移的意愿和效率；其次，信任关系和社会资本在交易过程中可以产生自我约束力量，可以代替部分正式合同的约束，是联盟内部重要的治理机制。[③] 刘艳（2009）深入研究高校社会资本的理论内涵和基本特征，并以社会网络结构为着眼点分析高校社会资本的结构维度、关系维度、认知维度对高校内外部社会关系网络的影响，进而探讨社会资本对高校办学绩效的影响机制。她认为，社会资本对于高校人才培养、组织创新、社会融资、信息沟通、科研绩效乃至生源和就业均具有显著的影响功效。她还对高校开展产学研合作进行探讨，提出社会关系网络结构、对信息流的需求、关系互动规律在产学研各方的深入融合具有重要作用。[④] 鲍林（2010）把产学研合作看作国家创新体系建设的关键内容并从新经济社会学的角度进行了深入分析，他提出产学研合作和创新是一个复杂的社会过程，而不仅仅是一种物质层面的创造与合作过程。他认

① 刘国权：《科研导向下高校教师交往中的社会资本投入研究》，《湖南商学院学报》2011年第4期。

② 吴晓波、韦影、杜健：《社会资本在企业开展产学研合作中的作用探析》，《科学学研究》2004年第6期。

③ 李琳、方先知：《产学研知识联盟与社会资本》，《科技进步与对策》2005年第8期。

④ 刘艳：《高校社会资本影响办学绩效的机理——基于社会网络结构主义观》，《高教探索》2009年第4期。

为，隐性知识的传递离不开合作各方社会网络中嵌入的社会资本，这是产学研合作得以顺利进行的重要前提。[①] 刘芳（2012）从社会资本角度研究了产学研合作组织，剖析了其社会资本的组成要素和具体内涵，研究了社会资本的基本维度对知识转移效率和绩效的影响；他认为，产学研合作是跨组织边界的社会活动，必须引入界面管理研究并以此为中介变量；他建立了结构方程概念模型，揭示产学研组织的社会资本、界面协调及其知识转移绩效的内在关系，并结合调研数据进行了实证分析。结果发现，界面协调对产学研合作具有明显的中介作用，社会资本三个维度对知识转移的效率和绩效具有积极作用。[②]

（三）社会资本视角下的协同创新的研究

协同创新是产学研合作的升华和超越，是产学研合作发展的更高级阶段。蔡文娟等（2007）认为，在区域创新网络中，产学研协同创新网络居于核心地位，开展相关研究可以有效推动区域创新能力的提升，既有利于推进区域技术发展进步，也有利于推进区域产业结构升级，还有利于推动具有持续创新能力的新型创新区域的建设。他们深入探讨了社会资本的三个维度在产学研协同创新网络中的积极作用，并从社会资本的积累角度提出了产学研协同创新网络的培育路径和措施。[③] 刘悦伦等（2009）对美国硅谷的成功经验进行了经验总结，他认为，硅谷内部诸多创新主体通过密切联系建立了庞大的"联合创新网络"，这一网络体系呈现自治型和扁平化的组织结构。该网络以独特的社会资本造就了硅谷的创新文化，吸引了来自全球的创新资源向这里汇聚，激发了硅谷的创新活力，正是雄厚的社会资本促进了协同创新的发展。[④] 吴青熹（2011）突破了传统研究只关注企业和企业家外部特质和行为的局限，重点从认知的角度出发，把企业家社会资本分为结

---

① 鲍林：《社会资本视阈下的企业产学研合作创新》，《徐州师范大学学报》（哲学社会科学版）2010 年第 4 期。

② 刘芳：《社会资本对产学研合作知识转移绩效影响的实证研究》，《研究与发展管理》2012 年第 1 期。

③ 蔡文娟、陈莉平：《社会资本视角下产学研协同创新网络的联接机制及效应》，《科技管理研究》2007 年第 1 期。

④ 刘悦伦、沈奎：《协同创新已成为当今世界潮流》，《南方日报》2009 年 2 月 25 日第 6 版。

构、关系、认知三个维度，把变革型领导分为心智模式、个人学习和激励机制三个维度，把协同创新分为组织结构和共享心智模式两个维度，研究三者之间的相互关系，为加深对协同创新的理解提供了新的分析框架和思路。①

从目前检索资料看，关于社会资本视角下的协同创新研究主要存在以下几个问题：①没有形成完整的理论体系。现有研究主要是在协同创新的相关研究文献中涉及社会资本的概念和作用，从理论上专门、系统地研究社会资本与协同创新之间关系的文献非常少。②对高校协同创新的研究不够深入。建设创新型国家需要突出企业的创新主体地位，企业协同创新研究引发了学者们的兴趣，现有的协同创新研究成果大多围绕企业展开。以高校作为协同创新牵头单位的研究却是刚刚兴起，对其思路、模式、机制等基本理论的研究还比较零散。③缺乏对地方高校协同创新的专门研究。地方高校是我国高等教育的主体部分，在全国教育事业中处于基础性、战略性地位，地方高校协同创新研究对于全面提升高校创新能力建设具有重大现实意义。④研究手段和方法方面。从现有的研究成果来看，多数文献都是从思想、理念层面进行高校协同创新研究，寻求普遍性的规律认识和理论解释，但是具体到微观层面案例研究，却十分匮乏，更是鲜有宏观与微观相结合的全面研究。大多局限于创新管理理论本身的研究，多学科交叉研究尚未深入。

因此，本书在社会资本视角下对地方高校协同创新进行系统的专题研究，拓展了协同创新研究的新视野。文章从宏观层面、中观层面和微观层面深入探讨地方高校协同创新能力的提升路径，并积极推进各层面的有机融合，在此基础上深化了对地方高校协同创新的管理体制、运行模式、信任治理、收益分配、绩效管理、外部环境的研究。文章结合典型案例进行具体分析、实证分析，实现了理论与实践的有机结合。

---

① 吴青熹：《变革型领导、社会资本与协同创新组织学习的视角》，硕士学位论文，南京大学，2011 年。

第三节 方法与思路：本书的技术路线和结构安排

一 技术路线

将社会资本理论应用到高校协同创新研究之中，是一次大胆而有益的尝试。特别是在高校协同创新日益成为理论和实践研究热点的背景下，本书更具学术价值和现实意义，填补了国内关于地方高校协同创新的理论空白。本书认真梳理和总结了社会资本理论，对协同创新理论进行了全面系统的归纳和探究，并在此基础上对两者的结构关联进行详细分析，指出当前地方高校协同创新过程中社会资本的缺失，探寻以社会资本培育为导向的协同创新路径，最后以 W 大学为例进行实证研究。其技术路线如图 1 - 1 所示。

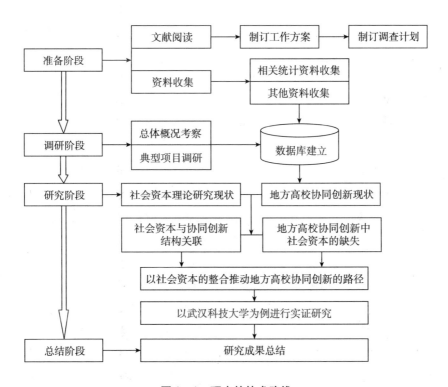

图 1 - 1　研究的技术路线

二 研究内容

根据前文所述的研究目的、思路和方法，本书的整体框架安排如下：

第一章是绪论。本章首先介绍了选题背景，对当前的国家战略和地方高校协同创新发展状况进行介绍并指出存在的问题，提出社会资本理论契合了地方高校协同创新的社会治理需求，在此基础上对本书的理论和实践价值进行了探讨。然后进行文献综述，对现有关于社会资本、协同创新的研究成果进行归纳评述，特别是对社会资本视角下的协同创新研究相关文献进行梳理。然后全面介绍了文本的研究框架、思路和方法。

第二章是协同创新：地方高校科技创新的社会网络化趋势。这一章主要是对协同创新发展规律进行了探讨，提炼了创新理论的变迁过程，总结出技术创新从最初的工程观逐步过渡到社会观的趋势和方向。随后介绍了高校科技创新社会网络化趋势，并以国际典型案例为蓝本进行验证分析。由于资源分散和相互封闭制约了地方高校科技创新的发展，协同创新成为地方高校内涵式发展的必由之路，"2011 计划"为地方高校开展协同创新提供了政策机遇。

第三章是社会资本：一种新的分析工具和解释范式。由于社会资本是近年来逐步兴起的理论热点，相关研究角度多样、见解各异，本章专门对社会资本理论进行系统介绍，在七位有代表性学者相关论述的基础上，对社会资本概念进行界定。通过对理论演进和积淀的归纳，重点对社会资本的属性、构成和类型等若干重要问题进行了阐释。投资社会资本是地方高校获取资源的重要渠道，从效益分析、资本来源、投资方式等方面论述了社会资本的开发途径。

第四章是结构关联：社会资本与协同创新的相关性探究。本章对社会资本理论和协同创新理论进行深入剖析，在各自理论架构的基础上辨析了两者之间的结构关联。本章从社会资本结构、关系、认知三个基本维度对协同创新的影响及其动态化作用机理入手，探寻社会资本对协同创新绩效的促进作用。此外，还以组织学习为中介分析社会资本对协同创新的影响，从宏观、中观及微观三个层次论述社会资本对协同创新的影响机理。

第五章是现状分析：地方高校协同创新概况及其社会资本存量。本章从发展历程、协同模式、运作机制等几个方面全面介绍了地方高校协同创新的发展成就，并指出其社会资本的缺失是制约地方协同创新的重要因素，对地方高校社会资本经营中存在的问题进行了深入分析。对"2011 计划"政策导向进行全面解读，厘清国家政策对协同创新提出的新要求。

第六章是路径选择：以社会资本的整合推动地方高校协同创新。体制机制建设是推进协同创新的关键。由于社会资本对协同创新具有显著的促进作用并且协同创新活动自身的社会嵌入性，必须以社会资本为着眼点构建地方高校协同创新体制机制。本章从健全互动网络体系、完善信任治理机制、建立互惠社会规范、培育社会资本载体、推动文化价值整合五个方面，较为全面系统地提出了基于社会资本的地方高校协同创新机制构建办法。

第七章是案例解剖：社会资本视角下 W 大学协同创新分析。以 W 大学协同创新为典型案例，介绍了学校协同创新体系及其牵头组建的"H 省钢铁产业协同创新中心"建设情况，分析其开展协同创新过程中的社会发展障碍，探讨社会资本培育对 W 大学协同创新体系建设的影响，提出基于社会资本理论的协同创新政策的一些思路和具体实施方案。

第八章是结语。系统扼要地总结了本书的研究成果和主要观点，介绍了本书创新之处，进而指出本书的不足之处。结合社会资本研究的发展方向及协同创新实践的不断发展，对地方高校协同创新研究向纵深推进提出了热烈的期盼。

三　研究方法

（一）文献资料分析法

本书的研究建立在前人研究成果的基础之上，首先对经济社会学、教育社会学、创新管理学、社会资本及高校社会资本等相关文献进行广泛收集和整理，从中发现现有成果的成就与不足，从而选择了以社会资本视角研究地方高校协同创新这一具有学术前沿性、价值性的课题。论证的开展过程、结论的形成过程均借鉴了现有文献的相关概念、部分观点、有关论据，特别是对社会资本的理论分析框架和内在结构层次，通过多种途径对现有文献进行了整理、筛选和分析，还充分借鉴其他学科可用研究成果，尽可能地充实研究素材，拓展研究视野。

（二）理想类型分析法

理想类型分析是学术研究中常用的研究方法，是指"基于研究者价值关联的取向，在面对历史现象时，选择某一特定之现象，根据经验事实将该现象中之主要特征加以片面之强化，而构成一个分析的工具"。[①] 这种方法主要是用来研究一个变量与另一个变量之间的关系，把其他影响因素忽略不计，而不是去研究社会中所有变量之间的关系。本书分析社会资本与协同创新的内在关系，并不是认为其他因素对协同创新没有影响，而是要凸显两者之间的关系以便于作比较深刻的分析和把握，在一个侧面细致地理解和剖析地方高校协同创新的开展。

（三）系统分析与比较分析相结合

一般来说，系统分析法是一种整体分析法、层次分析法，这种方法比较强调动态化研究客观事物的系统特征，通过深入探讨整体与局部、结构、层次、功能、环境之间的相互关系与作用，寻求整体目标的优化。比较分析的要点则是通过对不同事物进行比较从中找出共同点、本质或规律性的东西。本书全面系统地分析了社会资本对协同创新影响和作用的机制，从社会结构和社会制度等诸多方面深刻阐释传统社会资本与现代社会的差异性，且同已有的社会资本理论相比较，揭示中国社会资本演变的总体特殊性，厘定其成为制约协同创新的症结之所在。

（四）规范研究与经验研究相结合

作为管理学常用的一种方法，规范研究侧重于进行逻辑推理和价值伦理判断，通过规范分析来解决"应当是什么"（what should be）的问题；与此不同的是，经验研究偏重于实证数据和事实材料，它所注重的

---

① 高承恕：《理性化与资本主义》，台湾联经出版事业公司1986年版，第5页。

是"实际是什么"（what is）的事实问题。① 两种方法各有千秋、相互补充、相得益彰。本书首先从概念、特征及属性等基本问题入手，阐述了协同创新和社会资本理论。在此分析基础上，从社会资本的角度探讨地方高校协同创新这一现实问题，论述社会资本影响和作用于协同创新的机制，从而提出推进地方高校协同创新的社会资本对策思路。

---

① 胡伟：《在经验与规范之间：合法性理论的二元取向及意义》，《学术月刊》1999 年第 12 期。

第二章　协同创新：地方高校科技创新的社会网络化趋势

　　地方高校科技创新体系不是孤立存在的，既是高校科技创新体系的组成部分，也是区域乃至国家创新体系的一部分。研究地方高校科技创新，首先要研究科技创新的一般规律和高校科技创新的发展规律。本书认为，创新理论的发展经历了自然科学范畴、经济学范畴之后，开始进入社会学范畴研究的新阶段。随着知识经济时代的到来，科技创新从线性范式向网络范式发展，高校科技创新从体制壁垒向融合集成方向发展，地方高校科技创新也必须顺应社会网络化发展趋势，走协同创新之路。协同创新不同于原始创新、集成创新与引进消化吸收再创新等自主创新，它是多元主体及诸多社会因素的交叉融合汇聚，其本质是科技创新的社会化。因此，必须从社会学的角度探讨社会行动和社会关系结构等非经济特征对技术创新活动的影响，将地方高校协同创新的研究纳入社会整体系统之中。

第一节　从线性范式到网络范式：技术创新的新经济社会学阐释

一　熊彼特的创新理论

　　"创新"一词早在中国的商汤时代就已出现，但现代意义上的创新是 1912 年由美籍奥地利经济学家约瑟夫·熊彼特（Joseph Alois Schumpeter）提出来的，他在《经济发展理论》一书中把创新作为经济增长的内在因素进行研究。熊彼特赋予了创新特殊的含义，他把创新界定为"建立一种新的生产函数"的过程，在此基础上实现"生产要素的重新组合"，其主要含义是将原先没有使用过的生产要素和条件进行优化组合，再把这种"新组合"投放到生产系统中，从而提升生产效率和效益。熊彼特把"新组合"细化为五个方面：①创造一种新产品，指的是通过技术创新产出一种消费者不曾使用过的产品，或者通过对原有产品的技术改造而赋予产品新的特性和功能；②采用一种新工艺，就是创造性地使用一种相关制造部门没有鉴定过的工艺流程或方法，这种流程既可以是在科技进步的基础上对事物发展规律的新发现，也可以为改进商业管理模式而调整了产品处理的方式；③开辟一个新市场，指的是拓展了市场交易新领域，通过引导消费者形成一种新的生活方式等途径，打开国家有关制造部门不曾开辟的新的市场领域，推动市场经济及其空间实现的新发展；④取得一种新原料供应来源，就是控制某种原材料或半成品的供应来源，无论这种来源是首次创造出来的还是原先就已经存在的；⑤建立一种新的组织形式，通过这种新组织对市场走向产生影响，比如，打破一种市场垄断或者造成一种市场垄断地位。① 熊彼特的创新理论开阔了人们的新视野，这五个方面也被归纳总结为五种基本的创新形式：产品创新、技术创新、市场创新、资源配置创新、组织创新。熊彼特进一步指出，这些创新形式之间不是各自独立的，他特别指出技术创新、管理创新、组织创新和社会创新之间的互动关系，并在此基础上根据技术创新的形成过程将其划分为技术推动创新说、创新与企业规模的关系说、创新与市场结构创新说三类模式。根据熊彼特的相关论述，可以将其创新理论概括为以下三个方面：

（一）创新为经济增长提供了动力支持，没有创新就没有经济发展

按照熊彼特的逻辑，创新理论可以为经济周期现象提供合理解释。他指出，创新的出现造成对生产资料和银行需求的扩大，引起经济高涨，当创新扩张到较多企业之后，盈利的机会减少，社会对生产资料和银行信用的需求下降，导致经济萎缩，经济衰退又会刺激企业家进行新

---

① 熊彼特：《经济发展理论：对于利润、资本、信贷、利息和经济周期的考察》，商务印书馆 1990 年版，第 73—74 页。

的创新以获取超额利润，这样周而复始，形成了经济周期的四个阶段——振兴期、繁荣期、衰退期、萧条期。

（二）"企业家"是创新的主体

依照熊彼特的观点，企业家在实现创新的过程中发挥着关键性的作用，"企业"是"新组合"的实现形式，对"新组合"进行职业经营和管理的便是"企业家"。从这个角度来看，衡量企业家能力和水平的关键就在于能否执行并运用好这种"新组合"。这一职能又被作为判断一种活动是否为企业家活动的标准，如果一个企业家不能实现某种"新组合"，他就不能被认定为一名真正意义上的企业家。因此，熊彼特特别强调，"充当一个企业家并不是一种职业，一般说也不是一种持久的状况，所以企业家并不形成一个从专门意义上讲的社会阶级"。创新具有十分重要的特殊性，熊彼特以创新作为判断企业家的标准，正是强调了创新具有特殊重要的价值。这里需要指出的是，如果把"新组合"的实现情况作为衡量企业家的内在标准和规定性，就把企业家的动态性放在了突出位置，在实际生活中是难以把握和界定的，给创新主体的研究带来了困难。

（三）创新同时意味着毁灭

熊彼特认为，因为经济领域的广泛性，创新并不是单一存在的，由于不同领域多种多样的创新因其持续时间的长短和效果的差异，导致经济周期的不稳定性，整个经济的发展受到创新的影响，呈现出周期性波动，创新的潜在利润在推动一批企业快速发展的同时，也会淘汰一批创新能力不强的企业，进而使资金、设备、人员等生产要素的再次配置和组合，在竞争性的经济生活中，尽管消灭的方式不同，一些"新组合"的出现意味着对"旧组合"的毁灭，因而创新对于经济和企业的发展来说是一种"创造性毁灭"。

二　创新的社会网络化理论演进

熊彼特的创新理论构成了现代创新理论的基础和研究起点，在熊彼特之后，随着人们对技术创新理论认识的不断深化，相关学者进一步丰富、发展和完善了熊彼特的创新思想和理论，提出了一系列创新过程模型，逐步实现了技术创新理论研究的精致化、专门化。从20世纪60年代以后，国际上对创新过程模型研究不断拓展和提升，形成了一脉相承的发展体系。60 年代到 70 年代初期出现了线性的技术推动模型、市场需求拉动模型；到 80 年代初期形成了技术和市场交互作用的创新过程模型，这种模型突破了原有模型的单纯线性互动的观点，为创新理论模型的进一步发展奠定了基础；到 80 年代后期和 90 年代初期，随着对市场认识的进一步深化，开始出现一体化的创新过程模型；90 年代中期开始出现的战略集成与网络创新过程模型，对创新模型的认识提高到了新的层次和水平。

（一）技术推动型的创新过程理论

这一理论模型的主要观点在于把科技进步和研究开发作为创新的原动力，即首先通过一种发明创造产生一种新的产品或服务，引发一系列事件，其次是发明得到了市场推广和应用。换句话说，科技创新推动了一种线性过程，这种过程历经工业技术研发，进而通过工程制造活动，最终产生走向市场的工艺或产品。这种创新理论认为，提升产品和生产过程的创新机会来源于对基础研究与产业 R&D 成果的理解和应用；研究成果的理解和应用过程是一个遵循从研究结果到产品和生产过程设计的线性过程；生产是一个具体工程问题的解决过程，产品生产技术建立在专利或科学出版物的基础上，创新仅仅由技术、物质资本、人力资本和金融资本等有形资本来解释。

图 2－1　技术推动型创新过程模型

（二）市场需求拉动型的创新过程理论

随着科技的进步和市场的发展，技术推动型的创新过程理论受到了一些学者的质疑。20 世纪 60 年代中期之后，相关学者通过技术创新的实证研究，发现技术创新主要不是由技术本身推动的，而是由于先有社会和市场需求，为了满足这种需求，才开始新技术、新产品的研发和生产。市场需求成为创新的原动力，受到理论界和产业界的高度关注，市场需求拉动的创新过程模型开始取代原有的技术推动模型。在这种模型中，市场需求成为产品创新的先导和前奏，激发了企业对研究开发的投资热情，依照市场脉搏变化寻求技术方案，生产出相应的产品，满足市场的需要。在这种模型下，创新是由能够被发现、被表达的市场需求所引发的，但这一模型只考虑了一种创新因素，因而也是一种线性的技术创新模型。

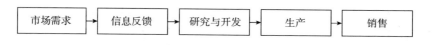

图 2 - 2　市场需求拉动型创新过程模型

（三）技术与市场交互作用型的创新过程理论

进入 20 世纪 80 年代以后，人们逐渐发现技术与市场之间的联系往往并不是自发的、直接的，企业生产过程的每一个环节都可能成为创新点，技术研究与市场、工程技术及开发、生产过程、营销及销售之间都可能有创新发生，创新是非线性过程。这一模型的出现将创新理论提升到了一个新的高度，原有的技术推动型、市场拉动型模式成为技术和市场交互模型的极端表现，分别是这一模型的特例，新模型应将技术与市场的因素放在一起进行考虑。交互作用模型突出贡献是把创新过程看作一个复杂的组织内外部交流网络体系，这个网络将企业内部的职能部门与市场、科技团体有机结合起来，实现了创新决策的推动与拉动有机融合，比原有单纯的技术推动和市场拉动模型更能有效地解释创新的产生过程和成功缘由。创新的交互作用模型推动了企业经营管理实践的发展，根据这一模型的内在机理，实现技术推动和需求拉动二者互动必须加强营销和技术的有效衔接，在企业经营管理中必须实现市场需求和新技术能力的相互匹配和循环促进。

（四）一体化型创新过程模型

20 世纪 80 年代，伴随全球生产网络的初步成型，企业的技术创新活动面临新的局面，企业创新管理活动必须实现与制造界面的全面交融，必须实现企业及其供应商与导引用户的全面合作，这就对创新管理者提出了新的要求、新的挑战，需要进一步拓展创新过程的内容。在这种客观背景下，开始出现第四代创新过程模型，将创新理论研究推向了新的高度和水平。在这一模型中，创新思维的产生、研发、制造、营销成为并行的过程被纳入一个整体，通过加强不同职能部门之间的界面联系，提高企业内部信息、知识的有效转移。第四代创新过程模型曾经取得很好的应用，比较有代表性的是美国波音公司开发新式飞机、中国研制"两弹一星"，从本质上讲，都是采用了这种创新过程模式。

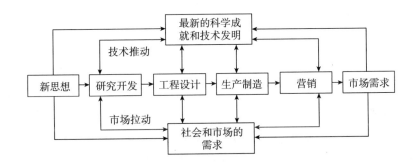

图 2 - 3　技术与市场交互作用的创新过程模型

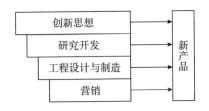

图 2 - 4　一体化的并行技术创新过程模型

（五）战略集成型的创新过程理论

进入 20 世纪 90 年代后，随着企业在全球竞争模式的不断变化，企业之间的技术创新出现竞合的发展趋势，即企业之间存在相互竞争的同时，越来越强调战略伙伴之间的合作，如合作企业之间更紧密的战略联盟，于是人们又提出一种新的创新过程模型。最早提出第五代创新过程的技术创新过程模型的是美国经济学家罗斯韦尔（R. Rothwell），他于 1994 年在《国际市场营销评论》期刊上发表了一篇题为《趋向第五代创新管理过程》的文章，对过去的创新技术模型进行归纳和总结，提出第一代到第四代的技术创新模型，在此基础上提出战略集成型的创新过程模型。罗斯韦尔认为，前四代创新过程模式是在生产低成本、标准件、大批量基础上形成的产品和工艺创新，所描述的都仅仅是简单产品的技术创新过程，已经不适应时代的变化和要求。在社会化大生产新的历史条件下，企业技术创新不再是封闭框架下单个组织的独立创新活动，创新过程日益复杂化，必须在涉及多主体的创新网络中进行。创新项目必须打破原有的企业固有边界，多种创新主体诸如高校、供应商、研究院所、政府、用户及其他企业乃至竞争对手都将被融入创新网络体系。在这种模型中，创新体系的内容涵盖了整条知识链和产业链，涉及研发、试验、生产、验证、安装、调试、维护、更新换代和再创新等诸多环节。

从技术创新理论的发展方向来看，创新过程的理论范式呈现出明显的社会网络化发展趋势。早期的技术创新过程理论强调单一因素对技术创新过程的影响，先是强调新技术在产品生产中的应用，后来强调来自社会和市场的需求对企业创新的拉动作用，分析过程也主要局限于单个企业内部，认为技术创新一般经历发明→开发→设计→中试→生产→销售等简单的线性过程，在此后的研究中逐渐认识到外部信息交换和协调是促进创新的重要条件，不仅可以解决单一企业技术创新力量薄弱的问题，还可以大大降低创新过程中的技术与市场的不确定性和不稳定性。基于这一认识，创新研究的"网络范式"开始兴起，由单个的企业内部创新过渡到企业与外部环境相互融合，实现共同创新的新阶段。第五代技术创新模式不但把创新视为交叉联结的互动过程，更进一步认识到社会网络是实现创新的关键支撑要素，从创新构思的形成到企业内外部全方位创新体系的形成，都离不开健全紧密的社会网络。目前种种迹象表明，企业的技术创新过程的复杂性在不断增加，创新过程变得更加灵活、快捷、更有效率，同时创新涉及的因素也逐渐增多，对创新理论的认识必须进一步深化。

三 社会工程观的技术创新理论

在技术创新理论网络化发展的同时，一些非技术性因素在创新中的作用也逐渐引起学者们的关注，当前技术创新理论研究的热点开始逐步转向社会网络互动、社会制度结构等社会因素。技术创新过程中的

"非技术性因素"主要是指社会的制度、体制因素、企业的组织管理和营销体制、社会经济结构及社会文化因素等。研究发现，非技术性因素对于企业技术创新效率的影响巨大，一点也不逊于技术因素。虽然第五代技术创新过程模型已经加入了非技术因素对企业技术创新的影响，但是这一代技术创新过程模型主要关注与企业技术创新直接相关的非技术性因素，如企业的组织体系、供应商与最终用户对技术创新的影响、产学研的结合以及政府与行业组织对企业技术创新的支持等，没有涉及构成企业技术创新环境的其他非技术性因素。社会工程观的技术创新理论更加强调构成企业技术创新环境与技术创新支撑系统的社会因素，从组织网络的角度分析企业的技术创新过程。

（一）制度视角的技术创新理论

美国经济学家道格拉斯·诺斯（Daoglass C. North）开创了新制度经济学，他于 1961 年前后先后出版了《1790—1860 年美国经济增长》《制度变迁与美国经济增长》《制度、制度变迁与经济绩效》等著作，系统论述了相关理论。进入 20 世纪 70 年代，美国两位著名经济学家卡美恩（M. Kamien）和施瓦茨（N. L. Schwarts）以垄断竞争市场为着眼点深入研究了技术创新过程。1984 年，拉坦（V. W. Latan）建立了一个诱致性制度变迁的创新理论，力图论证技术变迁的方向与速度的制度基础。学者们关于制度视角的技术创新理论，其基本要点包括两个方面。一是认为技术创新实质上是一种制度现象，是一定的社会制度在技术发展上的表现。所有的技术创新都隶属于某一个制度化的机构体系，都必然是在制度背景下开展的行为。传统的理论把技术创新视为一种技术工程，后来的理论又认为市场需求决定了技术创新，制度视角的创新理论在尊重前人结论的基础上提出新的观点。他们认为，在微观层面，技术创新发生的条件、时间、发展方向都不具有随意性，都是由社会的宏观制度决定的，从某种意义上说，技术创新依赖于社会制度安排。二是认为制度创新与技术创新密切相连。他们认为，制度创新与技术创新是经济增长链条中的两个环节，具有传递关系。技术创新导致了制度创新，是技术创新导致了现代企业及现代社会体制的形成，并最终由技术创新推动经济增长和社会进步。另外，制度创新也对技术创新具有重要推动作用，一个有利于创新的制度安排，不仅能够提高技术创新的效率，也有利于技术创新经济发展推动作用的实现。如现代企业制度的出现就很好地解决了个体创新与商业化运作的难题，避免了创新风险和创新投资不足。现代风险投资制度的出现极大地推动了世界高新技术的发展。

（二）系统视角的技术创新理论

从生态系统的角度研究技术创新是近年来技术创新理论的又一大进展，并且已经形成了一种创新研究的"系统范式"。著名经济学家马歇尔（A. Marshall）早在1890年就提出，经济学家应该把经济生物学作为研究的目标，而不该是去关注经济力学。他在《经济学原理》一书中大力倡导把生物学中有关进化的思想运用到经济问题研究中去。在此之后，自组织理论在技术创新理论研究中的应用，奠定了技术创新理论生态研究的基础，后来的国家创新理论则在国家层面将影响技术创新的各个因素汇总在一起，形成创新的系统生态理论，或者称为技术创新的系统构建观。从宏观角度来看，技术创新体系涵盖创新对象系统、创新机构系统、创新支撑系统等，这些系统通过相互作用、融合集成，形成一个由多因素、多层次构成的复杂动态综合体系。其中，创新对象系统涉及组织创新、技术创新、市场创新等及其相互作用；创新机构系统涉及企业、高等院校、研究机构、政府、社会组织等；创新支撑系统则包括信息支持系统、金融支持系统、政策法律支持系统、中介支持系统等内容。创新的生态系统理论认为，一个国家或者区域的技术创新是历史的、文化的和社会的产物，并且具有高度的动态性。一个国家的创新系统并不天然地有利于技术创新，由于各个系统追求的目标不一，有时会导致创新系统不畅通，成为提高技术创新效率的障碍。从这个角度来讲，把生态系统理论纳入技术创新研究只是一种范式，并不是一种更高级的技术创新模式。

（三）社会视角的技术创新理论

从社会角度研究技术创新，把社会学和经济学融合到技术创新体系研究之中，有效克服原有技术创新理论研究对社会网络、信任机制等社会因素的忽视，为技术创新理论研究与发展开拓了新的视野。在知识经济条件下，企业的竞争优势不再来源于其所拥有的异质性资源（资源基础论），而是更多地体现在企业独特的难以模仿的关系网络结构上（关系基础论），通过在关系网络中建立关系性专用资产、知识共享路径、关系治理机制，企业可以通过关系网络获取和利用外部的知识资源而促进创新，而知识的获取、扩散和吸收更多地体现为一种社会化的过程，故社会因素对技术创新的绩效至关重要。对技术创新理论的深入研究表明，在良好的社会条件下，企业可以得到专业化的技术和信息支持，可以获得供应商和经验丰富、专业化雇员的支持，可以获得政府及私营部门共同提供的公共产品与准公共产品的支持。也就是说，有利的社会条件可以提升创新效率，有利于企业获得或重组创新资源和创新要素。密集的社会交往特别是深入开展非正式交流，可以增厚企业的社会资本，从而推动企业之间以及企业与其他创新主体之间的知识共享和信息交换。促进创新的知识可以从整体上分为显性知识和隐性知识。显性知识可以编码，很容易通过编码程序、科学公式、硬性数据等形式进行共享和传播；隐性知识具有默会性，难以进行编码和规范，面对面地接触和交流是其传播的主要途径。隐性知识共享是实现创新的关键，社会交往、社会资本是隐性知识传播的必要条件。企业通过社会交往可以从供应商、竞争者、客户那里获取关于生产经营方面的信息，分享有关创新知识，进而大大减少创新的不确定性。另外，技术创新过程存在很大的风险，单个企业难以承受较大的创新风险，而密切的社会关系和社会交往可以促进企业之间、企业与其他主体之间的合作，可以有效降低创新风险。非技术因素诸如组织、人际和文化等有利于促进合作的成功，能够节约协作成本，提高合作的可能性和合作层次，促进合作创新的深入开展。由此可见，企业的社会关系是创新合作的"黏合剂"，可以推动创新网络的形成和有效运转，使相关企业和社会机构能够共享合作创新获得的收益。所以说，社会关系有助于从整体上提升创新能力。

第二节　从体制壁垒到融合集成：高校科技创新模式的变迁

一　高校科技创新呈现社会化发展趋势

19世纪以前，大学是以知识传播和知识传承为主要功能的。始于18世纪末期的第一次工业革命使技术与科学相分离，对大学产生了深远影响。1810 年，创立的德国柏林大学把学术研究引入大学，大学至此开始具备了科学研究的功能。随着 19 世纪中叶第二次科技革命的兴起，特别是 20 世纪中叶第三次科技革命之后，知识资源、技术资源等无形资源成为经济活动中基本的直接的资源，大学科技创新呈现社会化发展趋势。

美国的"赠地学院"时代是大学科技创新走向社会化的开端。为了促进产业发展，1862 年，美国总统林肯根据国会提议签署了《莫里尔法案》，政府将土地赠送给大学，并要求其开展农业、机械教育，将科学研究渗透到农、工、商各领域。《莫里尔法案》的颁布以及随后赠地学院的建立，成为美国高等教育快速发展的强大推动力，甚至带来了革命性的变化。它增强了大学和社会的联系，改变了传统大学封闭的体制，实现大学的开放办学。从此以后，大学开始走出了"象牙之塔"，走向社会大舞台，以服务社会为己任，从社会的边缘走向中心。20 世纪 50 年代开始，世界各国高等教育校企合作教育、合作科研蓬勃展开，制定产学研合作制度并作为普遍经验广泛推广。美国、英国、日本等发达国家为了促进大学与社会的互动合作，依托大学建立科技园区，并专门制定了一系列政策和法规，这些措施密切了大学与产业界的联系，也造就了大学在国家创新体系中的重要地位。总之，世界各国大学第二次世界大战后不断推进科技创新社会化，有效地推动了知识的创造、传播、应用的一体化进程，打破了教育与经济间的壁垒，形成了相互促进的良好格局。比如，美国农业发展的奇迹、工业化的快速实现，都是通过大学科技创新社会化推动的。大学与社会的互动解决了经济社会发展中的困难，改善了社区居民的生活水平，民众充分享受到了大学带来的实惠，也实现了大学自身科技创新水平的提升。进入 60 年代以后，美国大学与企业"联姻"越来越普遍，这种"伙伴关系"发展迅速，许多知名大学都与科技型企业建立了"产学合作"关系。比较有代表性的有斯坦福大学和加州大学旧金山分校为依托建立了国家科技园区，哈佛大学和麻省理工学院合作并建立了"波士顿—坎布奇科学工业综合体"。日本在 20 世纪 60 年代也开始加快大学科研社会化进程，建立了筑波科学城，取得了突出成就和广泛影响，该科学城被誉为"未来战略产业的摇篮"。1975 年，英国政府为推进大学科技产业化，以剑桥大学为依托建立了剑桥科学园，随后又建立了曼彻斯特科学园、瓦立克大学科学园等20多家科技园区。依托大学科研建立科技创新共同体，提高创新效率，加快科技成果转化，服务经济社会发展，成为各国政府普遍采用的方法。随着综合国力竞争特别是科技竞争日益激烈，各国政府均赋予高等院校生产科技尖端成果的重要使命。因此，各国政府纷纷加大对产学结合开展科技创新的投入力度，出台相关法律法规，鼓励大学与企业联合攻关，引导大学面向经济社会发展开展科学研究，并积极推动科研成果转化。

中华人民共和国成立以后，我国高等教育走上了规范发展之路。1950年召开的全国第一次高等教育会议制定了《高等教育暂行规程》，特别强调"高等教育要面向社会，面向生产和实践"。从1957年开始，为引导师生员工参与社会实践和技术改革，我国高校普遍建立了以科研加工为主要职责的校办产业，既为学生实习提供了场所，也为服务社会提供了依托，取得明显的社会效益。1985年，中央制定并实施《关于教育体制改革的决定》，对教育体制和高等教育发展目标提出了明确的要求，其中就提出要积极"建立教学、科研、生产联合体"，促进全国高校、研究机构和生产部门的合作。不到三年时间，全国就建立了800多个这种联合体，为高校服务社会提供了组织依托。1994年，为进一步推动高等教育体制改革，中央在上海召开高校体改座谈会，提出了"共建、合并、合作、划转、协作"的十字方针，其中"协作"指的就是加强高校与科研单位、企业的合作办学。这一方针为高校科技创新社会化注入了强大动力，打破了我国高等教育长期以来的封闭办学传统，推动了高等学校全面融入社会发展。有关数据显示，在这一政策的引导下，全国170所高校与多达1744家科研院所、大型企业开展了合作。与企业合作不仅取得了量上的突破，还探索了不同形式的合作模式，有力地推动了科技成果向生产部门转移。这些合作不仅促进了企业的技术进步，加快了新技术和新产品的开发，而且对于高校科研实力的提升发挥了重要作用，增强了高校的办学能力。1997年我国1020所高校的科研经费总额达70.5亿元，其中75%是通过与企业联合获取的经费，这一数据足以反映我国高校科技创新社会化的发展程度。与之相应的是高校与大型企业共建研发实体和经济实体的数量快速增长，达到2000多个，科技成果转化达5万项，可以说，至此我国产学研合作基本建立了优势互补、共同发展、利益共享、风险共担的体制机制。

为全面推进高等教育发展，我国于 1995 年启动"211 工程"重点建设项目，面向 21 世纪重点建设 100 所左右高等院校及重点学科，这一项目的实施突出了高校科技创新服务国家经济建设和社会发展的生力军作用。1998 年国家又启动了"985 工程"，目标在于加强研究型大学建设，鼓励一批高校冲击世界一流大学。在这两项高等教育重点工程的驱动下，高水平大学建设、重点学科建设、高层次人才队伍建设取得长足发展，高校科研实力显著增强，服务经济社会发展的能力和水平也明显提高。在国家政策的驱动下，多数高校都确立了"以服务求支持，以贡献求发展"的战略思维和办学理念，积极加强与企业的深层次合作，不断提升高校的社会服务能力，全面推动高新技术产业化，为社会做出更大的贡献。"十一五"期间高校承担了 30% 左右的国家科技重大专项、56.7% 的"973"计划项目、49.4% 的重大科学研究计划项目、30% 的"863"计划课题、20% 的国家科技支撑计划项目、81.05% 的国家自然科学基金面上项目和 66.88% 的重点项目。[①] 2011 年，全国高校通过各种渠道共筹集科技经费达 940.28 亿元。[②] 近年来高校在全国科技奖励大会上所获奖项逐年攀升，2012 年获国家自然科学奖 24 项、国家技术发明奖 45 项、国家科技进步奖 114 项，分别占全国获奖总数的 58.5%、71.4%、70.4%。[③] 由此，我们可以看出高校科技创新社会化给我国高等教育带来的是一种革命性变化，改变了传统高等教育的封闭机制，通过建立与社会的良好互动关系，激发了高校科技创新的活力，建立了有益于高校发展的良好外部环境。

二 高校学科、科研、人才发展的交叉会聚

(一) 高校学科发展呈现交叉融合趋势

20 世纪 50 年代以来，人类开始进入"大科学"时代，科学研究呈

---

① 陈磊：《数字彰显中国科技力量》，《科技日报》2012 年 10 月 10 日第 1 版。

② 教育部科学技术司：《2011 年高等学校科技统计资料汇编》，高等教育出版社 2011 年版，第 14—16 页。

③ 柴葳、高靓：《我国高等学校获 2012 年度国家科技三大奖 183 项》，《中国教育报》2013 年 1 月 19 日第 1 版。

现学科系统综合的特点。"跨学科研究"逐渐成为科学研究的重点，也就是"科学研究规模的扩大，学科探索领域的交叉，学科研究方法的互相借鉴和学科研究成果的相互渗透"。跨学科研究对科学发展提出了新的要求，目标在于"打破原有知识体系的僵化分割，为新学科的成长和知识的应用提供交汇点"。科学研究方向的新变化，要求科研组织管理形式要与之相适应。按照组织结构原理的基本观点，组织功能发生变化，必然要求组织结构随之发生适应性变化。学科建设应适应这一趋势，按照学科自身的发展规律，打破学科之间的界限，进行跨学科的交叉、渗透和调整，寻求在学科之间的"无人区"创建新的学科分支，开辟新的学科领域。学科的划分本身是一种人为的结果，德国物理学家普朗克曾经指出："科学是内在的统一体，它被分解为单独的部门不是由于事物的本质，而是由于人类认识能力的局限性，实际上存在着从物理到化学，通过生物学到人类学到社会科学的链条。"事实上，学科之间并没有明显的界限，并非相互孤立，而是存在密切的关联。国际一流大学学科发展正是顺应了这一趋势，"由点到线进而由线到面的发展，大大增强了学科的繁衍能力，数学与自然科学、人文与社会科学及技术科学在知识的渗透、学科的交叉、门类的杂交中，犹如一张正在编织的大网，走向科学的整体"。从历史发展的整体上看，世界高水平大学一般都是从单科性大学逐步向多科性方向发展，最终成为综合性大学。例如，麻省理工学院、加州大学伯克利分校原先都是较为单一的理工学院，经过多年的积累，实现了多学科共同发展，最终成为综合性大学，学科领域涵盖理、工、文、管等多个学科门类，成为世界一流大学。剑桥大学、牛津大学、耶鲁大学原先是以人文社会科学见长的学院，在历史发展进程中不断拓宽学科领域，走上全面发展之路，现在也发展成为文、理、医、法、管、工相结合的综合性大学，整体实力国际领先。从目前的学科结构来看，交叉学科在学科总数的比重越来越高。现有学科总数5550门，其中交叉学科2600门，占总数的46.8%，这一比例还在继续呈现增长趋势。① 诺贝尔奖是科学技术发展的集中反映，历届获奖奖项中交叉学科的成果占41.02%。20世纪的最后25年里，一共有95

---

① 顾浩：《论学科交叉路径及趋势》，《上海金融学院学报》2006年第6期。

项自然科学成果获得诺贝尔奖，其中就有 45 项属于交叉学科范畴，占获奖总数的 47.4%，还有继续扩大的趋势。[①] 由此可见，交叉学科具有极大的发展潜力。

（二）高校科研管理组织结构向矩阵态方向发展

长期以来，高校科研管理一般采用的是直线职能制的组织结构，理论上属于"金字塔式"组织结构。各级科研管理部门接受校长的垂直领导，并在职责范围内对直线下属进行指挥命令并承担相应的管理责任，整个管理体系分为若干层级，层层负责。作为一种曾经普遍采用的科研管理模式，"金字塔式"组织结构为高校科技进步发挥过重要作用，但是随着"大科学"时代的到来，这种模式存在的单位界限、部门壁垒和所有制藩篱，成为创新资源流动和科研深入发展的障碍。根据现代管理学的观点，建立扁平化的科研管理组织体系，更能促进团队的建立、工作的创新、信息的沟通。自 20 世纪 80 年代以来，高校科研管理组织结构向着矩阵态方向发展。"矩阵管理"是现代创新管理的新模式，是基于某一工作目标把同一领域的相关创新元素按照纵横交错的矩阵分布形态进行资源配置，在科学的管理下推动行与列的元素实现符合数学规律的变换与组合，进而创造条件，激发创新活力。这种矩阵结构具有显著的柔性化特点，以学校的科研管理部门作为协调枢纽，以横向作为学术流，以纵向作为行政流，学校可以根据实际需要对相关研究人员进行调配和组合，并提供相应的资金支持。矩阵式科研管理组织结构与传统的科研管理模式相比，能够直接面向问题，具有高度的灵活性。在具体操作层面，往往是以课题组的形式推动问题的解决。在矩阵式科研组织管理机构中，课题组作为最基本的单元，其成员接受双重领导，一方面是学校的院系，另一方面是项目和问题。课题组人员的组成具有高度的灵活性，既可以来自同一研究室或院系，也可以来自不同的实验室、研究所或者院系，还可以来自社会上别的高校、企事业单位、科研院所，等等。课题组成员既要与相关院系和学校职能部门保持组织和业务联系，也要完成课题组或项目组分配的各项工作，接受双重领导并完成相关任务。这种科研组织结构采取的是扁平化管理模式，实行分权管

---

① 冯一潇：《诺贝尔奖为何青睐交叉学科》，《科学时报》2010 年 2 月 2 日第 3 版。

理，减少了管理层次，可以有效提高组织决策和信息沟通的效率；有利于打破层级制的学术治理结构，有效提高组织柔性和基层活力；有利于促进学科交叉融合，使相关研究人员、学生和自主选择科研发展方向，实现教学和科研管理的创新；有利于加强和改进科研管理，建设探索型和研究性学术组织体系。

（三）高校人才队伍建设呈现网络化发展的态势

人才队伍建设是高校科技创新的关键，构建科学高效的科技创新管理体系，离不开高水平人才队伍的有力支撑。人才队伍建设要以高创新能力、强学术竞争力为重点，培养和吸纳优秀人才，同时必须组建网络化的创新团队，优化人才管理，提高人才使用效率。创建网络化的人才队伍，目标在于形成合理高效的学术梯队，同时又要打破传统意义上的梯队模式，构建符合现代科技发展需要的人才结构布局。在人才网络体系中，具有高水平创新能力的人才是关键，他们充满创新活力，具有强大的创新影响力，是整个人才体系的核心。在核心人才的基础上，形成富有动态而又相对稳定的人才梯队网络。在这里，人才网络的核心之间、梯队之间、核心与梯队之间密切联系，通过不断地沟通融合，形成了纵横交错、深度交融的人才网络结构。作为网络核心的关键人才，并不是唯一的，每个核心人物的周围聚集着相对稳定、矩阵式的人才队伍。核心人物是人才网络建设的重中之重，是凝聚团队、吸引学生的关键力量，是营造学术氛围，推进一流大学建设的重要动力。世界一流大学诸如哈佛大学、剑桥大学、麻省理工学院等均是以杰出人才为依托组建科研网络和团队，从而全面提升教学科研实力。可见，以行政组织模式为特点的传统学术队伍建设已经不能适应新时代的要求，必须以学术为导向编织人才网络，建立交叉渗透、纵横融通的组织体。这种组织体的建设有利于创造宽松的学术氛围，保障学术自由，为学者们提供追求真理的空间，从而全面推进高水平师资队伍建设。在具体操作层面，由于每所大学的学科状况、历史传统不同，没有统一的师资队伍建设模式。例如，在斯坦福大学可以获得终身教职的年轻教师不足10%，而在伯克利大学获得终身教职的年轻教师却可以达到70%以上。因此，未来高校学术团队建设的发展方向，一方面要改变传统的按照"校、院系、教研室或实验室"模式建立的科层制管理组织体系；另一方面要在结合自身特点的基础上发挥多学科优势，采取灵活多样的组织形式。"比如，设置跨院系、跨学科的研究中心或研究团队，协调好行政权力与学术权力的关系，将决策的重心适当下移，建立有利于创新的网络化组织模式。"①

三 高校科技创新社会网络化的典型案例

我们正身处一个科技创新空前活跃的时代，这种活跃不仅体现在个别学科上，更体现在多学科的融合上，不仅体现在高校内部，更体现在高校与社会的互动上。高校与社会的互动突出的表现就是通过高技术的应用，实现产业化，走向市场，成为社会财富、经济增长的源泉。从世界历史发展进程来看，高校在促进科技创新特别是协同创新中发挥着重要作用。19世纪的德国为什么能迅速崛起，柏林大学等高校实施创新导向战略和"研学"协同，是其中最关键的因素之一。当今美国之所以能成为世界经济、科技中心，以"产学研"协同方式服务于美国先进制造业的麻省理工学院、服务于美国信息产业的斯坦福大学等一大批世界一流大学功不可没，类似的案例不胜枚举。这里以美国斯坦福大学、英国剑桥大学、印度班加罗尔大学为例分析高校科技创新社会网络化的发展趋势。

（一）斯坦福大学与美国"硅谷"

早在20世纪之初，斯坦福大学还是个小社团和农村俱乐部式的学校。1939年，斯坦福大学电子工程学院院长弗雷德里克·特曼（Fredrick Termin）说服他的两个学生在惠伊特和普卡德在一个很小的车库里建立一家电子公司——惠普公司，开始推动斯坦福大学与产业界的互动。斯坦福大学模糊了大学与企业的界限，创造了硅谷社会经济结构网络的基础，并为大学与企业之间的经济联系开了先河。与斯坦福大学有关的企业的产值占硅谷产值的50%—60%，正是由于斯坦福大学学术界与产业界的密切互动，使硅谷形成了世界上最有活力的产学创新体制和广大的技术创新网络。在硅谷的发展过程中，斯坦福大学与企业、政

---

① 郭萍：《热点透视：建设世界一流大学我们还缺少什么》，http：//www.edu.cn/gao_jiao_news_367/20070822/t20070822_250146.shtml。

府、行业协会、劳工组织和服务机构形成一种命运共同体，建立起一致的发展目标。除了相关单位之间相互依存结成合作网络外，硅谷中的技术创新人员之间形成的互惠社群网络也对科技创新发挥着重要影响。斯坦福大学在硅谷的社群网络建设中发挥着联系纽带的作用，通过强化大学与园区的产业联系，让不同企业的科研人员有机会在斯坦福大学内进行交流和沟通。由于产业的集群与社群网络的互信，硅谷内部讨论技术问题的频繁程度是其他地区无法比拟的。斯坦福大学的教授与研究人员、硅谷的高新技术经理经常接到合作伙伴甚至竞争对手的电话，讨论碰到的技术问题。在一些酒吧里经常有工程师相互交流意见，传播信息，通过非正式交流激发个体创新意识，催生智力成果。斯坦福大学的校园文化为硅谷注入了鼓励冒险、宽容失败的价值观念，为创业者不断探索和创新提供了广阔的空间。斯坦福大学校长约翰·亨尼斯（John Hennessy）有一句名言："没有斯坦福就没有硅谷，没有硅谷也没有一流的斯坦福。"[1]

（二）剑桥大学及其科技创新带

围绕英国剑桥大学形成了一个科技创新带，聚集了上千家高科技企业，被视为欧洲第一位的技术创新中心，是欧洲最有可能与美国硅谷相抗衡的高新技术驱动创新区域之一。剑桥大学成立于 1209 年，为该地区智力资本的集聚发挥了重要的作用。在推动基础理论研究与市场应用方面，剑桥大学有两个重要因素。一是剑桥大学副校长——布鲁斯教授，他一直致力于推动剑桥大学与地区商业互动发展。为了将剑桥大学的技术成功地转移到商业领域，他试图将自然科学与管理科学结合起来，将大学与企业连接起来，对于推动剑桥大学与区域发展互动、推动剑桥地区商业发展发挥了重要作用。二是由 Peter Hiscocks 领导、于 1999 年成立的剑桥企业中心。该中心的任务就是发掘剑桥大学未被发现的巨大潜力，中心提出的口号是"构建明天的商业"，为剑桥大学毕业生为剑桥大学毕业生创建知识型企业提供孵化，培训等支持、充分利用大学资源服务社会。希望最大限度地开发剑桥大学丰富的资源。剑桥

---

① 杨晨光、沈祖芸、唐景莉：《中外大学校长探讨：服务社会，大学创新的意义所在》，《中国教育报》2006 年 7 月 18 日第 1 版。

人际关系网具有独特的风格，它不是由正规的基础体系指导的，而是由非正式的个人联系活动和熟悉的环境两个因素构成的。剑桥的人际关系网络可以描述成一种信用环境，这种信用环境是建立在个人水平之上的，而不是建立在机构水平之上。剑桥的企业家来自自身的企业家网络，而不是政府、大学以及英国其他地区的科技企业，这使企业家愿意承担风险，并乐于管理风险。

（三）班加罗尔大学及其软件产业集群

班加罗尔大学是一所公立综合性大学，是印度最大、最著名的大学之一，它成立于 1964 年 7 月，其计算机教学与研究居世界前列。班加罗尔软件产业集群在 IT 行业异军突起，已经具备了与美国硅谷抗衡的能力，成为世界第五大信息科技中心。印度政府制定一系列 IT 行动计划政策和管理规范，有力地推动了班加罗尔软件产业集群的发展。迄今为止，班加罗尔共创立的高科技企业达到 4500 家，其中 1000 多家有外资参与，被誉为"印度硅谷"。班加罗尔大学与软件产业集群企业之间互相合作、共同开发软件项目，共同遵循社会规范。在班加罗尔软件集群的社会关系网络的建设中，社会规范发挥着重要作用。规范可以在潜移默化中对人们的行为方式和人际关系进行约束或激励，可以扩大信任与合作，进而提高了产业集群的竞争力。班加罗尔的一些行业性组织，例如信息技术产品制造者协会、电子计算机软件出口促进理事会、印度国家软件与服务公司协会等，在集群内部各社会组织之间发挥了桥梁与纽带作用，促进了企业之间的沟通和联系，在整个产业中发挥了协调矛盾、组织研讨、扩大影响、向政府有关部门反映利益诉求的作用，有力地促进了企业的发展。另外，这些行业组织还发挥了企业之间信托代理人作用，有效保障了信任机制的运行。印度是一个拥有悠久历史文化传统的国家，比较崇尚集体知识共享，因此，无论是软件企业的工程师，还是班加罗尔大学的教授和技术人员，都把向别人传递知识作为精神价值追求。在软件集群组织中，通过知识仓库、产业内部互联网、正式培训等途径实现显性知识的转移和流动；同时，通过"导师制"等非正式程序实现隐性知识的转移。座谈会、研讨会、进修培训等交流形式在班加罗尔大学非常盛行。

第三节　从个体创新到协同创新：地方高校提升创新能力的必然选择

从世界范围来看，技术创新全球化进程在不断加快并且过程日益复杂化，当代科技创新模式已突破传统的线性和链式，呈现出网络化、开放性的特征，多元主体协同互动促进创新成为新趋势。协同创新成为整合科技资源、提高创新效率、增强创新效益的重要途径，成为我国地方高校提高自主创新能力的全新组织模式。

一　协同创新是地方高校内涵式发展的必由之路

（一）协同创新是地方高校顺应科技发展潮流的必然选择

通过对科技创新模式的演变进程的分析可见，协同创新是世界科技发展的必然趋势。这种创新形态是在融合多元主体的基础上，吸纳各种创新资源进行交叉汇聚，产生优势互补、配合协作、联合推进的创新行为，打破行业和体制壁垒，实现高校、企业和科研院所的协同作用，以学科融合、技术集成、团队整合形成全方位、立体化、多渠道的创新格局，从而激发创新倍增效应，提高创新绩效。[①] 协同创新是对创新理论的新发展，不仅拓展了创新概念的内涵和外延，同时也顺应了科技发展规律和趋势，对创新模式的改进具有革命性意义。协同创新已经成为当前发达国家保持自身科技创新优势地位的主要方式，成为当代科技创新的鲜明特征。特别是近年来国际金融危机爆发后，发达国家纷纷积极调整创新战略部署，整合各种创新资源，大范围、多领域地开展协同创新，优化科技布局，为经济复苏和社会发展提供创新支撑。我国高等教育内涵式发展的一个重要内容就是提升高校的创新能力，协同创新是提高教育质量的必然选择。在新的历史时期，经济全球化进程进一步加快，科学技术迅速发展，创新要素急剧流动，各种各类创新机构十分活跃。我国科研系统包括高校、科研院所和行业企业科研机构三个组成部

---

① 何云峰：《农业协同创新：地方农业高校的发展契机与时代使命》，《光明日报》2012年6月9日第8版。

分，相当长一段时间以来，这三个部门各自为政、自成体系、壁垒森严，导致基础研究、应用基础研究、开发研究三个科研层次相互脱节，科研链条长期处于断裂状态。在区域创新方面，地方高校本应充分发挥自身学科综合交叉、智力密集、学术交流广泛的优势，事实上却没有起到应有的作用。在现阶段，仅靠单一主体很难催生重大科技成果，必须由多个相关单位共同参与、集体协同，这已是创新能否成功的关键因素。相对于国家部属高校，地方高校整体创新实力不强，必须充分释放现有的知识、技术、人才、信息资源，吸纳更多的创新资源为我所用，巧借外力、阶梯登高，大力实施协同创新，才能在短时期内迅速提升创新能力，缩小与国际一流大学和国内部属高校的差距，才能在新一轮竞争中赢得主动权和竞争力。

（二）协同创新是地方高校破解发展难题的必然选择

当前我国高等教育采取的是中央和省两级管理、省部共建的管理模式，在这种管理体制下，中央负责对全国高等教育进行整体规划，并负责对直属高校进行财政支持；地方政府则是在中央统一指导下，对地方高校予以财政支持并进行具体管理。地方高校大多处在欠发达地区，这些地区受财力限制，难以为地方高校建设发展提供足够的教育经费。由于历史原因，加上政策局限，地方高校在重点学科、实验室建设方面相对滞后，缺乏高水平的科学研究平台，从而带来人才培养引进难等一些列问题。由于校际资源悬殊，地方高校科研领军人才、高层次创新人才甚至生源都在向部属"985"和"211"高校流动，加剧了两级分化。从国家经济和教育发展整体状况看，东西部差距正在日益扩大，高等学校的竞争日益激烈，地方高校优质科技创新人才也随之日益流失。从地方高校自身来看，在前几轮的建设过程中，地方高校承载着高等教育扩张的重任，为国家高等教育大众化做出了突出贡献。但正是这种粗放式发展道路，给地方高校发展带来了一系列问题，创新资源比较分散，科技创新效率低下，科研工作与社会需求、国际需求、人才培养相互脱节，校际壁垒森严，创新资源表现出封闭分散的弊端。这些发展弊端和困境造成了科学研究的低水平重复，使地方高校处于创新价值链的低端，使地方高校创新能力出现萎缩，无法适应高等教育内涵式发展的需要。协同创新有利于破解地方高校与区域经济社会发展脱节的问题，密切地方高校与地方政府、行业企业、科研院所的多方合作，引导地方高校紧密围绕区域发展战略需求，积极面向产业发展，自觉对接产业技术，主动服务各类企业，有效解决创新资源分散、运行体制封闭和服务社会低效等问题，逐步构建要素完备、特色鲜明、充满活力、富有成效的地方高校科技创新体系，切实增强地方高校创新和服务能力。

（三）协同创新是地方高校提高教育质量的必然选择

20 世纪末我国国等教育走上外延式发展的扩张之路，地方高校在规模扩张上承担了重要任务，在以有限的资源应对发展规模超常规发展方面投入了巨大的精力，而对于提高教育质量和推动内涵式发展方面精力有限。在这一背景下，地方高校出现了教育设施不齐全、师资结构不稳定、生源和教学质量下降、资金负债居高不下等现实问题。与此同时，地方高校还存在办学思路不明晰、办学格局不合理、办学模式缺乏个性与特色、科技创新能力不强、创新团队建设滞后等发展困境。与中央部属高校相比，战略布局和政策支持都难以满足建设高水平大学的要求，从而制约了地方高校的快速发展。所以，如何抓住建设创新型国家的重大战略机遇，突破发展困境，实现科学发展，成为摆在地方高校面前的核心任务。地方高校必须结合自身特点，走出一条整合资源、注重建设、借力发展的内涵式发展的新路。协同创新为地方高校提供了重大战略机遇，对其转变发展方式、实现创新驱动、提升创新能力、强化社会服务创造了条件。协同创新是创新型高校提高自主创新能力的全新组织模式，既有利于地方高校深入推进人才培养、科学研究、社会服务、文化传承创新各项工作，也有利于地方高校提高教育质量，还有利于地方高校实现教育发展方式的转变。协同创新与之前的创新概念不同，关注的不仅仅是技术创新本身，更加强调通过联合和协作，打造协同创新的机制和平台，实现优质创新资源的集中与整合，催生重大科研成果，培育创新型人才。地方高校应当紧密结合区域创新发展实际和学校自身特色探索协同创新发展路径，加快推进地方高水平大学建设。

二 "2011 计划"为地方高校实现"进位赶超"提供了历史机遇

（一）"2011 计划"为地方高校开展协同创新提供了契机

为了落实胡锦涛同志 2011 年 4 月 24 日在清华大学百年校庆纪念大

会上的讲话精神，教育部、财政部积极行动，联合推出了"2011 计划"，又名"高等学校创新能力提升计划"。2012 年 3 月 15 日教育部组织召开的全面提高高等教育质量工作会议上，下发了《关于实施高等学校创新能力提升计划的意见》，同年 5 月 4 日出台了具体实施办法。"2011 计划"是在原有"211 工程"和"985 工程"的基础上，关于提高高等教育质量的发展和延续，三项工程结合我国高等教育不同发展阶段的目标要求，相互依托，各有侧重，各有特色。"211 工程""985 工程"的侧重点在于加强高校内部建设，强调学科、人才和平台等高校内在创新要素的质量提升。"2011 计划"重点在于融合高校内部创新要素和外部创新资源，重在高校科研管理的体制机制创新，重在协同创新模式的构建，目标在于全面提升高等教育质量。"2011 计划"和核心内容就是协同创新，目标在于改变高校创新资源的封闭与鼓励，通过建立"政产学研用"有机结合的体制机制，激发创新潜能、实现科技发展方式的转变。这一计划的一个突出特点就是公平开放，不限定身份和单位、不搞固化定位和论资排辈，只要具备了解决国家和区域重大战略需求的能力和水平，都可以进行申报并承担相应的任务。近年来，各地方高校积极加强内部协同以提高科技创新集成能力，取得了一定的成效。但是，在加强高校之间的协作，推动高校与企业、科研院所之间的资源集成方面做得还明显不够，成为高水平协同创新的障碍与阻力。"2011 计划"的出台标志着国家开始从战略层面推动协同创新，改变了原先的民间自我探索的局面，为协同创新的开展提供了全方位的政策、资金、环境支持和保障。地方高校应抓住这一机会，增强融入意识、协同意识和补位意识，积极利用相关政策，通过项目引导和体制机制创新，融入国家和区域发展战略，提升科技创新实力和服务社会的水平。

（二）"2011 计划"的实施对地方高校来说恰逢其时

经过多年的积累，我国地方高校的科技创新能力和社会服务能力显著提升，在促进国家和区域发展方面发挥了积极作用。一般来说，地方高校在所在的区域中处于教育先行者和科技创新"排头兵"的地位，在与地方长期互动合作中，呈现出"办学历史悠久，地域特色鲜明，综合实力较强，区域地位突出"的特点和基础，在履行人才培养、科学研究、社会服务、文化传承创新四项基本职能方面处在区域内学校的领先地位。作为区域创新的骨干与核心力量，地方高校结合经济发展和科技规律不断探索教育科技体制改革，取得了显著成就，已经成为区域的创新基地和创新人才培养的源头，成为区域高技术领域原始创新的生力军，对于提升区域创新能力发挥着至关重要的作用。对地方高校而言，实施"2011 计划"具有更为突出的现实意义。首先，"2011 计划"以国家和区域重大战略需求为导向，以"国家急需、世界一流"为出发点。地方高校经过多年发展，在特色学科和优势学科建设方面已经达到了国内先进水平，通过参与"2011 计划"，吸纳和整合各种各类优质创新资源，冲击世界一流大有希望。其次，"2011 计划"把组织体系建设作为关键措施，要求"形成多元、开放、动态的组织运行模式"，把培育学校特色作为重点内容，不再强调整体地位和等级层次。受区域经济、区域文化的浸染，加上对原有相对单一的学科基础进行长期培育，多数地方高校已经具备了鲜明的办学特色。地方高校的出路就在于特色化发展，这正与"2011 计划"的要求契合，因此地方高校要以"2011 计划"为契机加快推进特色学科、优势学科的发展。"2011 计划"既可以通过资源汇聚、资金支持和技术倾斜的协同创新政策，使基础条件较好的地方高校发展特色更为突出，成为产学研合作的主力军；也可以促进基础相对较差的地方高校凝练出自身特色，实现科技创新发展方式的转变和更新。最后，"2011 计划"目标在于取得实质性成果，把体制机制建设作为核心措施，强调"以机制体制改革引领协同创新"，激发创新要素活力，打破高校之间，高校与行业、部门之间的体制壁垒，实现创新资源有效流动和优化配置，改变地方高校创新资源"分散、封闭、低效"的现状，提高科技创新绩效和效率。

（三）"2011 计划"对地方高校融入区域发展战略创造了条件

在知识经济时代，区域被视为获取国家竞争优势的关键所在，"知识"和"创新"成为区域创新体系中的核心要素，大学起着"核心资源"的作用。"十二五"时期我国开始进入区域为板块的新时期，位于区域发展战略核心地带的地方高校迎来了新的战略机遇期。由于地缘优势的存在，地方高校可以为本区域经济的发展优先培养所需人才。一方面，地方高校要注重知识的适用性，从社会对人才的需求出发，注重知识的更新；另一方面，知识的传播方式、方法要有利于对知识的保存、扩张和转移，通过知识交流和知识共享，促进知识的创新。"2011 计划"的实施，为地方高校融入区域发展、参与地方建设、解决区域重大战略需求提供了机会、创造了条件。地方高校通过接轨区域发展战略和中长期规划，集聚资源，瞄准前沿，协同创新，与区域发展重大需求"同频共振"。地方高校逐步走出了封闭的象牙塔，走向社会大舞台，在对接区域发展的过程中发展壮大自己，把服务地方的职能从理论探索转向社会实践。"2011 计划"的提出为高等教育发展提供了新的导向，鼓励高校既要提升学术水平、提高教育质量，也要服务国家和区域经济社会发展。按照这一导向，地方高校要积极面向区域经济社会发展的主战场，充分发挥自身人才培养和技术创新优势，深入企业和行业，参与地方优化产业结构调整和促进产业发展的具体实践，推动高新技术产业快速发展，做好重点科技成果转化和推广，为区域发展和技术进步作出更大贡献。地方高校只有融入区域发展，深入开展校企校地合作，才能在服务社会的过程中实现自身价值。

三 地方高校协同创新相关的理论基础及其评价

与协同创新相关的理论很多，诸如协同理论、三螺旋理论、博弈论、自组织理论、交互学习理论、战略联盟理论、交易费用理论、合作竞争理论、三元参与理论、创新集群理论等，这些理论为地方高校开展协同创新提供了强有力的理论支撑，也有力说明了地方高校协同创新发展的客观性和必要性，择其重点介绍如下。

（一）协同理论

协同论（synergetics）是由联邦德国著名物理学家、斯图加特大学教授哈肯（Hermann Haken）创立的，他于 1971 年最早提出了协同的概念。1976 年哈肯发表了《协同学导论》《高等协同学》等文章和论著，进一步系统阐述了协同理论的原理和观点。应当说，协同论是系统科学的一个重要分支，是在 20 世纪 70 年代以后在多学科理论基础上逐步发展和完善的一门新兴学科。协同论的主要研究内容在于探讨在一种远离平衡的开放系统框架下，在系统与外界进行物质和能量交换的过程中，怎样通过各种协同方式，实现系统要素在时间、空间乃至功能上呈现有序的结构。协同论吸取了系统论、控制论、突变论、信息论等前沿科学成果，借鉴了结构耗散理论的有关原理，把动力学和统计学融入多维相空间理论研究之中，对不同领域的研究对象进行分析和归纳，从而建立了一套完整科学的数学模型和处理方法，不但实现了从微观到宏观的过渡，而且能够全面描述各类系统和现象由无序转变为有序的内在规律和途径。这一理论作为一门新兴学科，主要目标在于探讨不同事物的共同特征和协同机理，着重探讨各种系统从无序变为有序时的相似性。

（二）三螺旋理论

三螺旋概念于 20 世纪 50 年代初最先出现在生物学领域。90 年代中期，纽约州立大学的社会学家亨利·埃茨科威兹和阿姆斯特丹科技学院的罗伊特·雷德斯多夫教授在分析生物三螺旋理论的基础上，结合产学研合作实践，提出了著名的官产学三螺旋理论，引起了学术界和实业界的广泛关注，并得到了广泛应用。三螺旋理论把政府、企业与大学看作知识经济时代实现社会内部创新的三个关键要素，在市场需求的基础上建立耦合关系，从而形成交叉影响、相互促进的三种创新力量，被学界认为开创了一个创新研究的新领域、新范式。该理论不刻意强调谁是主体，而是强调政府、产业和大学的合作关系，认为其中任何一方都可以成为共同体的领导者或组织者，不仅能够发挥自身优势，而且还能起到部分其他机构的作用。三者之间互惠互利、相互支撑，共同推动创新耦合和绩效提升。

（三）博弈论

博弈论（Game Theory）又称对策论，是研究具有斗争或竞争性质现象的数学理论和方法，为博弈论奠定了理论基础和研究方法的是诺依曼和摩根斯坦恩在 1994 年联合编著的《博弈论和经济行为》。博弈论目前在经济学、政治学和管理学等领域得到广泛应用，主要研究在给定的信息结构条件下，如何通过科学决策以实现自身效用的最大化，以及不同决策主体之间的决策均衡。博弈论的基本要素主要有三个：一是决策主体（Player），指的是博弈活动的参与人或局中人；二是策略集（Strategy Sets），指的是给定的信息结构，涉及决策主体可以采用的策略和行动空间；三是效用（Utility），又被叫作偏好或支付函数，指可以进行定义或者量化的利益。博弈行为要么具有竞争性，要么具有对抗性，在博弈过程中，各方按照自身的目标和利益要求进行竞争或斗争。

各方针对对手的特点和可能采取的行动，结合自身的利益和目标，为了实现自己利益最大化采取最为合理的行动方案。博弈论就是研究博弈行为中斗争各方有没有最佳的行动方案，怎样找到最佳方案，在此目标下进行数学建模并寻求解决路径。

（四）自组织理论

从组织进化形式的角度，德国理论物理学家 H. Haken 把组织划分为两种类型：自组织和他组织。自组织是指在没有外界指令的前提下，能够通过自身系统内部的默契规则，实现自动协调、各尽其职有序结构的组织；他组织是指必须依靠外界指令才能形成的组织。系统的自组织功能与其产生和保持新功能的能力成正比关系，自组织功能越强，其产生保持新功能的能力就越强。自组织理论的理论渊源涉及协同学（Synergetics）、耗散结构理论（Dissipative Structure）、超循环理论（Super circle）、突变论（Catastrophe Theory）等诸多前沿理论，其中最核心的是协同学和耗散结构理论。自组织理论以新的基本概念和理论方法研究自然界和人类社会中的复杂现象，并探索复杂现象形成和演化的基本规律。自 20 世纪 60 年代后期以来，自组织理论作为系统理论中具有较强解释力量的分析工具，被广泛应用于生命系统、社会系统等复杂自组织系统的研究中去，有效地解释了这些组织的形成和发展机制，找到了复杂自组织从无序走向有序，从低层次有序走向高层次有序的嬗变路径。

（五）交互学习理论

美国当代著名心理学家埃尔伯特·班杜拉（Albert Bandura）从个体学习的角度系统地阐述了交互学习理论，他把人的心理活动作为环境考虑，认真考察了人、行为、环境三者之间的互动关系，并在此基础上研究人及其行为之间的互动关系，把人与环境之间的关系的研究提高到了新的高度。他认为观察学习是人们获得知识和能力的主要手段，究其原因，主要在于个体、行动、环境三者之间的相互作用，环境通过对个体的刺激来促进个体对自身认知的加工，最终改变个体的行为方式。班杜拉的社会学习理论有着丰富的内涵和外延，他将学习划分为直接经验学习和间接经验学习两种基本过程；提出了观察学习是人类间接经验学习的一种重要形式。国内外许多学者对科技创新系统的研究大多受到了交互学习理论的重要影响。协同创新为相关单位的组织之间、个体之间提供了充分交互学习，从而获得知识和能力的大环境和大平台。

这些理论的共同特点，均强调合作各方的互动联结和集体创新，以协同的方式促进创新活动的内生发展，认为协同是创新能力孕育和提升的最重要的内在机制。这些理论为本研究的开展打下了理论基础。但是，也应当看到，地方高校创新活动正在发生深刻变化，从封闭走向了开放，从零散走向了整合，从单打独斗走向了大规模合作，呈现出显著的社会网络化趋势。地方高校创新模式已突破传统的线性和链式模式，呈现出非线性、多角色、网络化、开放性的特征，演变为以多元主体协同互动为基础的协同创新模式，地方高校协同创新的治理离不开社会力量的整合，因此，从社会资本的视角来研究地方高校协同创新十分必要。

第三章　社会资本：一种新的分析工具和解释范式

"社会资本"一词最初来自社会学研究领域，主要是由社会学家借用经济学中资本的概念说明人与人之间的关系网络对社会发展的重要作用，认为人与人在社会交往过程中建立信任合作关系、采取集体行动的前提和基础是社会网络，社会网络能为其中的参与者带来回报，从而得出结论：个人参与群体十分重要，个人价值只有通过与他人的合作才能真正实现，也就是说，个人可能通过对社会网络进行投资来获得社会资本。直接运用"社会资本"这个概念进行学术研究是从20世纪80年代开始的，但是迄今为止，学术界仍没有一个关于"社会资本"的统一定义，有些学者甚至认为社会资本本身就是一个内涵丰富但却外延模糊的概念。因此，有必要首先对关于社会资本概念的典型论述进行归纳梳理。

第一节　厘定社会资本：多视角的趋同表述

一　布尔迪厄对社会资本理论的先驱性研究

法国社会学家皮埃尔·布尔迪厄（Pierre Bourdieu）最早开展社会资本理论研究，并把社会资本成功引入社会学语境。布尔迪厄非常强调关系的重要性，他认为人类社会中存在多种多样的关系，这些关系不以人的意志和意愿为转移，有力地促进了行动者之间的互动，是人与人进行交往的纽带，是一种客观存在。① 在布尔迪厄那里，社会关系具有高度的客观性、社会性和现实性，开展社会关系研究首先要研究其客观性，而不是过分关注其主观价值。在关系主义方法论的基础上，布尔迪厄提出他对社会资本的两个相关概念：场域和资本。其中，场域（field）表现为各种各样的社会领域和社会场合，社会场域虽然包含了社会行动者、制度与规则、团体机构等内在要素，但由于它是由各种社会关系连接的，因此从本质上看，场域是这些社会构成要素之间的关系网络，也就是社会关系网络。在场域概念剖析的基础上，布尔迪厄得出三种资本的概念：经济资本、文化资本和社会资本。布尔迪厄提出，资本的实质是一种权利形式，通过资本可以支配和控制自己和他人的未来，因此，资本是调节人与社会关系的重要资源。在三种资本形式中，经济资本是最有效的资本，文化资本和社会资本是非物质形式的资本，但也具有资本的一般特性，并且能够与经济资本相互转化，但文化资本和社会资本向经济资本转化并不是即时的，转换较复杂，带有一定的风险性。

　　基于对社会关系存在的认识和三类资本形式的分析，布尔迪厄把资本概念的外延进行拓展，将其引入社会学领域，他认为："社会资本是实际或潜在的资源的集合体，那些资源是与对某种持久网络的占有密不可分的。这一网络是大家共同熟悉的，得到公认的，而且是一种体制化的关系网络，换句话说，这一网络是同某种团体的会员制相联系的，它从集体性拥有资本的角度为每个会员提供支持，提供他们获得声望的'凭证'。"② 从布尔迪厄对社会资本的描述中可以看出，他关于社会资本的定义本质是工具性的，把社会资本看作是一种具有体制化、持续性的社会网络关系，从中可以获取一定的社会资源。某一集团如果试图维持或再生社会群体的团结，并且在其中发挥重要作用，必须在身份认可和相互认同的基础上进一步投资社会关系。这种投资的目的在于把原来的私有的、自我的特殊利益，转变为公共的、集体的、合法的、超功利

----

　　① 包亚明：《布尔迪厄访谈录——文化资本与社会炼金术》，上海人民出版社 1997 年版，第 142 页。

　　② 同上书，第 202 页。

的利益。社会资本的作用在于帮助行动者提升文化资本，获取更多的经济利益①，从网络中获得非常不平等的收益。② 社会资本可以帮助社会网络中每一个被联系的社会成员获取资源、获得利益，但是获取利益的多少，与其社会网络关系成员所拥有的经济、文化和符号资本的质量和数量密切相关，也与其可动员的社会网络规模大小密切相关。

二 科尔曼对社会资本理论较系统的阐述

对社会资本进行全面系统研究并产生广泛学术影响的学者是美国社会学家詹姆斯·科尔曼（James Coleman），他在布尔迪厄的理论基础上实现了社会资本研究的系统化和科学化。使科尔曼在社会资本研究领域崭露头角的是他于 1988 年在《美国社会学杂志》上发表的《社会资本在人力资本创造中的作用》一文，系统深入阐述其社会资本理论的是随后出版的《社会理论基础》一书。科尔曼认为，功能和作用能够反映事物的核心要义，应当把功能和作用作为概念界定的关键。因此，他指出，"所谓社会资本，是指个人拥有的以社会结构资源为特征的资本财产，社会资本由构成社会结构的各个要素构成，存在于人际关系的结构中，为结构内部的个人行动提供便利"。③

关于社会资本的具体表现形式，科尔曼进行了精细阐述，他认为，信息网络、义务与期望、权威关系、规范与惩罚、社会组织是社会资本的五种基本形式。社会关系网络是社会成员获取信息的重要渠道，每个社会成员都会通过社会关系选取和利用对自己有利的信息，从这个意义上讲，信息网络就是社会资本的表现形式。一个人在社会结构中必然承担一定的义务和期望，义务和期望总是和一定的社会资源密切相关，拥有较多义务和期望的人就必然拥有较多的社会资本。权威关系是一个人支配和控制他人行动能力的表现，这种权力有利于行为主体解决更多的

---

① 布尔迪厄同时还提出一个文化资本的概念。文化资本不是一个实体性概念，它泛指任何与文化及文化活动有关的有形及无形资产，是一个十分宽泛的功能性分析概念。布尔迪厄将其划分成身体化形态、客观形态及制度形态三种基本形式。

② Bourdieu, P., "The Forms of Capital", in John Richardson, ed., *Handbook of Theory and Research for the Sociology of Education*, New York Greenwood Press, 1986.

③ 詹姆斯·科尔曼：《社会理论的基础》，邓方译，社会科学文献出版社 1999 年版，第354 页。

问题，所以权威关系也是社会资本的重要体现。规范可以约束人的行为，可以奖励贡献性行为、惩罚损害性行为，从而激励社会成员作出符合公共利益的行动、减少自我利益行动，最终促进集体目标的实现，因此，社会规范是社会资本的重要组成部分。创立社会组织可以提高个体行动的一致性，又可以通过组织力量克服集体行动的困境，提高行动的实效性，从而增厚组织成员的社会资本。

在细致分析社会资本的产生、维持和消失的过程基础上，科尔曼探寻了社会资本的影响因素，提出社会资本机构的稳定性、社会网络的封闭性、意识形态的特征等因素都对社会资本具有重要影响。社会资本的强度与社会网络的封闭性有关，是因为在封闭的社会网络中，社会成员之间保持着相对密切的关系，每个行动者的行为都会对其他社会成员带来影响，从而增加了网络内部成员间的相互依赖程度，而在一个开放的社会网络结构中，社会资本则要弱得多。他还认为，以职位为基础的正规组织除外，其他形式的社会资本都离不开社会结构的稳定程度。由于社会资本存在的前提是人际关系，一旦社会关系和社会组织瓦解了，人与人之间的利益控制链条出现断裂，社会资本也就会随之消亡。科尔曼提出，社会意识形态对社会资本的形成起着重要作用。有些社会意识形态强调集体行动的重要性，把社会成员自身利益放置在次要位置，要求个体按照符合社会整体利益的方向行动，可以提高集体的凝聚力和向心力，从而提高了社会资本。但有的社会意识形态就比较关注个人在其行动中的重要性，从而抑制了社会资本的形成。

三　其他学者从不同侧面对社会资本内涵的表述

（一）罗伯特·帕特南：网络、规范以及信任

使社会资本成为学界讨论焦点的是美国社会学教授罗伯特·帕特南（Robert Putnam）。他在20世纪90年代发表的一系列研究成果引起了人们的热烈讨论，社会资本的概念也因此得到进一步广泛传播。帕特南丰富了有关社会资本的解释，如果说布尔迪厄初步研究了社会资本，科尔曼把社会资本看作是一种个人行动可以获得的资源，那么，帕特南进一步把社会资本看作社会运转的必要条件。帕特南为社会资本理论研究做出了突出贡献，他把社会资本的概念从个体拓展到了集体，并从团体社

会资本的角度，分析了组织社会资本、地区社会资本乃至国家社会资本的数量、质量分别对制度绩效的影响作用。他指出："与物质资本和人力资本相比，社会资本指的是社会组织特征，例如信任、规范和网络，它们通过推动协调和行动来提高社会效率。社会资本提高了物质资本和人力资本的收益。"① 按照这个定义，社会资本是一种混合物或交融物，既包括社会网络这一客观社会特征，也包括信任这一主观社会规范，还包括社会效能这一结果。他认为，网络、信任、规范等社会组织特征，可以通过合作行为促进社会效率的提升。普特南把信任看成社会生活的润滑剂，如果一个社会中具有普遍性的互惠规范，要远比一个没有信任与合作的社会更有效率。普特南进一步指出，由于社会网络可以促进内部成员之间的沟通和交流，而相互交流又可以进一步产生社会信任，因此，涵盖惯例、网络和信任的社会资本存量能够不断自我积累、自我强化。社会资本的自我强化可以促进集体困境的解决，可以提升整个网络群体的信誉。而且，公民参与网络不仅仅是过去合作的沉淀，对于未来的合作也提供了框架体系。持续的成功合作有效促进了各方的信任关系，可以增厚社会资本，使参与者对集体利益更加专注和支持，从而把个体扩展成群体。

（二）亚历杭德罗·波茨：成员资格

美国普林斯顿大学教授亚历杭德罗·波茨（Alejandro Portes）把社会网络成员关系作为社会资本的关键要素进行了深入的研究，以社会成员资格为切入点，提出了自己的社会资本观点。波茨把成员资格和身份作为衡量社会资本的出发点，他认为："个人通过他们的成员身份在网络中或者在更宽泛的社会结构中获取稀缺资源的能力，这种资源获取能力不是个人固有的，而是个人与他人关系中包含着的一种资产，是社会嵌入的结果。"② 波茨充分吸收了前人的研究成果特别是格兰维诺特关于社会嵌入的观点，把社会资本划分为理性嵌入和结构性嵌入两种。理性嵌入强调的是合作双方在双方互惠交换（reciprocity exchange）的预

---

① Robert D. Putnam, "Tuning in, Tuning out: The Stange Disappearance of Social Capital in American", *Political Science and Politics*, Vol. 28, No. 4, 1995, pp. 664 – 683.

② Alejandro Portes, "Social Capital: It's Origins and Applications in Modern Sociology", *Annual Review of Social*, Vol, 2, 1998, p. 2.

期下，要求对方实现预期并履行义务，在此关系基础上形成的社会嵌入。如果双方的行动被纳入更为广阔的社会网络之中，就成为结构性嵌入。由于相互期待的不断增加，信任就会增强，更大网络社区会发挥约束作用，波茨把这种信任称为"强制信任"（enforceable trust）。在波茨看来，无论是强制信任还是互惠期待，之所以能够发挥作用，一个重要的原因在于社会成员都受制于社会约束因素。波茨拓展了社会资本概念的层次，把合作各方的社会联系从原有的约束预期调节逐步转向强制信任调节，把社会资本从以自我为中心的层次拓展到更为广泛的社会结构中。按照波茨的理解，社会资本作为一种资源或资产，是个人能力的体现，而且这种能力有别于体力和智力，是以成员的身份嵌入社会网络之中并从中获取资源的能力。换句话说，正是因为个人处在一定的社会结构和社会网络之中，他才具备了某种社会成员资格，从而具备了获取某种社会资源的能力。按照波茨的观点，社会成员之所以在社会资本方面分配不同，是因为他们所处的社会网络的特征不同，也就是个人嵌入网络中的程度或类型不同。波茨还有一个重要的理论贡献，就是认为社会资本并非全部具有积极作用，提出了"消极的社会资本"概念。他进一步指出，产生消极社会资本的原因主要在于社会群体结构具有封闭性。

（三）罗纳尔·博特："结构洞"

美国芝加哥大学的罗纳尔·博特（Ronald Burt）教授研究社会资本是从网络结构的视角出发的。博特重点关注了网络机构及其分配结果，改变了前人把社会资本局限在网络社会资源的思维定式，从而把注意力从个体自我转向了自我之间的联系。他认为，社会资本不仅是社会成员所拥有的社会资源，还是交往者共同组成的社会结构，在此基础上他提出了"结构洞"（structural hole）的相关理论。按照博特的观点，如果一个社会网络处于封闭状态，其中的所有资源和信息都可以自由流动，并且可以找到最短路径从一个节点流向另一个节点，所以闭合的社会网络有利于系统内部互动，进而产生规则、规范和法律，产生信任关系的扩大和收缩。但是，在社会网络中，并非所有的节点都是有联系的，往往存在节点之间的联系断裂，也就是所谓的"结构洞"。如果在社会网络中处于结构洞的位置，就能够获取比其他网络节点更多的异质性资源，而且这个位置可以操纵资源流动的速度和方向，在此基础上博特建立了一个以结构洞为理论基础的社会资本权力关系的框架体系。那些能够通过连接两个无联系的节点的结构位置建立联系获取收益的权利就是社会资本。博特还继承了格兰诺维特弱关系力量的观点，但他的理论贡献不在于社会网络中关系的强与弱，而在于这些关系在社会网络中是否为重复或者非剩余。博特指出，网络规模、密度、等级和限制都会对社会资本的网络结构产生影响。网络规模与社会资本呈正比例关系，如果一个社会网络的规模很大，其成员就有更多的机会占据结构洞的位置，从而就可以拥有更多的社会资本。网络密度与社会资本呈反比例关系，社会网络密度越大，其成员之间的结构洞就越少，社会资本就越匮乏。网络等级与社会资本负相关，社会网络中等级程度衡量社会关系的集中度，社会网络关系越集中于少数人，社会资本也就越贫乏。网络限制跟社会资本之间是反比例关系，网络限制越多，网络节点形成中介的机会也就越少，结构洞也就越少。

（四）林南：嵌入于社会结构中的资源

林南（Nan Lin）是美国杜克大学的社会学教授，他在 2001 年出版了《社会资本——关于社会结构与行动的理论》一书，全面系统地论述了他的社会资本理论。林南最初开展的是"社会资源"理论，逐步过渡到社会资本理论研究。在林南那里，社会资本的概念是"在目的性行动（purposive action）中被获取的和/或被动员的、嵌入社会结构中的资源"。[①] 林南把资源作为社会资本的关键要素，他认为，资源可以分为作为人力资本的个人资源和作为社会资本的社会资源两种类型。个人资源可以完全由个人按照自身意愿进行处置，不需要其他组织或个人授权。而社会资本与此不同，它是蕴含在社会网络中的资源，必须通过调动与己相关的社会关系才能得到对自己有利的社会资源，注入社会网络、声望、权力和财富等。林南进一步指出，社会资本理论包含社会的宏观、中观和微观三类假定。对于宏观社会结构有三个假定：第一，假定社会结构由一系列位置组成，它们根据某些规范认可有价值的资源

---

① 林南：《社会资本——关于社会结构与行动的理论》，上海人民出版社 2005 年版，第28 页。

（如阶级、权威和地位）来确定等级次序；第二，假定虽然每一种资源都界定了一个特定的等级体制，但这些等级制往往是一致的；第三，假定在这些资源的可获取性和控制方面具有金字塔形状，位置越高，占据者越少。对于中观和微观结构，社会资本理论有关于互动与行动的两个假定：首先，假定社会互动更可能发生在相似的与临近的等级层级个体之中。其次，假定行动与互动之间存在一致性张力。社会资本理论通过假定两个主要驱动力来解释大部分的个体行动：维持有价值的资源与获得有价值的资源。前者意味着从事维持和保护有价值资源的行动已经在个体的支配之中，后者则意味着促进了增加有价值的资源，但还没处于个体的支配之中。

（五）弗朗西斯·福山：社会规范及普遍信任

弗朗西斯·福山（Francis Fukuyama）是美国著名社会学家，是一名日裔学者，他把文化作为研究社会资本的视角，提出了自己的社会资本理论。福山认为，社会资本产生的前提是社会信任，他指出，"所谓社会资本，是建立在社会或者特定的群体之中成员之间的信任普及程度，是一个社团中，成员对彼此常态、诚实、合作行为的期待，其基础是社团成员共同拥有的规范以及个体隶属于那个社团的角色"。社团组织是社会资本的重要载体，福山高度重视社团组织在社会积累中的作用，他认为，社团具有多种形式和规模，既可以小至一个家庭，也可以大到一个国家，或者是介于两者之间的其他社会群体。社会资本依附于这些社会团体而产生，是依靠传统、历史、习惯、宗教等文化体制形成的，这些社会团体是由共同的伦理价值而产生相互的信任，并不是靠严谨的法律条文或契约规范内部关系。① 福山强调，社会资本的深层次基础是文化因素，这里的"文化"内涵是十分丰富的，既有文化的含义，也有社会结构的含义，可以将其划分为"理性文化"与"无理性文化"，其中"理性文化"指的是传统习惯与伦理规范。一般来说，文化传统对人与人之间的信任关系具有显著的影响作用，从而产生社会资本动力，进而对经济组织格局和总体发展状况产生推动作用；反过来说，

① 弗朗西斯·福山：《信任——社会道德与繁荣的创造》，远东出版社1998年版，第35页。

经济组织在自我运转过程中又会通过经济伦理对社会资本产生反作用，使文化传统得到巩固和发展，进一步对经济社会发展产生影响。从这个意义上来讲，受文化传统影响的社会伦理可以直接影响经济发展，甚至可以影响整个经济社会发展进程。福山指出，一个社会的经济繁荣程度，取决于该社会普遍信任的状况，只有在社会普遍信任较强的国家才能催生现代大型企业，从而最终影响一国经济发展水平。一些国家社会资本相对贫乏，不但只能产生规模小、效率低的小型企业，也会出现公共行政部门效率低下、官员队伍腐败滋生等不良现象。

从以上有代表性的社会资本学者的观点可见，社会资本存在于社会生活的各个领域，这一理论具有强有力的解释能力，有着丰富的内涵。综合这些定义，我们可以对社会资本界定为"能够通过推动协调的行动来提高社会效率的信任、规范和网络"，也就是通过人际关系、企业关系及社会关系网络可以获取的各种资源，比如金融资本、商业契机、感情支持、线索、信息、构思，乃至信仰与合作、权力与影响，等等。社会资本作为给定经济体系中决定个体互动过程的一系列社会网络、规范和制度，包括正式制度和非正式制度，通过个体之间的相互作用，影响个体的行为选择和经济体系的总体运行效率，最终导致经济体系的演进。具体来说，本书中所指的社会资本的基本内涵包括以下三个方面。一是以关系为基础的社会网络。由社会体系中各个成员之间的相互联系而形成的一种网络结构，这种社会关系网络能够对社会整体起到推动作用。社会资本以一定的社会关系网络的形式存在，并通过这个网络对个体产生影响。二是以文化为基础的共享式社会规范。这种社会规范可以是正式制度，也可以是非正式的社会道德约束。这些社会规范作为一种文化因素和共同价值观念，保持社会运行的稳定性。一般来说，构成社会资本共享式社会规范包括社会长期形成的勤劳、节俭、理性、创新的社会价值取向，也包括信任、互惠、合作的社会共同行为标准，特别是社会网络内部的信任关系，被认为是社会资本的核心。三是以制度为基础的社会资源积累与身份认同。这种积累既来源于社会个体通过相互合作产生的"合作剩余"，也来源于互惠、信任、合作等社会规范产生的社会效益和社会价值。而作为社会网络个体之一的成员，由于能够从社会资本的积累中获取不断增多的收益，也必然会产生较强的归属感和认同感，这种身份认同反过来又会进一步促进社会资本的增值。

第二节 聚焦社会资本：若干重要问题解析

社会资本的概念被认为是理解个体如何实现合作和克服集体行动问题以达到更高绩效的核心基础。要对社会资本理论进行系统深入的理解和把握，必须对其属性、构成、类型等重要问题进行深入探讨，而且由于这些问题一般是相互交叉，因此要对它们进行专题剖析。

一 社会资本的属性

界定和厘清社会资本的性质是理解社会资本的关键。社会资本的属性，既与物质资本、人力资本有相通之处，也有不同之处。下面综合学术界的研究成果，对社会资本基本属性进行深入分析和探究。

（一）隐性资产

一般来说，社会资本是一种无形的资产，存在于人际关系网络之中。社会资本具有显著的特殊性，最突出的特别之处正如科尔曼所强调的，"社会资本基本上是无形的，它表现为人与人的关系"。[①] 社会资本依人而生，没有人就不可能有社会资本的存在；但社会资本又不是完全依赖于某个人，而是依存于社会关系之中。"经济资本体现在人们的银行账户上，人力资本存在于人们的头脑中，而社会资本内生在人们的关系结构中。一个人要拥有社会资本必须要与其他人有联系，正是这些他人，而不是他自己是其优势的实际来源。"[②] 正是这个原因，人们普遍认为一个人拥有的社会关系越多，他拥有的社会资本就越多，就能占有或使用更多的社会资源，从而更容易实现个人价值。这里需要强调的是，这里的"关系多"不仅是指"你知道什么和认识谁"及其规模总量的大小，相互联系的性质也十分重要，也就是信任合作关系、组织关

---

① 詹姆斯·科尔曼：《社会理论的基础》，邓方译，社会科学文献出版社 1999 年版，第 356 页。

② 李惠斌、杨雪冬：《社会资本与社会发展》，社会科学文献出版社 2000 年版，第 126 页。

系等。① 除此之外，社会资本主要依托人际关系网络而存在，是"难以观察和度量"的。相比之下，物质资本以生产设备、机器、原材料、厂房等形式出现，人力资本以劳动者受教育程度、经验、技能和知识的形式出现，社会资本看不见、摸不着，是无形的。

（二）公共物品性质

经济学分析区分了"私人物品"和"公共物品"的概念。私人物品是市场上常见的一般消费品，具有排他性和竞争性的基本特点，其资源配置一般是通过市场机制和价格机制进行调节。② 物质资本属于私人物品范畴，进行物质资本投资可以获得相应的利润。人力资本也是属于私人物品范畴，通过员工培训等措施进行人力资本投资，也会得到预期利润。而社会资本却具有公用物品的性质，不属于私人物品范畴。按照经济学的相关理论，"公共物品"是指"必须对所有社会成员供给同等数量的物品"③，减少某一个人的消费并不会影响其他人产生直接影响。严格地说，社会资本应该属于"准公共物品"，这样的判断依据是经济学对于产品的进一步分析。根据这样的分析，现实生活中存在的产品可以被划分为纯公共物品、准公共物品和私人物品三类。按照前文的分析，社会资本是嵌入在社会网络中的资源，其中有一部分因为属于个人资产而具有"私人性"，他人如果想借用，就需要经过他的许可。但是，社会网络中还有一种作为"团体或网络的资产"和"组织资源"的社会资本，虽然为个人所拥有，但个人难以单独支配，具有集体特性，是难以进行转让的，因而具有公共物品的性质。④

（三）外部性

通过前文分析可以看出，由于社会资本是一种"准公共物品"，有一部分属于公共资源，从而具有"外部效应"。"外部效应"也被称为"外部性"，指的是一个人的行为可以对其他人产生影响，有"正面外

---

① 林南：《社会资本——关于社会结构与行动的理论》，上海人民出版社 2005 年版，第 40 页。

② 鲁照旺：《政府经济学》，河南人民出版社 2002 年版，第 128 页。

③ 丹尼斯·缪勒：《公共选择理论》，杨春学译，中国社会科学出版社 1999 年版，第 15 页。

④ 詹姆斯·科尔曼：《社会理论的基础》，邓方译，社会科学文献出版社 1999 年版，第 369 页。

部效应"和"负面外部效应"之分。社会资本的外部性既有"积极"的一面，也有"消极"的一面。其积极的一面很容易受到人们的理解和认可，甚至有人会误解，认为社会资本对个人还是社会都只会产生积极的作用。波茨指出社会资本具有多种消极作用，比较典型的有以下几个方面：①排斥圈外人，社会团体内部由于强大的内部联系而限制了外部人员获得相关利益；②对团体成员要求过多，由于社会团体具有相对封闭性，相互间的亲密关系可能产生巨大的"搭便车"问题从而阻碍成员的创新；③限制成员个人自由，社会控制水平很高的社群使个人隐私和自由减少；④用规范消除秀异，社会控制和严格的社会规范保持了团体成员的稳定但会迫使秀异分子离开。[①] 他还提出，一个以反社会为目标的社会群体，其内部社会资本对社会将会产生危害，原因就在于社会资本的外部性。封闭型、隔阂型的组织与社会，信息、创新、人力资源传递都比较困难，容易出现社会资本外部负效应。

（四）自我强化性

埃莉诺·奥斯特罗姆（Elinor Ostrom）在对社会资本的自我积累特性进行解析的基础上，指出"社会资本不会因为使用但会因为不使用而枯竭"。布尔迪厄也提出了类似的观点，他将这一特性表述为"团体成员的身份带来的收益是团结的基础，而团结又使收益成为可能"。[②] 经典理论家们普遍认为社会资本具有自我强化的特性。物质资本在使用过程中会被不断地"折旧"和"耗散"，其总量是有限的；人力资本虽然在一定条件下可以再生，但也存在被消耗的问题，而且人力资本的构成要素如劳动技能和知识等，如果不经常使用就会丧失。社会资本与它们不同，无论是从组织资源层面还是人际关系资源层面来看，都能够自我强化，利用得越多，价值越大；使用得越多，总量越大。[③] 首先，从社会组织资源的角度来看，诚实守信、信任合作等组织规范和美德，本

---

① 李惠斌、杨雪冬：《社会资本与社会发展》，社会科学文献出版社 2000 年版，第 137—140 页。

② Bourdieu, P., "The Forms of Capital", in John Richardson, ed., *Handbook of Theory and Research for the Sociology of Education*, New York Greenwood Press, 1986: 249.

③ 曹荣湘：《走出囚徒困境：社会资本与制度分析》，生活·读书·新知三联书店 2003 年版，第 239—240 页。

身就是社会成员长期交往和博弈的结果，形成以后会对社会交往产生良性互动。其次，从个人人际关系资源的角度来看，个人社会关系使用得越频繁，人际关系网络就越紧密，就越能促进相互间的资源交换；同时资源交换越多，越能编织更加缜密的社会网络，使相关个人拥有更多的人际关系资源。从这个意义上讲，社会资本犹如一种"道德资源"，不会因为使用而不断减少，反而会因为经常使用而增加。

二 社会资本的构成

社会资本的定义是分析其构成要素的前提，不同的定义决定着社会资本有不同的构成要素，也决定着社会资本构成要素不同的侧重点和内容。一般来说，社会资本的构成要素是很多的，如社会结构、社会网络、信任、合作、制度、规范和价值观念等，这些要素一方面可以被看作社会资本的表现形式，另一方面也可以被看作社会关系向社会资源转化的体制机制。[①] 在这里，我们重点对社会关系网络、规范规则、信任合作三个核心要素进行深入分析。

（一）关系网络

社会资本理论先驱布尔迪厄给出的定义非常强调社会个体之间的熟悉程度和认可关系，他认为，社会资本的概念包括两个部分：一是通过团体内的社会网络和成员身份所产生的资源；二是在相互理解和认同基础上产生的资源。科尔曼在开展社会资本研究的过程中也高度重视社会结构和社会网络的重要性。斯蒂格利茨甚至直接提出，社会资本可以被想象为一系列的网络。社会资本是一种嵌入式资源，促进利益生成的社会资源和关系镶嵌在人际关系网络之中。波茨对关系网络进行深入分析，他认为具有以下典型特征：强制信任、互惠交换、动态团结与价值内化，由于社会关系网络受到理性、规范、文化等多重驱动，从而产生多种特征，这为镶嵌其中的社会资本的形成奠定了基础。把社会结构作为分析社会资本的切入点，就可以发现关系网络是社会资本主要表现形式，正式组织、非正式群体都是社会资本的载体。由此可见，关系网络

---

① 燕继荣：《投资社会资本——政治发展的一种新维度》，北京大学出版社 2006 年版，第 99 页。

是个人或团体及其相互之间关系蕴含在社会结构中形成的纵横交织的网络体系。帕特南高度重视网络在社会资本形成和发展过程中的重要作用，他将其定名为公民参与网络（civic engagement），这一概念在他的社会资本理论中居于基础性地位。他进一步提出，无论是在何种社会组织内，只有在具有紧密的公民参与网络的前提下，公民才能为共同利益进行有效合作。帕特南的相关观点可作如下归纳：①公民参与网络可以促进互惠规范的形成。②公民参与网络推动了社会交往的深入开展，使相关个人品行信息得以快速流通。③公民参与网络可以有效减少单独交易中的欺骗行为。④公民参与网络一方面是以往成功合作留下的社会关系综合体，另一方面也为未来进一步开展合作提供了基础和模板。①

（二）规范

规范是社会资本的重要组成部分，与关系网络联系密切相关，包括正式规范和非正式规范两种。科尔曼认为，规范和有效的惩罚是社会组织有序运转的前提，是社会资本的基本形态之一。奥斯特罗姆强调，社会资本是解决集体行动困境的重要方式，主要包括共享的社会规范、正在发挥作用的规则和共享的知识和技术。福山进一步指出，社会资本是一种非正式规范，大量事例可以证明，社会资本可以有效促进群体内部的合作。② 由此可见，正式和非正式的社会规范在社会生活中具有十分重要的作用，是人们的行为准则，是人类的社会生活模式，也是社会资本的核心组成部分。奥斯特罗姆等拓展了规范这一概念的外延，他们认为规范是一种具体规定，以明确哪些行为需要被禁止、哪些被授权制裁、哪些被允许。在奥斯特罗姆那里，把规范看作建立社会生活秩序从而提高社会发展可预见性的行为和结果；规范可以用于改善个体福利，或者当集体选择受到某种已经存在的子群体限制的时候，被该群体用来为自己群体增加比其他群体更多的利益。③ 埃里克森也提出，正是社区网络内部的长期互动和重复博弈，催生了有利于相互合作的社会规范。

---

① 罗伯特·帕特南：《使民主转起来：现代意大利的公民传统》，王列译，江西人民出版社 2001 年版，第 203—204 页。

② 曹荣湘：《走出囚徒困境：社会资本与制度分析》，生活·读书·新知三联书店 2003 年版，第 72 页。

③ 周红云：《社会资本理论评述》，《马克思主义与现实》2002 年第 5 期。

因此，他指出："关系紧密的群体内的成员们开发了并保持了一些规范，其内容在于使成员们在相互之间的日常事务中获取的总体福利得以最大化。"[①] 一般而言，社会规范不但有利于解决集体行动的困境，而且有助于解决社会活动中的其他社会困境。为促进社会资本的自觉形成，社会个体有必要积极推动社会群体制度和规范的制定，对如何分配组织化活动中形成的收益和成本责任，制定相关规则和规范。[②] 因此，规范的实施常伴以各种赏罚措施，促使人们把自身的社会行动纳入规范的轨道。

（三）信任

社会资本之所以能够帮助人类解决集体行动的困境，就是因为它能制造人与人之间的信任关系，信任是凝聚社会各方面的黏合剂，作为社会资本的重要组成部分，信任在促进合作方面发挥着广泛而独特的作用；而社会资本作用的发挥总是通过加强行动者之间的信任才能做到。信任本身的含义是很难理解的，难以进行精确的界定。社会学家纽顿提出，信任就是在你最好的情况下，对方从你的利益出发采取行动，即便是在你最糟糕的情况下，也不会有意损害你的利益。甘贝塔指出，信任是相关主体评价其他主体或群体，并依据其判断采取某种特定行动的主观可能性，这种可能性大小就是信任的程度。[③] 信任是社会资本运行的基础和条件，福山把信任作为社会资本的核心部分和衡量指标，认为社会资本本身就是信任基础上形成的一种力量。信任是一种具有典型社会资本特征的要素：①信任可以自我强化，随着时间的推移而不断积累。在社会交往中随着人们互惠的维持，信任会因不断使用而增强，因不使用而逐渐减弱。②信任可以促进生产。信任能够增强组织内部凝聚力，解决集体协作问题，从而有利于促进生产并实现特定的发展目标。信任是社会资本诸多要素中最为重要的一个，主要因为它具有三个基本因素：信赖、可预见性、可依靠性。这里，信赖是指相信一个人是可预见

---

① 罗伯特·C. 埃里克森：《无需法律的秩序——邻人如何解决纠纷》，苏力译，中国政法大学出版社 2003 年版，第 204 页。

② 曹荣湘：《走出囚徒困境：社会资本与制度分析》，生活·读书·新知三联书店 2003年版，第 30 页。

③ 周红云：《社会资本理论评述》，《马克思主义与现实》2002 年第 5 期。

的，也是可依靠的；可预见性指的是人们根据过去的运行特点和现实表
现情况，可以预料到未来将要发生的情况；可依靠性指的是可以相信某
个人，因为他可以提供保证。① 信任可以有效降低交易成本和提高生产
效率，主要是因为它可以通过非正式的关系和规则降低经济活动中的
风险。

社会资本三个核心要素之间是一种相互促进的关系。关系网络是规
范和信任发挥作用的社会结构基础，规范是网络和信任得以发挥作用的
制度约束，信任是密切关系网络和社会规范运行的动力机制。三者之间
相互联系、相互支撑，在社会资本运行过程中，也是相互促进和相互加
强的。因此，理解和使用社会资本必须把握好这样三个核心要素。

三 社会资本的类型

根据社会资本分析角度的不同可将社会资本划分为不同的类型。虽
然多数社会资本学者都没有专门对社会资本的类型进行界定，但这是一
个经常被或多或少提及的问题。本书结合社会资本的特点及有关学者的
研究成果，提出以下五种分类方法。

（一）个人社会资本与团体社会资本

个人和集体都可以投资和占有社会资本并且从中获益，在社会交往
和利益交换过程中进行投资和维护，所以社会资本是个人或集体有意识
行动的结果。林南在开展社会资本研究的时候，就是将其区分为个人和
团体社会资本。个人社会资本是为个人所拥有并可以用来促进个人发
展、实现个人目标的社会资源，所反映的是个人在社会生活中的生存和
动员能力，表现为个人的人际关系和社会组织成员资格。从这个层面来
看，个人社会资本随着关系网络的扩大、社会身份的增多、活动能力的
增强而不断增加的。团体社会资本是为社会团体或组织所拥有，可以促
进集体团结，促进集体目标实现的社会资源，是组织凝聚力和运作力的
集中表现，其内容包括社会关系、组织网络、组织文化等。团体社会资
本的拥有者既可以是一个社团、一个单位、一个地区，也可以是一个国
家。一般来说，一个组织内部成员之间的信任关系和组织关系越紧密，

---

① 杨太康：《我国信用主体经济功能及错位原因》，《经济问题》2004 年第 10 期。

纵向或横向社会联系越密集，组织的集体目标和价值观念就越一致，提供的集体资源也越大，其社会资本就越雄厚。

（二）民间社会资本与政府社会资本

社会资本作为资本的重要表现形式，世界银行对其概念和分类进行了界定，并将其区分为"民间社会资本"（civil social capital）与"政府社会资本"（government social capital）两种。"民间社会资本"内涵十分丰富，既包括民间非正式沟通的网络体系，也包括相关的规范、共同价值和团体性成员资格。[①]"政府社会资本"则与政府制度、政府影响民众互利合作的能力密切相关，涉及法治、契约合同的实施、政府规定的公民自由空间等诸多因素。一般来说，民间社会资本被看作非正式的社会资本，相对而言，由于政府制度是一种正式制度，所以政府社会资本被看作正式的社会资本。从功能上看，民间和政府的社会资本都对社会秩序产生重要影响，有利于克服集体行动的困境。政府制定的政策法规对人们的行为形成有效约束[②]；普遍性的信任和社会规范具有等同法律效用的契约权和财产权，从而提高了交易效率，降低交易成本和不确定性，大大促进专业化和激励理念的形成，推动实物资本和人力资本的投资。

（三）结构型社会资本与认知型社会资本

社会资本的核心要素是网络、信任和规范，从这个角度出发，可以从两个方面理解社会资本：①以网络的视角来看，可以把社会资本看作一种社会结构；②以社会信任和规范的视角来看，可以把社会资本看作一种社会文化。按照这样的逻辑对社会资本进行分类，可将其区分为社会资本的"结构方面"（a structural aspect）和"文化方面"（a cultural aspect）。[③]前者体现在社会组织上，特别表现为自发组建的协会（associations）及其社会关系；后者主要体现在社会信用上，表现为社会价值和社会规范。乔治娜·布莱克雷（Georgina Blakeley）曾经比较分析

---

① 曹荣湘：《走出囚徒困境：社会资本与制度分析》，生活·读书·新知三联书店 2003 年版，第 272 页。

② 卢现祥：《西方新制度经济学》，中国发展出版社 2003 年版，第 40—41 页。

③ Georgina Blakeley: "Social Capital, Georgina Blakeley and Valerie Bryson", *Contemporary Political Concepts: A Critical Introduction*, London, Sterling, Virginia: Pluto Press, 2002, p. 200.

了多元主义理论与社会资本理论的不同，认为社会资本理论实际上是对20世纪五六十年代多元主义理论的一种回应。她将公民参与网络看作结构方面的社会资本，而公民之间形成的信任和互惠规范被看成文化方面的社会资本。这样的分析与我们前面提到的结构性社会资本与认知性社会资本的划分从思路上看是一致的。

（四）制度性社会资本与关系性社会资本

这一分类方法是基于社会资本的规范性角度提出的，最早做出这一区分并在社会资本研究中进行运用的是美国杜克大学安尼鲁德·克里希纳（Anirudh Krishna）教授。他在《创造与利用社会资本》一文中对这两种社会资本进行了界定。按照他的观点，制度资本体现在规则、组织、程序和作用上，与推动互惠集体行动的社会结构要素密切相关；关系资本体现在个人的信念、态度、准则和价值观上，这些要素可以影响到与他人的合作。[①] 从总体上来看，制度社会资本和关系社会资本的组合形式有四种：①强制度资本—弱关系资本；②弱制度资本—强关系资本；③强制度资本—强关系资本；④弱制度资本—弱关系资本。而且，不同的组合形式会带来不同的效果，也会有效反映相关组织和社会资本的存量。第三种状态是最佳状态，第四种状态是最差状态。

（五）"网状"社会资本与"柱状"社会资本

从社会结构的纵横联系上看，可以把社会资本归纳为"水平"结构社会资本和"垂直"结构社会资本两种，根据它们的表现形式，可以形象地称为网状（web‐like）社会资本和柱状（maypole‐like）社会资本。[②]"网状"社会资本强调的是平等且对称的横向联系，"柱状"社会资本强调的是等级分明的纵向联系。社会资本的基本部分是横向联系，突出表现在公民参与网络上，比如大众性社团、合作社、学术俱乐部、邻里组织等社会关系，都属于密切的横向互动。帕特南指出，在网络密集的社会共同体中，更容易实现公民的互利合作。原因在于这样的社会网络：①有助于加强社会交往，增进相互间的信任，从而更容易实

---

① 帕萨·达斯古普特、伊斯梅尔·萨拉戈尔丁：《社会资本：一个多角度的观点》，张慧东译，中国人民大学出版社2005年版，第91—121页。

② 曹荣湘：《走出囚徒困境：社会资本与制度分析》，生活·读书·新知三联书店2003年版，第221页。

现合作；②有助于积累成功合作的经验，为进一步合作提供模板，从而强化非正式约束以增强社会变迁的连续性；③有助于形成重复博弈并增强各种博弈间的关联性，使社会交易中的欺骗成本大大增加；④有助于培育互惠规范，使社会成员更加遵守行为规范，看重信守承诺的声誉和美德。① 但是，"垂直"结构的社会网络是不利于信任与合作的，即便这些联系十分重要、十分密集。"密集但是彼此分离的垂直网络维持了每一个集团内部的合作"，但是从社会结构的角度看，难以促进信任与合作的形成。

对于社会资本的上述分类代表了五种理论分析模型，这五种模型的分析角度各不相同。第一种模型提供了社会资本最一般的分析角度和方法，澄清了人们对社会资本拥有者、存在形式的模糊认识；第二种模型明确了扩大社会资本的两个主要方向；第三、四种模型明晰了社会资本构成要素和呈现方式，以便更加细致地确定社会资本改造的工作内容；第五种模型扭转了以往人们认为社会资本只有正面效应的片面认识，使社会资本的概念在解释现实和规划未来两种功能之间保持了一贯性和自然的衔接：垂直的联系容易产生"负社会资本"，而水平的联系会促成更多"正社会资本"。

第三节　开发社会资本：地方高校获取社会资源的重要渠道

充分开发和利用各种社会资源是增强和扩大个人或组织行为能力的关键路径，社会资本作为一种蕴含在社会网络结构中的重要资源，其开发和利用是促进经济社会发展的必要条件。布尔迪厄强调，社会关系网络及其社会资源必须通过系统开发才能得以利用，是不能完全依靠自然赋予的，需要构建开发团体关系制度化战略。② 因此，必须把社会资本的开发作为一个重要现实问题去看待。1998 年以来，地方高校规模呈

① 罗伯特·帕特南：《使民主转起来：现代意大利的公民传统》，王列译，江西人民出版社 2001 年版，第 203—204 页。

② Bourdieu, P., "The Forms of Capital", in John Richardson, ed., *Handbook of Theory and Research for the Sociology of Education*, New York Greenwood Press, 1986: 249.

急剧增长态势，而生均财政拨款却呈大幅下降态势，有的学校已接近生存底线。此外，地方高校的发展还面临着诸如大学生就业、合作交流、科技创新和开发、人才培养质量等多重困境。开发社会资本可以弥补物质资本和人力资本的不足，使地方高校拥有的众多资源得以更有效地配置，从而使这些资源发挥更大效用来促进学校的发展。

一　地方高校社会资本的效益分析

（一）社会资本效益分析的架构

在前文的讨论中，我们已经明确，社会资本具有两个分析层面：个体分析层面和团体分析层面。从个体层面来看，一个人必须拥有宽广密集的社会关系网络和大量社会成员身份，他才能拥有雄厚的社会资本；对于一个团体或单位来说，如果它内部具有规范的制度和良好的文化，其成员对外有着广泛而紧密的联系，它就能拥有雄厚的社会资本；对于一个大型社群乃至国家来说，它的成员组织化程度越高，成员之间的网络联系越是密切，彼此的信任的程度会越高，社会资本的存量也越大。按照这一分析结构，社会资本可以从宏观、中观和微观三个层面获得效益。在宏观层面，福山的研究表明，对于一个社会共同体来说，社会资本具有"黏合剂"的功效，能够带来组织与合作的效益。在此基础上他还提出，公民社会必须要以社会中间组织作为成长和发展的基础，离开了中间组织的支撑，会导致强大的政府组织和原子化的社会成员相对峙，不利于造就大型社会共同体。[①] 在中观层面，"团体社会资本"是人们热衷讨论的核心概念。充裕的社会资本可以帮助团体创造更多的经济社会价值，"社会资本能推进信息的交流、知识的共享、相互间的合作、问题的解决、创造力的发挥、效率和生产力的提高"。在微观层面，科尔曼运用"义务与期望"的关系原理，说明了社会关系可以转化为个人调动的社会力量的道理。帮助他人等于让对方承担了义务，理性行动者通过使他人对自己承担义务而获得利益。总之，社会资本是一笔可观的财富，这笔财富可以为个人、团体、社群带来增值效应。

---

① 弗朗西斯·福山：《信任——社会美德与繁荣的创造》，彭志华译，海南出版社2001年版，第62页。

（二）地方高校社会资本的功能

个人层面的微观社会资本、学校层面的中观社会资本、社会层面的宏观社会资本对于地方高校办学绩效均具有重要的影响和促进作用。这里主要分析中观层面地方高校社会资本的作用和功能。

1. 社会资本为地方高校提供了广阔的信息渠道

地方高校一切的工作都离不开信息，信息是知识创新必不可少的原料，在知识创新中有着十分重要的作用。由于社会环境的复杂多变，影响合作绩效的因素日益增多，只有在增强互信交往和人际交流的基础上充分占有各种信息，相互之间才能增进了解，才能减少合作的不确定性，才能为学校建设发展提供信息支撑。丰富的地方高校社会资本使地方高校能从多个渠道以较低代价获得信息，并运用社会资本对信息进行甄别、选择、使用，不仅节省了成本，而且也提高了学校系统的信息敏感性。

2. 地方高校内部社会资本有利于建立教职员工与地方高校的心理契约，降低教职员工的流失率，提高学校管理效率

一个人如果长期生活在一个信任、友爱、互惠的群体中，就会逐渐对群体产生一种依恋的情绪，这说明群体有一种凝聚力，一种来自内心的情感认同。地方高校内部的重复互动和彼此沟通能够推动基于学校情感的信任、协作等关系规则的出现，这强化了教职员工与学校之间联结的合作收益，而且，强烈的内部情感减少了冲突，增强了内聚力，使个人自愿提供合作以服从于学校整体目标的实现，减少了管理的成本。

3. 社会资本能够有效避免员工的机会主义行为

在社会资本十分丰富的组织，其社会规范一般比较强大并且互惠参与网络较为密集，可以有效降低违约的风险和声誉的不稳定性。而且，一旦出现机会主义行为，通过社会网络放大制裁的声誉效应，制裁的威胁也更可能有效（Granovetter，1985）。因此，这种基于信任的网络关系就成为一种重要的治理机制，从而提高学校治理的效率和效益，克服学校失灵。地方高校的社会资本越丰富，"搭便车"的行为就越能有效地得到遏制，集体的行动能力就越强，行动结果的预期也越一致，能够有效避免员工的任意行为。

4. 社会资本还直接影响着地方高校的组织结构和效率

一般来说，缺乏信任的组织需要更多的分层结构和垂直一体化，这种相对刚性的科层制度体系缺乏灵活性。地方高校内部社会资本能够促进相互信任合作氛围的形成，增加师生员工的主人翁精神和社会责任感，增强学校的凝聚力和向心力，增进师生员工对学校的认同，增强学校管理方式的人性化。而且通过密切的网络关系，使部门的资源能够从最短的路径传输到目标成员手中，避免了层级过多所带来的过高的行政费用和规模过大导致的缺乏灵活性。因此，地方高校社会资本使管理者在无限纷繁复杂的管理环境中建立起一套简化机制，从而大大提高了组织的效率。

5. 地方高校社会资本可以生产出（或转换成）其他形式的资本

地方高校通过不断扩大的关系网络，来吸引外部（企事业单位、校友、捐赠机构等）的资金注入（合作开发、无偿捐赠等），进而增加地方高校物质资本的总量；教师、学生、管理人员之间的相互信任、相互合作形成的行为规范或文化传统，有利于提升地方高校人力资本的使用效率，而且在个体人力资本合作基础上所形成的群体人力资本，更能发挥巨大的功能；具有丰富的社会资本的地方高校，学生在教育、培训以及技能获得方面将得到更多的机会，从而有助于产生人力资本等。相反，如果没有地方高校社会资本，地方高校中的其他形式的资本（如物质资本、人力资本等）就很容易流失或者被浪费。

6. 地方高校社会资本可以为学校争取大量的办学资源

社会资本丰富的地方高校可以通过与政府、校友的联系获取信息、捐赠和资源的优先使用权，通过与有实力的企业合作，获取科研经费、先进设备及中试基地的使用权，通过与其他科研院所合作可以共享智力资源、实现学科优势互补，良好的社会声誉也有利于地方高校获取社会更多的认同、信任、宽容和理解等无形的支持，这些都直接或间接提高了地方高校的竞争力。不同的网络关系将为地方高校提供不同类型的社会支持。如果运用得当，地方高校所拥有的社会资本不仅可以实现现有物质资本、人力资本效益的最大化，而且还可以发挥社会支持和社会保障作用，这是物质资本和人力资本难以替代的。

7. 地方高校社会资本能够发挥合作创新功能

在新的历史时期，创新的实现离不开合作创造价值的社会网络，也离不开动态的生产关系，因此，能够促进组织之间的信任、团结和协作的"社会资本"也就因此成为科技创新的一个重要因子。简·弗泰恩和罗伯特·阿特金森提出，社会资本可以有效增进组织网络体系中的团结和协作，"它已经成为科技创新的关键因子"，可以在相互促进生产收益的基础上产生"库存"。地方高校科技创新既需要学校内部科研人员的相互协作和配合，也需要与其他高校科研人员、科研机构、企业开展联合技术攻关，因此，社会资本可以为科技创新提供强大动力，催生地方高校开展合作创新的资源"库存"。

二　地方高校社会资本的来源

社会资本是社会信任和社会交往的产物，是嵌入在社会网络中的资源。进行社会资本的开发和利用，首先要明晰社会资本的来源。相关学者从不同的角度提出社会资本来源的机理，这些分析视角可以归纳为自组织说、参与网络说、重复博弈说、路径依赖说等几个方面，为分析地方高校社会资本来源提供了理论依据。

（一）自组织理论结论

自组织理论被作为解释社会资源起源的主导模型，其核心理念是把民间组织内部个体间的互动交往作为社会资本产生的根本。托克维尔最早提出这一观点，科尔曼、帕特南和福山等对其进行了全面系统的阐述，他们认为，社团是加强公民合作的关键载体和机制，并对于如何培养信任提出了理论框架。在托克维尔看来，美国的民主植根于自由结社原则，自由结社是社会资本和有效率的民主制度的基础。帕特南进一步分析了自由结社与民主制度绩效的关系。社团组织内部面对面互动是创造信任的最好方式，个体的人格、价值观念、社会归属感是解释社会资本形成的关键。美国耶鲁大学卡拉·伊斯特的研究表明，社会资本在自发组织中产生，要增加一个社会的社会资本，鼓励和促进自发组织的发展是一个重要方向。他通过对1963年成立的大约80人组成的社团合唱队的研究，指出自发的社团组织能够"生产社会资本"。他认为，特殊的组织特征对互动会产生强烈的影响，在互动过程中，组织的成员及其伙伴制造了社会资本。一个自发的组织可以如此创造社会资本，那么，在一个存在多元化社团的复杂社会中，每一个社团组织代表了一种独特的网络、规范、价值和集体设施，它们所创造的社会资本总量更是可想而知的。地方高校同样需要建立形式多样的内部民间社团组织，并促进其内部个体间的互动，以增厚其社会资本。

（二）公民参与网络理论答案

公民参与网络理论是帕特南给出的另一种解释模型。帕特南认为，除组织之外，公民参与网络、互惠规范是产生社会信任的核心要素，而且这两个方面是相互紧密联系的。① 他尤其分析了公民参与网络对于社会资本的关键作用。①公民参与网络有利于获取和放大其他个人值得信任的信息，从而可以增进沟通和协调。一些学者在开展博弈论和囚徒困境的研究中发现，长期反复的博弈有助于合作关系的形成。一般而言，单纯的经济交易乃至政府交易都可能出现失控的状况，但如果把这些交易纳入相对密集的社会网络之内，就增强了相互之间的约束，胡作非为和机会主义的因素可以大大减少。长期和密集的社会联系有利于培养声誉，乃至产生社会舆论，有利于在复杂社会中建立信任。②公民参与网络不仅有助于合作的成功，而且可以通过过去的成功为未来的合作提供范本。由于社会资本具有自我强化和自我积累的特性，以往成功合作建立起来的关系网络有助于未来合作的开展。因此，公民参与网络有助于社会资本的生成，也可以促成成功的合作。③公民参与网络可以催生有效的互惠规范和普遍化惯例。社会生活经验告诉我们，一个具有普遍性互惠和信赖的社会，远比缺乏信任的社会更加具有效率和活力，信任成为社会生活和社会交往的润滑剂。而公民参与网络可以使互惠互利关系更加紧密和牢固，增加交易和交往中的背信弃义成本。地方高校开发社会资本同样要积极构建教职员工参与网络，促进相互间的互动、信任、合作和沟通，实现社会资本的不断积累。

（三）博弈论的研究

社会资本的形成过程实际上是社会成员参与规则创制的博弈过程。

---

① 罗伯特·帕特南：《使民主转起来：现代意大利的公民传统》，王列译，江西人民出版社 2001 年版，第 201 页。

没有协作精神，彼此互不信赖，也就无所谓社会资本了。而社会成员之所以能够形成合作和信任，说到底还在于他们对于投资和收益比例的预期，在于参与者之间讨价还价的博弈。博弈论告诉我们，社会资本是重复博弈的自然产物。一次性的囚徒困境博弈不会产生合作解（co - op-erative outcome），重复博弈可以增进相互之间的支持，进而形成"一报还一报"（tit - for - tat）战略，促进双方礼尚往来，产生合作解。由此可见，相关个体在社会交往中反复互动和交流，必然也就会对"诚实可靠"等良好声誉进行投资，进而产生社会资本。博弈论也为进一步说明自治性社会组织和公民参与网络何以产生以信任为基础的社会资本提供了有力的解释。确实，组织的存在可以有效促进合作的深化和社会资本的产生。正是由于组织的存在，可以保障个体之间维持持续性互动，通过重复博弈使合作能够深入开展。另外，自治组织也在很大程度上克服了"搭便车"的问题。组织会加强对外部成员的戒备，一般会设置进入壁垒（barrier to entry），降低不良成员进入和出现意外情况的风险；潜在的成员在被录取之前会接受资格审查，如果他们企图"搭便车"就会受到制裁。所以，一个充分发展的社会关系网络体系可以帮助其内部成员解决集体行动的困境。地方高校内部社会资本投资便是教职员工长期互动基础上的重复博弈，以产生信任和默契；外部社会资本投资是地方高校与其他组织和个人进行博弈后产生的合作。

（四）路径依赖理论的解释

如果以博弈论解释社会资本的产生，其首要前提是将每个人都设想为"理性人"，但实际上并非每个人都是理性而清醒的人。其实，很多人对于自己的利益诉求和赖以生存的社会环境并没有十分理性的认识。很多情况下，他们并不是按照理性计算来安排自己的行动，而是依照习惯办事。前辈传袭下来的生活信念和社会规范往往成为后辈省事或理性的选择，成为一种不容置疑也无法追问明白的行事方式。因此，前人的规范和制度就成为后人行动的依赖。一般来说，事物一旦进入或长期维持某一特定的路径，就很容易产生路径依赖，就像物理学中的"惯性"一样。路径依赖理论为社会资本积累提供了这样的解释：社会生活中等级化的权威可以促成社会资本市场的形成，权威制定规范并要求社会成员无条件服从。由这种方式形成的规范并不需要充分的民主协商，依照

"习惯远多于理由"的解释代代相传。[①] 传统和习惯是经过多年运行而逐步形成的，即使是在社会中出现了不适宜的情况，也会按照原有的规范不断延续下来。传统的习俗和文化本身就是多年社会生活传承下来的习惯，一旦形成就会成为一种具有约束力的"资本"，不能轻易毁坏它。地方高校经过多年的发展，形成了一定的传统的规范，便成为其社会资本积累的重要依赖和来源。

三　地方高校社会资本的开发

通过前面的分析可以得出结论：个人层面的社会资本存量越大，其在社群内的工作和生活越便利；组织层面拥有的社会资本存量越大，其组织治理和组织秩序越和谐稳定。事实证明，社会资本可以创建，地方高校可以通过开发社会资本提高个人或组织的社会资本存量。经典社会资本理论家提出了一些一般意义上的社会资本的开发途径，这些措施同样可以应用到地方高校的社会资本开发，下面进行具体分析。

（一）源于个人和组织的社会资本投资

社会资本的种类、方式和方面都因人而异，但是，只要个人通过不断的付出积累更多的社会资本，就可以掌握较多的"赊欠单"，换取较多的"义务与期望"，使自己成为较多"义务"的债权人，就可以在社会交往和交易中占据主动地位，从而获取较多的社会资源。因为拥有财富、人力、智力等私人资产便于使他人对其负有义务，因此，这些资本的积累也是个人社会资本投资的途径和方式。除此之外，自觉的人际关系投资也是重要的方面。布尔迪厄认为，加入不同的社会组织建立更多的组织网络关系是增加爱自己社会资本的有效方式；科尔曼进一步认为，个人参加的社会团体越多，其社会资本就大；林南认为，个人在社会结构中网络优势越强拥有的社会资本越多；博特认为，占有"结构洞"位置是获得信息和控制优势以增加社会资本的关键。一个组织开展社会资本投资，其目的在于建立和谐稳定的内外部关系，进而获取更多的组织资源。组织社会资本的积累既可以通过内部成员个体效益的增

---

① 曹荣湘：《走出囚徒困境：社会资本与制度分析》，生活·读书·新知三联书店 2003 年版，第 86—87 页。

加来实现，也可以通过整个组织效益的拓展来实现。地方高校相关的投资策略有以下观点：①长期性、长时间组织和参与学校活动可以有效增加学校的社会资本投资；②个人如果认同地方高校福利将会促进其增加对社会资本的投资量；③鼓励教职员工私人之间、与外部社会成员私人之间的自我合作投资是增加地方高校社会资本的重要途径；④"足量起步要求"可以推动"合作投资"的形成，因此地方高校应当明确"足量起步要求"以提高其整体社会资本；⑤政府可以采用教育等相关政策工具影响地方高校社会资本投资。

（二）源于国家和政府的社会资本投资

国家和政府投资社会资本不同于个人和组织层面的社会资本投资，其目的和手段与其公共部门的性质密切相关。第一，国家和政府作为公共部门，投资社会资本的出发点不是"狭隘"的个人或团体利益；第二，国家和政府作为公共权力机关，投资社会资本的手段和方法是法律援助和支持、宏观政策的引导，投资的目的是打造促进社会资本发展的内外部空间和环境。地方高校作为一种典型的社会组织，自然也会成为这些社会资本投资的受益者。

1. 社团组织发展

一般来说，社会资本的产生和生长离不开社会团体。特别是在现代社会中，社团组织和部门对于社会资本的产生和更新发挥着不可替代的作用。这里提到的社团组织外延比较宽泛，既包括中介性组织、志愿性组织，也包括次级社团和共同体社团（community associations）。[①] 在社团组织发展过程中，国家和政府组织一是应该为社团组织的创立和活动提供政策和法律支持，二是运用"治理"的理念改变自己的管理模式，为社团组织留出生存和发展的空间，实现政府、市场、社会三者共同参与的社会治理模式。

2. 社区建设

社区（community）是居民社会生活的共同体，是人们按地域集中开展社会生活的重要载体。普遍认为，社区的功能是多样的，不但可以

① 李惠斌、杨雪冬：《社会资本与社会发展》，社会科学文献出版社 2000 年版，第 390 页。

满足人们的日常生活需求，而且是个人或市场与国家功能的补充，具有社会参与功能、社会互助功能、社会控制功能、社会化功能，发挥社区作用可以有效克服集体行动困境。在现代社会，把国家的部分权能转让给社区，依法保障社区的合法权益，积极发挥社区的功能和作用，是投资和积累社会资本的重要途径。加强社区建设既可以节约国家的公共支出，也可以扩大社会资本投资。

3. 公民参与

许多经验证据表明，公共生活质量和社会机构行为的确深受公民参与的准则和网络的影响。在建设公民参与网络方面，政府所能做的是，第一，疏通制度内应该向民众开放的渠道；第二，让渡空间给公民社会；第三，管好自己，尽可能地不打扰公民生活。社会关系网络可分为水平和垂直两大类，后者被认定为行为者之间的不对称关系，而前者被认定为对称平等关系。垂直网络无论有多密集都无法维系社会信任与合作，扁平状的组织结构和水平向的社会联系是非常必要的。

4. 信用体系建设

一个社会或一个组织的社会资本投资意味着建设一种使人们相互依赖程度较高的社会结构。社会资本投资的目的也在于建设和维持社会成员之间相互信任和信赖的合作关系。国家和政府在社会信用建设方面扮演者重要的角色。信任合作产生的条件包括重复交易、立足长远、及时发现、及时惩戒，这四项条件中，政府不仅为前三项条件的成立提供了便利，它本身就以第四项工作为自己的职能。所以政府在社会信用建设方面承担着直接的责任。

5. 尊重和保护传统

社会资本理论让我们重新审视传统，并警告我们要尊重传统。因为传统（传统的文化、风俗、习惯等）是多年来人们生活经验的积累，是基于生活的真正需求而产生的约束机制。传统的节日、风俗、民情当中蕴含着丰富的社会资本。有些政府为改造传统而从事的革命性的"投资"计划会大量地破坏社会资本，在发现这样的"投资"可能存在失误而采取的恢复和补救行动的效果却通常是微乎其微的。所以，善待和尊重传统并尽可能减少对传统的破坏和伤害，是国家和政府对社会资本投资的一项重要内容。

第四章　结构关联：社会资本与协同创新的相关性探究

　　在地方高校协同创新体系中，地方高校要紧密联系科研机构和企业组建协同创新的核心网络，在此基础上还要拓展外围组织网络，与包括行业协会、中介组织、政府部门、风险投资商、供应商、营销商等在内的其他与创新活动相关的主体建立并保持密切联系，融入更为广泛的社会网络之中。这些社会关系对于地方高校交换信息和知识、获得发展机会、争取社会资源十分重要，以此实现信息知识共享、利益共享、优势互补、风险共担，进而实现可持续发展。新经济社会学的观点认为，协同创新是深度嵌入（embeddedness）在其所处的社会关系网络体系之中（Granovetter，1985）①，并非孤立地存在于一个封闭的系统之中，具有很强的社会性。不能把协同创新仅仅看作是物质层面的创造与合作，而应该认识到这是一个比较复杂的社会过程。创新过程依赖于地方高校与协同各方的互动交往，而社会资本为其内外联结提供有效的资源和机制，因此有必要深入探讨社会资本与协同创新之间的结构关联。

---

　　① Dyer, H. J., Singh, H., "The Relational View: Cooperative Strategy and Sources of Inter - organizational Competitive Advantage", *Academy of Management Review*, 1998, 23 (4): 660 - 679.

第一节　结构、关系及认知：社会资本与协同创新相互关联的三个维度

一　社会资本维度对协同创新的影响

那哈皮特和戈沙尔（Nahapiet and Ghoshal，1998）在借鉴和吸收布尔迪厄、科尔曼、普特南等研究成果的基础上，对社会资本构成进行了深入探讨，提炼了不同于前人的分析维度，并建立了理论模型，他们主要从三个维度解析社会资本：一是结构维度（structure dimension），主要强调社会网络结构，重点分析网络结构和网络联系的特征，设定网络联系的存在性、网络密度、网络中心性、联系强度等几个关键要素作为测算指标；行为个体可以在社会结构中加强与其他个人或组织的联系从而获取信息、资源和机会，进而赢得社会优势。二是关系维度（relational dimension），这一维度关注社会网络人格化，强调进行中的、具体的人际关系，即行动者在社会交往过程中建立的具体关系。关系维度涉及义务与期望、信任与可信度、规范与惩罚等要素，是通过创立社会关系并依托关系获得的资产。三是认知维度（cognitive dimension），这一维度主要包括共同的语言、立场、经历和文化习惯等要素，是嵌入在社会系统中的共享范式；社会网络中形成的共同愿景可以促进社会资本认知维度的发展，这种认知又反过来促进了个体和组织行为的发展。

以新经济社会学的观点来认识协同创新，可以把创新网络视为一种社会关系网络，协同各方之间的经济活动深深嵌入在网络之中并受到网络的约束和限制。一般来说，我们可以从社会资本拥有者类型出发，将社会资本划分为个人社会资本、组织社会资本、共同体社会资本三种，这里研究的协同创新网络社会资本实质上就是一种共同体社会资本。嵌入在协同创新网络中的社会资本对于促成成员间良好的社会关系、提高创新效率、协调网络成员集体行动、提高创新效率和效益都大有裨益。社会资本三个维度对协同创新网络有着不同的影响作用，结构维度可以促进高质量信息的获取，关系维度可以影响网络内部成员间的信任，认知维度可以影响成员间的沟通，这些维度从不同侧面对协同创新网络的

形成和运作奠定了基础。具体表现介绍如下：

（一）社会资本结构维度对协同创新的影响

社会资本的结构维度是社会资本的物质基础，主要表现在网络联系和网络结构上。地方高校为了解决技术创新和成果转化中遇到的困难和问题，会加强与企业和科研院所的联系，构建社会关系网络。在社会网络的框架内，地方高校向企业寻求市场需求信息，同时向企业传递知识和技术，实现创新要素的有效结合，提高了创新的针对性。由此可见，以协同创新网络为重要表现形式的社会资本为相关创新主体获取知识、信息和技术等资源创造了条件。除此之外，网络的结构特征是企业获取信息资源的关键渠道。社会资本结构维度的表现形式是网络联系和网络结构，前者与联系的数量相关，后者与联系的效率和质量相关。根据Burt（1992）的相关理论①，社会网络是很难做到完全畅通的，甚至多数都是不畅通的，这种断裂的位置被形象地称为"结构洞"。② 地方高校与地方经济、地方产业界有着天然的联系，在地方高校牵头的协同创新网络中，地方高校作为中坚力量，在与其他参与单位建立网络联系的过程中，往往占据着"结构洞"的位置，这就为地方高校接触各种异质性的、非重复的信息流创造了便利，从而具有信息优势。地方高校连接了原来没有联系的网络节点，以"结构洞"控制了关键路径，可以决定资源流动方向，从而又具有了控制优势。

（二）社会资本关系维度对协同创新的影响

组织及其成员之间的相互信任是社会资本关系维度的主要表现形式。在地方高校协同创新网络体系中，必须通过良好的社会关系促进高校、科研院所和企业及其他合作方的相互信任，这样才能实现协同互动，对共同关注的问题进行探讨合作，并且在整个协同创新的过程中更具有安全感。福山（Fukuyama，1995）一直强调信任是社会资本的核心要素，他甚至将社会资本直接认定为"在社会或其下特定的群体之

---

① Burt, R. S., *Structural Holes: The Social Structure of Competition*, Cambridge, MA: Harvard University Press, 1992.

② 结构洞（structure holes），即网络中的某个体（ego）和其他一些个体（alters）发生直接联系，但这些个体互相之间不发生直接联系。这些个体无直接联系或关系间断的现象，从网络整体看好像网络结构中出现了洞穴。

中，行动者之间的信任普及程度"。① 影响技术合作的诸多因素中，信任发挥着重要作用，甚至直接影响到合作的成败。因此，地方高校开展协同创新必须加强信任治理，为创新网络提供强大的联结机制。一方面，根据信息经济学的有关理论，由于契约不完备、信息不对称等客观原因，再加上败德行为等主观原因，很可能导致合作被破坏。强有力的信任机制可以降低协同各方之间用于信息收集、激励、谈判和监督等方面的监督成本，可以发挥契约保护的作用和功能。另一方面，只有在相互之间建立高度信任的基础上，协同各方才能深入开展信息共享，进而在组织学习的过程中实现知识共享。② 除此之外，只有协同创新网络体系内部建立了信任关系，联盟组成人员才能就共同关心的话题进行深入交流，才更乐于参与合作互动，才愿意将对方的意图和需求融入自己的行为准则中，最终提升合作创新的绩效。

（三）社会资本认知维度对协同创新的影响

共同的价值观念和目标可以凝聚集体的力量，可以增强组织的凝聚力和向心力。Nahapiet 和 Ghoshal（1998）指出："人们在某种程度上拥有共同的语言会提高他们接近他人并获取信息的能力，如果他们的语言和法则是不同的，这就容易造成他们之间的分离并限制他们之间的交流。"③ 协同创新体内的成员之间必须要有共同的知识和技术背景，也就是说他们拥有共同的理解表达方式和共同语言的前提下，才能够实现有效的沟通和合作，才能实现资源整合。一般情况下，高等学校和科研机构对市场规律和需求较少关注也把握不准，更多的是关注技术参数和指标的先进性，关注研究的学术价值，具有明显的单纯追求技术的倾向；企业较少关注科研的学术价值，而是专于生产技术的市场开发，注重经济效益。高校、科研院所和企业在组织文化、创新意识、组织惯例、价值观等诸多方面都存在着很大的差异和冲突，导致合作过程中容

① Fukuyama, F., "Social Capital and the Global Economy", *Foreign Affairs*, B, 1995, 74 (5): 89–103.

② Todd H. Chiles, Johnf McMackin, "Integrating Variable Risk Preferences, Trust, and Transaction Cost Economics", *Academy of Management Review*, 1996, 21 (1): 73–99.

③ Nahapiet, J., Ghoshal, S., "Social Capital, Intellectual Capital, and the Organizational Advantage", *Academy of Management Review*, 1998, 23 (2): 242–266.

易出现黏性信息转移的认知障碍，隐性知识难以转化为显性知识。认知维度的表现形式是共同的愿景和相似的价值观念，这有助于将产学研各方纳入类似的背景之中，从而更便于开展有效的沟通。在协同创新联盟内嵌入共享愿景，可以使参与单位求同存异，有着共同的目标、抱负和认识，从而会有更多机会交换资源和想法，避免沟通时的误解。

二　社会资本维度下的协同创新网络联结机制

地方高校协同创新网络体系运转的机理是有效整合和高效运作创新资源要素，实现人才、知识、资金、政策、技术和信息效用最大化。运转途径是使地方高校、企业、科研院所这些网络节点在优化组合和相互作用的基础上密切配合与合作，充分发挥各自职能和优势，再配以政府、中介机构等相关主体的辅助作用，实现协同"1 + 1 > 2"的综合创新效应。其中，地方高校既是协同创新的牵头者，也是创新的原动力；企业既是技术开发的主力军，也是创新资源的投入者和技术产业化的实践者；科研院所是知识和技术的重要提供者；政府是创新网络的协调者和组织者；中介机构是促进创新的桥梁和纽带。在这样一个庞大的创新网络框架内，建立以社会资本整合起来的协同创新网络联结机制，其本质是这样一个过程：社会资本从三个基本维度对协同创新网络进行全面影响，推动行为互动和资源共享，实现创新效应最大化，以风险共担和利益共享推动协同创新能力的提升。

（一）结构维度下的联结机制

网络关系状况、关系的紧密和稳定程度是地方高校协同创新网络发展的关键，也是社会资本结构维度关照的焦点。协同创新网络联结的结构维度突出表现在其信息流动机制和信息网络联结机制，构建信息流动机制关键在于建立流动通道和增强交换强度，构建信息网络联结机制的关键在于搭建各个网络节点之间的交互网络，只有在两种机制相互支持和配合下，才能完成顺畅的网络连接。

1. 信息流动机制

地方高校以网络为依托加强与其他网络节点的知识信息交流，促进信息和技术共享。以网络作为信息流动渠道的最大优势，是可以形成自由开放的交流体系。并且在协同创新网络中，各个网络节点之间是以任务为导向并且是直接接触的联系，知识、技术和资源等创新要素可以频繁交换和流动。一般来说，网络节点部位最容易产生创新，网络节点数量越多、密度越大，共同体的创新能力就越强。这些互补性的资源交换和合作交流是在平等互利的基础上进行的，有效促进了知识、信息和技术等创新资源在网络体系内的快速流动，不但可以提高创新能力，而且可以通过网络化的协作降低创新失败和市场竞争的风险。

2. 信息网络联结机制

新时期协同创新联盟在运行机制方面需要打破原有体制的束缚，建立全新模式，而信息网络为网络联结带来了革命性变革，为合作创新提供了先进的技术条件。充分整合并合理利用协同各方的信息网络是巩固和发展协同创新联盟的一条重要路径。当前，Internet/Ex – tranet/Intranet、CIMS、EDI 等现代技术手段为建立和完善信息网络提供了便利。所以，协同各方信息网络体系为联盟的网络联结机制的构建提供了高效可靠的物质保证。通过这种信息网络的联结，联盟的网络联结机制可以以客观有形的形式得以实现，并且在这种条件下，信息的扩散和传递是以编码化的显性知识的形式实现的。

（二）关系维度下的联结机制

以关系维度构建联结机制强调的是联盟内部信任机制和规范惩罚机制的构建。

1. 协同创新联盟是一个复杂适应性的系统框架，涵盖了个体层面的认知信任和系统层面的制度信任两种信任过程

协同各方信任的加深，可以增强合作意愿和合作程度，促进知识、信息和技术的整合，创新网络就具有高度的竞争能力和市场适应能力。

2. 培养良好的信任关系有赖于协同各方的重视和投入

深度的信任关系的形成不是偶然的，有赖于协同各方长期频繁的社会交往和互动交流，有赖于网络、契约、制度、义务等具体载体的推动，只有在深入交流和了解的基础上，才能逐步培养起来。

3. 良好的社会制度环境是培养信任关系的必要条件

社会制度环境指的是地区、行业内部组建的协会、商会的社会组织，还有正式或者非正式的社会风俗和社会习惯。这些风俗和习惯是商业社会中个体行动的道德基础，也是客观的经济社会环境。相互之间的

信任机制有利于良好社会制度环境的形成，良好的社会制度环境又可以促进相互间信任机制的构建。信任机制建设的关键就在于以合作的收益性惩罚违约行为，提高欺骗成本，鼓励相互间的信任与合作。

4. 建立柔性信任是发展信任关系的重点

为了保障合作的进行，相关各方一般倾向于签订冗长的合同，这是缺乏信任的表现，也是缺乏信任条件下的必然选择。而建立在信任基础上的合作网络则不需要合同，或者只需要有限合同。建立协同创新网络的惩罚机制，应当建立各节点共同遵守的程序、规定和规范，为保障其正常运行，对于违反的现象，必须采取相应的惩罚。规范惩罚机制是信任机制得以运行的重要保障。

（三）认知维度下的联结机制

1. 利益机制

利益机制在协同创新网络体系中，协同各方从自身利益出发对网络内外部环境发生的各种反应方式，以及它们之间行为的影响、制约和依存方式。利益的分配是协同创新的关键问题，必须着眼于未来的长久合作和战略目标，以双赢、多赢为立足点，营造良好的合作氛围。在实践中，如何科学合理划分无形资产，对于优化合作利益分配及其机制的构建来说至为重要。协同各方必须强化共同利益，以协同创新行为为基础，建立合理的利益分配格局。

2. 协调机制

正是由于协同创新网络的庞大和成员结构的多样性，这一共同体的管理不同于一般组织的内部管理，他们的合作过程管理具有很强的复杂性，虽然大家都在朝着共同的目标努力，但是合作人员有着不同的表达方式、思维方式和工作习惯，协同各方有着不同的战略部署。所以，必须要在协同创新网络各节点间搭建合理有效的协调机制。协同创新网络各节点应安排专人负责协调和沟通工作，要重视管理层的协调，也要重视其他不同层次负责人的协调。

3. 非正式交流机制

在共同的社会文化背景下，人与人之间通过个人关系网络和公共关系网络进行接触和交流，频繁进行非正式社会交往和沟通，便可以增进彼此间的信任。相对于正式交流网络，非正式网络中的隐性知识传播和转移的速度更快。通过开展非正式交流可以使社会网络的碰撞效应和沟通功能得以充分发挥，使协同各方"游离"的知识集聚和利用起来，增加创新知识的存量，从而激发创新活力，所以非正式交流是协同创新十分重要的联结方式。

三　社会资本动态化与协同创新网络的动态化联结机制

（一）动态化协同创新网络释义

开展协同创新的研究是将其放在一种理想化的环境中进行探讨，其中一个重要的假设就是设定其网络结构处于相互匹配的均衡状态。但是，事实上这种均衡状态是很少的，大部分时候会因为内外部环境的变化而处于失衡状态。因此，协同创新实质上是一种动态化的交互作用，是在动态过程中实现知识流动和资源活化。创新网络的动态化表现在很多方面，网络节点的数量和类型、网络关系紧密程度、网络联结方式、网络环境等因素都处在不断变化之中。这些变化导致网络出现时而均衡时而不均衡，两种状态交替出现的现象。我们把动态化的协同创新网络分为两种情况，一是自然网络，二是设计型网络。①

1. 自然网络

这种网络状态是建立在共同利益的基础之上，其形成和发展的全部过程都与环境相互依存，网络关系的相关主体都具有依赖环境的特点，在与环境的互动中拓展创新行为和活动的空间。鉴于网络的变化、资源变动和微观信息的不同，可以把自然网络相关的环境分为宏观和微观两个层面。

2. 设计型网络

与自然网络不同的是，设计型网络的成立和发展离不开人为的驱动机制，核心的网络节点主体在充分联络其他节点的基础上形成网络体系，这种网络与环境的依存度较低。设计型网络联结的形成既要有地方高校的联结意愿，也要有网络中的联结能力，是意愿与能力结合并共同作用的结果。这种创新网络与驱动因素密切相关，可以促进地方高校对

---

① 玖·笛德、约翰·本珊特、凯思·帕维特：《创新管理——技术变革、市场变革和组织变革的整合》，清华大学出版社 2004 年版。

联结方式选择能力的提升。

（二）社会资本的动态化探究

社会资本既然是一种资本，就必然存在动态化的表现形式，增长性、创造性是资本的特点，也是社会资本内涵中必有的特质。另外，社会资本跟其他资本类似，也有产生、发展和消亡的动态化过程。

1. 社会资本结构维度动态化

社会资本首先表现在联系上，联系有建立和消失的过程，协同创新网络联结形式有强联系也有弱联系，而且这些联系并非一成不变，联系的界面不断变化，联系的强弱也可以相互转化。社会资本的结构维度动态突出表现在网络关系变动上，地方高校为匹配其对资源的要求，会积极寻求稀缺资源并排斥冗余资源。

2. 社会资本关系维度动态化

关系维度最突出的表现是信任，信任本身也是处在不断变化之中。首先，随着任务导向的调整和外部环境的变化，创新网络的节点会进行重新调整和组合，所以网络主体的组成单位和个人都是动态变化的。其次，组成信任关系的要素也不是一成不变的，比如网络、制度、义务、能力、契约、好感的相关指标都在不断变化之中。

3. 社会资本认知维度动态化

包括协同创新联盟价值观、战略发展目标等在内的组织文化，也不是静态的，会随着环境和形势的变化而进行适当调整。随着社会资本结构维度的动态调整和变化，协同各方的知识技术背景、语言及其表达方式、思维方式都会产生变化，目标愿景和价值观会在沟通中调整，所以协同创新网络各节点必须以开放和动态的态度推动协同创新目标的实现。

（三）协同创新网络的动态化联结机制

社会资本的动态化和协同创新的动态化要求创新网络必须要有动态化的联结机制与之相匹配。这就要求建立以组织反应机制为前提、以动力机制为动因、以学习机制为关键、以匹配机制为保障的协同创新网络的动态化联结机制。社会资本作为一种强有力的组织协调机制，其动态化过程为协同创新网络的动态化联结机制提供了理论框架。

1. 组织反应机制

在经济社会快速发展变化的时代背景下，要求协同创新网络突出扁平、柔性、灵活和快速高效的特点，必须具备较强的竞争能力和反应能力。一般来说，组织对环境的改造能力与其适应能力密切相关，地方高校协同创新网络适应能力越强，网络联结机制就越灵活。协同创新网络为了适应环境变化，往往会建立联合体、项目组、虚拟组织等多种组织，或者建立协同式的风险管理体系，甚至可以建立专门的创新网络管理机构和部门，在协同各方的共同支持下负责处理合作中存在的各种问题。

2. 动力机制

协同创新网络的健康发展，必须依靠动力机制增强活力。自然网络和设计型网络的动力机制分别可以增强网络的内外部动力。协同创新网络体系内，协同各方合作基本内在动力来源于共同的需要、共同的利益和相关主体的自身发展潜力和能力，网络内部动力的源泉首先是创新的愿望和要求，这种动力对于创新能力的提升至关重要。网络外部的动力对创新起着重要的引导作用，社会变革的压力、激烈的市场竞争都是外部动力，外部环境诸如产业环境、政策导向、社会需求、科技环境等因素也是重要的外部动力源泉，创新网络节点的知识信息更新、资源变动、节点调整，也是协同创新网络变迁的动力要素。

3. 学习机制

这一机制的目标是提升组织内外部的知识和信息交换，提高信息敏感度并增强其处理能力，其本质是组织内外部的信息链接和交互作用，其关键是激发学习主动性和保障学习的实效性。通过建立科学高效的学习机制，可以有效促进组织之间进行知识共享和流动，可以保障创新网络规范运行并最终实现创新目标。事实上，只有建立持续的组织学习机制和过程才能保证创新网络的独特性。在协同创新网络体系中，学习的过程也就是各个网络节点获取、更新和利用信息和知识的过程，是全面增强创新能力的重要途径。通过开展组织学习，既可以推动显性知识的传播，也可以促进隐性知识的转移。

4. 匹配机制

匹配指的是一种相称、适应或胜任的状态，在开放多变的动态环境中，建立完善的创新网络动态机制必须构建相应的匹配机制。构建合理的匹配机制必须统筹能力、资源、机会三者的匹配，统筹创新网络与联结机制的匹配，统筹静态机制与动态机制的匹配。首先是能力与内外部条件的匹配，内部条件上实现能力和资源的对应，外部条件上实现相关机会的动态对应。其次是创新网络的其他动态联结机制的匹配，保证这些机制的变化沿着特定的轨道运行，机制的匹配本身就是全过程的匹配。最后是创新网络中静态机制和动态机制的有效匹配。从本质上讲就是实现两者在动态的环境下科学配合，实现各自内容紧密相连、有序交叉、相互促进。

第二节　知识、学习及组织：社会资本以组织学习为中介影响协同创新

学习是组织获取知识的重要途径，组织学习的概念实际上是从"个体学习"（personal learning）借鉴引申而来的。地方高校协同创新联盟作为一个社会组织，必须通过不断地学习获取知识才能实现创新目标。组织学习是协同创新的基础，社会资本对组织学习有重要影响，因而，社会资本以组织学习为中介影响协同创新。

一　组织学习及其知识转移理论

（一）组织学习概述

自 20 世纪 70 年代以来，组织学习理论（Organizational Learning）因其强大的解释能力受到学者们的广泛关注。美国社会学家阿吉瑞斯（Argyris）和熊恩（Schon）首先提出了这一概念，随后很多学者开展了深入的研究。① 阿吉瑞斯与熊恩以独特的视角理解组织学习，认为它是对错误的发现和更正，他们把组织学习划分为单环学习（Single - loop Learning）与双环学习（Double - loop Learning）两种基本类型。Kim 在前人研究的基础上把组织学习看作是一种提高组织能力的有效行

---

① David Malone, "Knowledge Management: A Model for Organizational Learning", *International Journal of Accounting Information Systems*, 2002 (3).

动。Meyers 提出组织学习是企业发展的一种基本能力，在观察和评估的基础上以明确的目标实现知识的积累和相互作用，积极应对组织内外部的刺激并采取适当的行动。他认为组织学习有多种模式，有的是从线性走向非线性，有的是从简单走向复杂。① Garvin 认为组织学习包括两个逻辑相关的阶段，一是知识转移，二是行为变化。② 前者是组织内部相关成员通过知识的获取、创造和共享，促进组织效率的提升，从而加深对组织意境的理解和把握。后者是组织成员在知识获取的基础上改变自身行为以进一步提升组织效率，着眼点在于对组织进行改造和调整。所以，组织可以在知识转移和思维方式转变的基础上创新知识类型，从而推动行为的改变和优化。在前人研究的基础上，本书可以对组织学习作出如下界定：组织学习本质上就是组织内部成员开展知识创造、共享和转移的全过程。实现组织学习必须明确以下几个条件：①必须在组织体系中建立顺畅的知识转移机制，实现个体知识向组织知识的有效转移；②不能把组织学习简单地视作组织成员个体学习的总和；③必须全面提升组织对于外界环境的适应性，从而改善行为绩效；④组织内部必须具有丰富的知识源，因为组织学习是以个体学习为起点的，组织内部必须有善于学习和创新的个人与团体。

（二）组织学习的知识类型

目前，学者们普遍接受的分类方法是将组织学习分为显性知识（Explicit Knowledge，EK）与隐性知识（Tacit Knowledge，TK）两种，这是从认识论（Epistemological）的角度做出的划分。显性知识可以进行编码，可以用语言文字或者数字图表等方式进行表达，容易进行复制也易于沟通，文档、程序等都是显性知识的具体形式。③ 相比之下，隐性知识就难以进行表达，是以不易规范、高度个人化的形式存在的，其他人难以窃取、模仿和复制，技巧、能力等是隐性知识的具体形式。我们可以用知识树演示组织学习中的显性知识和隐性知识的关系，如图 4 - 1 所示。图中的黑色是显性知识，看不见的白色是隐性知识，以树

① Vito Albino, A. Claudio Garavelli, Giovanni Schiuma, "Knowledge Transfer and Inter - firm Relationships in Industrial Districts: The Role of the Leader Firm", *Technovation*, 1999 (19).

② 陈国权、马萌：《组织学习的过程模型研究》，《管理科学学报》2000 年第 3 期。

③ 王娟茹、赵嵩正、杨瑾：《知识集成条件和模型研究》，《预测》2004 年第 1 期。

干来表示组织学习的结果，树干上的分支表示学习活动特别是对学习结果产生影响的活动。活动分为主要活动和次要活动，在它们的共同作用下产生了学习结果。图4-1中以主要活动的分支表示次要活动，其在活动中的价值用树枝颜色的浓度表示。

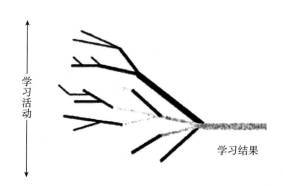

图4-1 组织学习中的知识树

除此之外，也有学者把本体论（Ontological）作为组织学习的分类视角，从学习的主体层面将其划分为个体知识（Individual Konwledge）、团队知识（Team Knowledge）、组织知识（Organization Knowledge）三种。个体知识是个人拥有的知识，存在于头脑之中，表现为个人的技能，可以独立应用并解决相关困难和问题，体现为个人的记忆（Individual Memory）并随着个人的转移而转移。团队知识依赖于个体成员但又有别于个体知识的综合，是以团队的共同准则、惯例和规则程序的形式依存于团队的记忆（Team Memory）中，随着团队成员的流动而流动。组织知识是扩大化的团队知识，存在于组织的知识网络之中，依存于组织的记忆（Organizational Memory），这种知识是组织核心竞争力的体现，难以为外界模仿，是组织所特有的知识，组织知识是通过扫描、解释和学习三个基本环节来获取的。① 组织学习的知识层面可以用图4-2表示。

---

① Paul Mulhoolland, Zdenek Zdrahal, John Domingue, Andmarek Halala, "A Methodological Approach to Supporting Organizational Learning", *International Journal Human - Computer Studies*, 2011 (55).

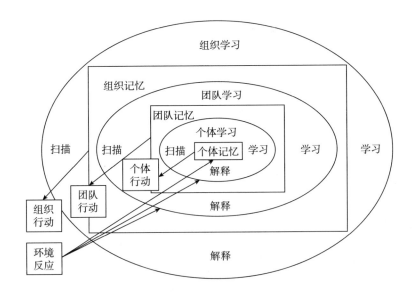

图 4 – 2 组织学习的知识层面

（三）组织学习中的知识转移模型

知识转移是知识研究的热点，相关学者提出了多种知识转移模型，比较有代表性的是日本学者野中郁次郎（Nonaka）从认识论角度提出的 SECI 模型。他认为，知识转移有四个过程：一是通过社会化（Socialization）实现隐性知识向隐性知识转移，二是通过外部化（Externalization）实现隐性知识向显性知识转移，三是通过组合化（Combination）实现显性知识向隐性知识转移，四是通过内部化（Internalization）实现显性知识向显性知识转移，SECI 过程可以用图 4 – 3 来表示。[①] 事实上，组织学习过程既有个体层面内部的知识转移，也有个体层面与团队层面、组织层面之间的知识转移。

1. 个体层面

从个人层面来讲，知识的积累无论是时间上还是空间上都与个人的成长经历有密切关系，个体知识是组织知识创造、存储和利用的前提和基础条件。所以，个体知识的转移是各种知识在其大脑中进行加工处理

---

① Ikujiro Nonaka, Ryoko Toyama, Noboru Konno, "SECI, Ba and Leadership: A Unified Model of Dynamic Knowledge Creation", *Long Range Planning*, 2000（33）.

和优化组合的过程，这一过程与个体性质和外部环境密切相关。个体知识在其大脑中以 SECI 的四种过程进行转移，这种转移受时间和位置的影响，随环境的变化而变化。个体知识的转移是存储在个体记忆之中，以 SECI 过程实现个体知识的转移和处理。

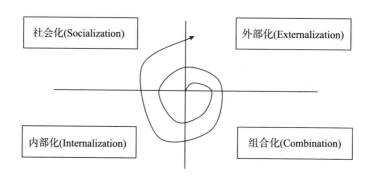

图 4 – 3　基于知识转化的组织学习过程模型

2. 团队层面

作为一种开放而流动的系统，团体由不同的个体组成，这些个体通过 SECI 过程来实现知识的积累和更新。与个体类似的是，团体也是从自身的外部环境中获取知识，其外部环境就是比本团体更高层面的系统。与个体不同的是，团队还能够从内部成员获得知识。团体内部成员通过搜寻、模仿和实践等多种途径以社会化的方式建立集体的知识集合，这种知识集合既非个人所有也非共享所有权的个体模式所有，作为一种隐性知识的集合，具有显著的团队特征。团队层面的知识转移要比个体层面要复杂得多，不但可以其内部个体自身知识 SECI 转移过程实现，而且还以团体身份与较高层面和较低层面的个体或团体进行交互而实现知识的积累或转化，知识转化后存储在团队记忆中，最终实现团体知识转移。

3. 组织层面

组织是一种规范化、体系化的团队，其知识转移与团队具有相似性。组织是由诸多团队和子系统组成的大系统，其中的团队和子系统又是由诸多个体组合而成。组织知识的获取同样来自自身所处的环境，主要从组织的层面之间获的，或是从更高层次的系统中获的。除此之外，组织内部的相关个人和团队自身拥有的知识集合为组织知识的积累创造了良好的条件，它们将自身的知识集合通过优化和整合，促进了组织层面的 SECI 过程，加快了组织知识的转化。组织层面对这些知识进行组合、共享和应用，以适当的方式存储在组织记忆中，最终完成了组织知识的转移。

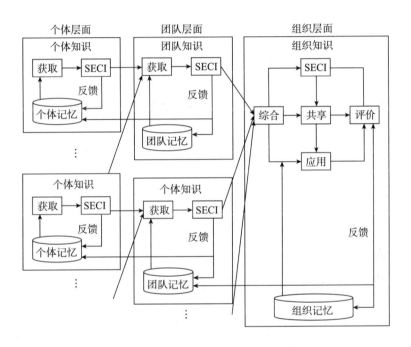

图 4-4　组织学习中的知识转移模型

二　组织学习对协同创新绩效的影响分析

组织学习的实质是知识和组织规则在互动交流中形成的过程，也是组织成员集体经验产生的过程。创新能力作为一种核心竞争力，一般是以专利、技能、方法、诀窍、程序、经验、原理、法则、观念和关系等形式表现出来，构成了协同创新联盟的组织目标，但创新能力的获得是无法通过市场交换实现的，学习是提升创新能力的唯一途径，而组织是学习的主体，也是实现创新能力整合的依托。实践证明，深入开展组织学习既可以改进组织的信念、知识和行为，也可以增强组织的创新能力，促进组织的发展和成长。Prahalad 和 Hammel 指出，组织开展积累性学习对于提高组织的创新能力至关重要，组织学习实质上是知识和技术的协调和相互促进，组织作业和内部价值观念的传递也是组织学习的客观成果。① 综上所述，我们可以看出组织学习对于促进组织发展和提高创新绩效具有决定性意义。

组织学习有两种方式：一是利用式学习，二是探索式学习，这两种学习方式对组织自身的成本收益产生不同的影响。利用式学习的目标是实现企业改良式发展，对现有的产品和服务进行完善和改进，在这种学习的推动下企业短期财务绩效会受到一定的影响，但从长期来看对成本和收益的影响并不大，其客观结果是带来渐进式创新、营业额的逐渐提高，企业会在稳定的环境中实现持续发展。利用式学习的成本在于对现有知识库的使用，一旦外部环境发生重大变化导致企业需要快速进行知识更新，组织就可能难以应对这种急剧变化而导致风险和损失。

探索式学习与利用式学习不同，目的是应对复杂环境并创造价值，是一种为突破式发展战略服务的学习方式。探索式学习的关键在于通过获取新知识、新方法和新理念，在此基础上研发新产品、创造新工艺、占领新市场，打破原有产品的市场优势，以高水平的产品和服务提高市场占有率，从而提高销售收入。因此，探索式学习可以帮助组织实现突破式创新，在此基础上有效应对市场的不确定性，提高组织的核心竞争力和适应能力，实现业绩的高速增长。虽然探索式学习可以为组织带来高额利润，但这种高速发展会由于缺乏保障而承担着更大的风险。

由此可见，不同的学习方式对协同创新绩效产生不同的影响，会产生不同的组织成本和收益，因此要根据组织自身特点和客观环境，结合竞争实况选择和制定相应的学习策略和发展战略。当前，科技创新竞争日益激烈，组织只有通过不断地学习才能拓展动态能力，才能在竞争中取得主动权。组织学习对协同创新的绩效具有十分重要的影响，主要表现在以下四个方面：

---

① C. K. Prahalad and Gary Hamel, "The Core Competence of the Corporation", *Harvard Business Review*, May – June, 1990, pp. 79 – 93.

（一）有利于将知识转化为新的产出

根据"2011 计划"的要求，地方高校协同创新联盟的核心任务在于实现高科技研发并实现科技成果转化，这种活动具有较高的知识含量。随着社会环境日益复杂多变，经济社会发展对于技术创新要求越来越高，不仅要求技术水平高，还要求速度快、周期短，而应对这一要求的关键就在于快速获取相关知识。开展有效的组织学习是协同创新体密切关注产业知识动态、保持对新知识高度敏感性的重要途径。组织学习不仅可以帮助协同创新体迅速获得知识，还可以促进知识在创新体内快速扩散和传播，进而实现知识的运用并转化为技术产出。总之，组织学习是实现知识积累和技术共享的关键路径，组织学习能力的提升是实现协同创新体创新绩效改善的根本之策。

（二）有利于为技术创新输送知识来源

开展组织学习的目标在于帮助协同各方获取并能够掌握和运用知识，在组织学习机制的推动下，协同各方可以在主动搜寻外部知识的基础上实现个体知识的开发。与传统创新体不同的是，协同创新联盟中的无形资产特别是知识资产所占比重较高，而且主要存储在内部成员个体中，如何将这些知识资产有效开发出来用于实现联盟的创新目标，是创新联盟知识管理的关键所在。实现联盟整体技术创新绩效的提升，必须把存储在成员个体的知识转化到组织层次。协同创新联盟是高知群体的组合，实现知识转移和汇聚是刺激新知识和新技术产生的过程，实现这种汇聚过程对联盟内部交流和沟通的能力提出了更高的要求。开展组织学习可以有效解决这一问题，组织学习以个体学习的主动化和针对化为基础，强调以团队为依托进行知识交流和分享，不但可以加强组织间层次的学习，而且可以帮助获得组织外的知识和信息，不断增加创新联盟的知识存量，为提高创新绩效提供了知识来源，从而提高了创新效率。

（三）有利于把隐性知识转化为显性知识

协同创新联盟内部存在大量的隐性知识，这才是创新的真正源泉。但是，这些隐性知识依附于个体而存在，难以得到组织的利用。加上隐性知识本身具有黏性，难以实现有效转化，从而致使其流动停滞于个体内部，造成了组织吸收的障碍，为联盟内部新知识创造造成了难题。有关研究表明，如果一个共同体缺乏学习能力，就无法实现知识转移，也无法吸收外部知识并转化为自身竞争优势。组织学习是实现隐性知识转化的有效途径，在开展组织学习的过程中，彼此交流共享知识，以外部化过程实现隐性知识向显性知识转化，并为组织层次充分利用，为科技创新提供支持。因此，组织学习是完成技术创新知识输送的关键。

（四）有利于变渐进式创新为变革式创新

开展协同创新的目标在与解决国家和区域发展重大需求的现实问题，其创新成果一般可以创造新的市场。一旦产生满足市场需求的创新成果，就会凭借其高技术性和新颖性迅速占领市场，获得巨大的经济效益和社会效益。但国外有关研究成果显示，一般的高技术企业能够生存10 年的仅有5%—10%。① 究其原因，主要在于科技创新难以延续。研发的失败、难以获取新技术或是获取速度太慢，都会导致科技企业被市场淘汰。渐进性的增量创新难以为企业带来竞争优势，要持续保持市场竞争力，必须依靠变革式创新为其带来高速增长。变革式创新的前提是新知识的获取，组织学习是获取新知识的关键途径。所以，协同创新联盟要深入开展组织学习，开放组织视野和开放个体心智，从而不断获取、运用新知识，进而推动技术变革。

三 社会资本对组织学习的影响作用分析

（一）社会资本各维度与组织学习的关系

近年来关于组织学习的研究越来越多，但研究的焦点大都集中在组织学习的手段、方法、机制及其对组织竞争力的影响上，但关于组织学习的社会关系层面的研究较少，研究组织学习社会化背景的成果非常少。实际上，组织社会资本对于组织学习的开展至关重要，为组织学习提供了动力和实现路径。

1. 社会资本结构维度与组织学习方式

结构维度作为社会资本的关键内容，对组织学习方式产生了深刻影响。Coleman、Burt 和 Uzzi 等提出，组织内外部的联系方式，也就是社会资本的结构，对组织学习产生了决定性影响。其原因在于，社会资本

---

① 杨廷双：《我国高新技术企业发展支持体系研究》，《中国科技产业》2003 年第 9 期。

结构从根本上决定了组织成员与外部群体异质性知识接触的机会。①②③由于网络关系的强弱不同，社会资本结构对组织学习的影响程度也不相同，从而带来的组织学习方式导向也不尽相同。一般而言，伴随强关系的往往是高密度社会资本，便于获取深层次、缜密性的知识，有利于组织开展利用式学习，但却不利于探索式学习的开展。这是因为强关系所联系的社会成员大都长期处在同一个组织之内，进行频繁而密集的社会交往，但他们进行长期交往过程中所传达的都是重复性的知识，相关社会成员很难获取新知识、新思想、新技术和新理念。与此不同的是，Burt 提出，虽然弱关系存在着很多结构洞（Structural Holes），但与其相关的社会网络却具有非冗余性，有利于组织成员从外部群体获取新的知识。④ 伴随弱关系的往往是较低的社会嵌入性，相关主体长期处于结构洞位置，从而成为联系不同群体的信息桥，可以从其他社会个体或群体身上获取新的有价值的信息，从而在知识的获取上占据了优势。这是因为，由弱关系联结的社会成员互动频率较低，有着不同的知识背景，看问题的角度往往也不相同，这样就有利于促进探索式学习的开展。

2. 社会资本关系维度与组织学习方式

考察关系维度对组织学习的作用，关键是看相关个体之间的信任关系对组织学习的影响。社会成员之间的关系是随着互动和交往而不断增强的，随之产生的是不断加深的情感认同，这种情感认同对于知识的交流和共享有着重要影响。⑤ 没有相互的信任和知识共享意愿，仅仅是频繁的接触，是不可能发挥相互关系的潜在价值的。Kang 等从信任产生的原因出发，将信任区分为一般性信任（Generalized Trust）和弹性

① Burt, R. S., *Structural Holes*：*The Social Structure of Competition*, Cambridge, MA：Harvard University Press, 1992：66 – 69.

② Coleman, J., "Social Capital in the Creation of Humam Capital", *The Ameriom Journal of Sociology*, 1998, 94 (Supplement)：95 – 120.

③ Uzzi, B., "The Sources and Consequences of Embeddedness for the Economic Performance of Organizations：The Network Effect", *American Sociological Review*, 1996, 61：674 – 698.

④ Burt, R. S., *Structural Holes*：*The Social Structure of Competition*, Cambridge, MA：Harvard University Press, 66 – 69.

⑤ Kale, P., Singh, H. &Perimutter, H., "Learning and Protection of Proprietary Assets in Strategic Alliances：Building Relational Capital", *Strategic Management Journal*, 2000, 21：217 – 238.

双边信任（Resilient Dyadic Trust）两种。前者是由社会行为规范带来，并非因为社会成员接触、相识和交往而产生。后者是在彼此相互认识的基础上通过频繁互动而逐渐产生。[①] 当组织开展利用式学习时，是长期紧密联系的组织成员在一定的范围和领域内进行共享和交流，对组织现有的知识进行提炼和深化。这种学习方式只需要一般性的信任就可以实现，并不需要彼此具有类似的背景和相同的经历，也不需要深度信任即弹性双边信任来推动。相比之下，组织开展探索式学习就必须依靠弹性双边信任。这是因为弹性双边信任不需要社会行为规范进行约束，完全是由社会成员通过频繁个体交往和互动逐步产生的，既不需要特定关系的维持，也不需要第三方约束，因此这种信任条件下更有利于新知识和新信息的共享。

3. 社会资本认知维度与组织学习方式

一般而言，社会成员如果具有类似的经历和背景，具有共同的语言，相互之间就容易接近并实现知识和信息共享。Nahapiet 和 Ghoshal 指出，如果人们有着不同的法则和语言，就会导致他们之间的分离和交流障碍。[②] 所以，为了提升组织学习绩效，必须要充分考虑个体之间是否具有相同或类似的知识背景。Henderson 认为，知识可以分为元件知识（Component Knowledge）和构建知识（Architectural Knowledge）两种。元件知识是由可编码的显性知识构成的，是组成性、局部性的知识；构建知识是由不可编码的隐性知识构成，是整合性、系统性的知识，是关于如何将元件知识整体起来的知识。比如，针对某一产品的具体零件的知识就是元件知识；而关于把诸多零件组合成一种产品的知识则是构建知识。正是由于这两种共同知识存在差异导致行为主体对外界知识有着不同的理解和把握，从而会对组织选择何种学习方式产生影响。共同的元件知识可以促进个体之间进行互助协作，从而促进知识的分享，使组织成员更容易获得新的知识和技能，可以为组织开展探索式

---

① Kang, S. C., Morris, S. S., Snell, S. A., "Relational Archetypes, Organizational Learning, and Value Creation: Extending the Human Resource Architeeture", *Academy of Management Review*, 2007, 32: 236 - 256.

② Nahapiet, Janine & Sumantra Ghoshal, "Social Capital, Intellectual Capital, and the Organizational Advantage", *Academy of Management Review*, 1998, 23 (2), 242 - 266.

学习提供便利。相比较而言，共同的构建知识可以有效促进组织网络内部复杂性、意会性知识的快速流动，这些知识难以概念化且不易领会，共同的构建知识可以为促进这些隐性知识的转移提供认知机制。所以，共同的构建知识有利于利用式学习的开展，可以帮助组织成员从组织内部其他成员那里获取深层次的知识。

（二）内外部社会资本对组织学习的影响

根据社会资本的领域不同，我们把地方高校社会资本分为内部和外部两种，分别又可以称为关系结合（Bonding）式社会资本、桥梁（Bridging）式社会资本。内部社会资本是师生员工为实现学校发展目标共同努力、对校内资源进行整合的能力。这类社会资本能够改善学校获取信息的质量，也可以加快内部组织资源的交换与流动，从而提升内部组织凝聚力（Coherence），也增强了学校应对外部环境变化的能力。外部社会资本是地方高校从学校外部争取资源的能力。[①] 知识转移涉及知识发送方、转移渠道、被转移对象、知识接收方、知识转移情景等诸多因素，只有这些条件完全具备并完成全过程，才能实现知识的转移。知识转移既有显性知识转移，也包括隐性知识转移，它们在创新联盟网络内部传递，实现转移还离不开相关组织间知识转移的能力、动机和机会等相关因素。正是因为知识具有行动嵌入性，在其转移过程中必须有相应的情景和社会关系，所以，必须建立社会化转移机制才能促进其有效转化。我们认为，社会化转移机制只有在具有足够社会资本的前提下才能有效运转。知识转移离不开能力、动机和机会，而社会资本对其能力、动机和机会具有显著的影响作用，因而，内外部社会资本可以对知识转移产生重要影响，共同推动组织学习向高层次发展。

第三节　宏观、中观及微观：地方高校协同
创新体系中社会资本的分析层次

社会资本作为一种组织关系资源，是地方高校协同创新联盟中各参

---

① Adler, Paul S. & Seok Woo Kwon, "Social Capital: Prospects for a New Concept", *Academy of Management Review*, 2002, 27 (1), 17 – 40.

与单位、社会成员之间互动作用的社会网络，它从质量和数量上影响社会中相互交往的参与单位，及其相互关系和信念，对协同创新起着促进作用。下面，本书分别从宏观层面、中观层面和微观层面对协同创新中社会资本的创新效应与作用机制进行分析。

一　社会资本对地方高校协同创新影响的宏观机制

从宏观层次研究社会资本，关注的焦点是研究对象的社会网络系统是如何嵌入到更大的经济社会背景或文化规范体系之中的。因此，宏观社会资本研究又被称为嵌入结构的观点（Embedded Structure Perspective）。地方高校协同创新体系的社会资本的宏观层面主要包括社会信任程度、地区或行业的历史传统与人文背景、联盟内部的制度性因素以及社会规范化程度等内容，其对协同创新的影响主要体现在构建有利于创新的联盟人文环境，激励创新的发生，为协同创新提供一个良好的社会氛围。

（一）社会资本与社会创新环境

社会创新环境一般可以分为硬环境和软环境两大类，前者主要指基础设施和区位条件，后者则涉及市场、金融、制度、政策、法规、信用和社会文化等诸多因素。社会资本是社会创新环境的重要构成，如果说社会创新环境是协同创新的空气，社会资本就是协同创新空气的密度。社会资本作为一种重要组织资源，其所包含的社会网络、共享式社会规范、联盟形象和归属感，无疑能够较为全面地反映协同创新的基本面。社会资本同时也为社会创新环境的优化提供了一种有效途径。这种环境优化可以是完善协同制度平台，通过互惠规范的加强相关组织与个人间的信任关系，促进协同网络的拓展和优化，使协同创新的竞争合作机制、学习机制、知识扩散机制等微观机制更为健全，改善联盟形象，进一步改善社会创新环境。社会资本内化于社会创新环境之中，与社会创新环境密不可分。创新精神、合作关系、价值观念、社会风气，只有经过长期的社会发展才能形成。社会文化规范一旦形成，就很难改变，也就成为社会创新环境的一个组成部分。协同创新参与单位之间的技术创新合作，常常是建立在社会关系网络之上而不是开放的市场网络。

（二）社会信任的协同创新绩效

社会信任是社会群体的黏合剂、社会凝聚力的基础、社会发展的系统动力。社会信任对于协同创新的影响主要表现在以下几个方面：①信任激励了创新活动的社会性，扩展了协同创新的网络边界。信任让协同创新的不同单位基于相互信任关系参与到各种形式的联合中来，通过不断扩大协同发展的社会性，形成更大的协同创新网络，进而提高协同创新的整体绩效。②信任降低了交易成本，提高了协同创新效率。在一个充满信任的社会中，契约的签订与执行往往基于对对方的信任，而无须另外的费用，这就大大降低了合作（或交易）双方的成本，提高了协同创新的效率。③信任强化了协同创新体系的容纳性。信任往往表现为对新加者的宽容与认同，不把外来者视为一种威胁，为他们快速融入协同创新网络创造了条件，从而大大提高了协同创新体系的效率。④信任促进了技术创新扩散。在联盟内部信任文化较好的情况下，技术合作与交易的风险降低，隐性知识得以传播，从而促进和提高技术创新扩散的效率。⑤信任增强了协同创新发展的认同意识，提升了联盟形象。这种意识对内能够增强联盟凝聚力，对外可以提高联盟的美誉度和知名度。

（三）社会文化对协同创新的影响

社会资本的研究含义中，文化作为一种社会规范的基础而存在。创新文化是指与创新活动密切关联的文化形态，分为内在的文化和外在的文化，内在的文化就是观念文化，外在的文化即制度文化。创新文化主要包括创新思维、创新精神、创新氛围三个方面。社会文化在区域创新中的作用主要体现在以下五个方面：①社会文化能够创造创新资源，特别是隐性创新资源。创新资源包括有形资源和无形资源，前者如基础设施、资金、技术专利等，后者如创新意识、创新精神等。后者的创造与社会文化密切相关，需要长期积累才能够形成。②社会文化能够激发创新活力，推动协同创新发展。社会文化通过激励机制，将人的创新潜能激发出来，用其创新性成果推动协同创新发展。③社会文化能够形成一种渗透机制，影响协同创新组织的形成与发展。文化通过知识观念和意识形态对组织决策发生影响，进而促进组织的制度演进。④社会文化能够通过整合机制，影响协同创新活动中制度安排路径。先进的社会文化通过对协同创新潜移默化的教导作用，将创新要素整合到一致的方向上来。⑤社会文化能够发挥规范作用，影响经济发展的软环境。

（四）协同创新的社会制度激励

对于协同创新体系而言，制度为各参与主体构造一个有效的激励结构和稳定的运行机制。合理的制度安排能够规范各参与单位、社会成员的相互关系，确保协同创新网络运行的稳定性。在制度经济学的研究视野中，制度通常按照构成要素不同被划分为正式制度和非正式制度两类。正式制度指的是法律法规、正式契约等官方认定的规范，非正式制度指的是风俗习惯、传统文化、伦理道德等人们长期交往中自发形成的行为规范。从社会资本理论的角度研究协同创新往往更加关注非正式制度，关注非正式制度的供给不足对协同创新体系建设的影响。在协同创新体系中，制度的激励功能主要体现在以下两个方面：①制度为协同创新参与主体提供一个有效的创新激励结构。制度层面对科技创新影响最大的是创新激励制度和创新保护制度，通过明晰的相关主体权责利关系，减少"外部性"，克服"搭便车"现象。②制度为协同创新参与主体提供一个稳定的创新运行机制。例如，知识产权制度、企业治理结构等制度规范了相关个体的利益关系和行为选择，为创新的有序进行提供了保障，促进了创新活动的开展。

二 社会资本对地方高校协同创新影响的中观分析

中观层次的社会资本主要表现为协同创新联盟内部组织与组织之间的互动网络关系。由于地方高校协同创新体系的牵头者是地方高校，地方高校在创新活动中通过与其他社会组织（企业、研究机构、政府组织）的相互作用，共同推进协同创新体系的建设和发展。所以，本书选择从地方高校社会资本角度剖析中观社会资本对协同创新影响的机制。

（一）地方高校社会资本的构成及其来源

所谓地方高校社会资本，就是蕴藏在地方高校内部或者与其他社会主体之间的社会关系网络，可以为地方高校建设发展所用的资源，或者可以为地方高校获取各种资源提供便利的资源。对这一概念进行细化，其实就是地方高校内外部相关人员经过长期交往与合作形成的相互信任与认同的关系，以及这些关系在经历多年的积累和沉淀后形成的历史传统、行为范式、规则体系、共享规范、相互信任和价值理念，既有组织的价值资源也有规则资源。按照一般意义上社会资本的分类，我们同样可以把地方高校社会资本划分为内部和外部社会资本两种类型。社会资本的来源既和先天性因素有关，也与地方高校自身社会资本的积累方式有关。地方高校社会资本来源途径一般有以下三种：①继承。地方高校社会资本是多年甚至几代人传承、积累、沉淀的结果，合并而成的地方高校的社会资本从原学校"遗传"下来，新建地方高校的创办人的社会资本对学校的初期发展和发展战略定位产生重要影响。②引进。地方高校可以通过引进具有较多社会资本的"人"，从而引进附着在"人"身上的社会资本。③培养。地方高校可以借助自认的有利条件建立各种有益的社会关系，对社会资本进行积累、投资和经营，使自身竞争优势不断提升。

（二）地方高校内部社会资本与协同创新

内部社会资本是有利于提升内部向心力和凝聚力的网络关系，就地方高校而言，就是有利于促进内部组织如院系、部门相互交流合作，促进内部教师、学生、管理服务人员沟通协作，进而实现地方高校和谐发展的网络资源。地方高校内部社会资本由两部分组成：人际关系网络和部门网络关系。前者指的是教师之间的关系、教师与学生之间的关系、学生之间的关系、管理者之间的关系、管理者与师生之间的关系；后者指的是不同部门、院系和不同社团之间的关系。内部社会资本对协同创新的促进作用体现在以下四个方面：①地方高校组织学习、知识共享促进协同创新。地方高校内部的学习过程实际上就是一个知识共享的过程，有效的组织学习能够极大提高协同创新能力。②地方高校内部隐性知识、非正式交流促进协同创新。隐性知识无法用语言来表达，通常通过直接对话的方式进行交流，非正式网络往往能够实现其更好地传播。非正式交流利用社会网络的沟通功能和碰撞效应可以激发出大量的创新，可以增加每个人的知识量，可以促进隐性知识向编码化知识的转换。③地方高校内部竞争压力可以增强个体创新动力。④地方高校校园文化有利于促进协同创新。校园创新文化对协同创新有导向、协调、凝聚、激励和规范作用。

（三）地方高校外部社会资本与协同创新

一般而言，地方高校外部社会资本是其在于外界进行交往的基础上形成的网络关系，由垂直网络关系和水平网络关系组成。前者指的是地方高校与上级主管部门尤其是教育主管部门的关系，及其与附属单位和组织之间的隶属关系。后者指的是地方高校与其他并行社会机构，如其他高校、企业、科研院所、捐赠者之间建立的水平关系。外部社会资本是地方高校从社会上获取资源的能力，这些资源的形式是多样的，不仅仅是资金形式，还有可能是发展信息、科研项目、人力资源、发展机会等。地方高校与其他组织之间的关系网络从以下几个方面对技术创新绩效产生作用：①外部社会资本可以促进地方高校与其他相关主体进行创新合作，并且可以减少创新的不确定性，降低创新风险。②外部社会资本可以帮助地方高校获取创新资源或对创新资源进行重新组合，使创新效率显著提升。③外部社会资本有利于促进地方高校与其他相关组织开展知识、信息的共享和交流，可以激发创新思维，促进创新思想的传播。实践表明，人际关系、组织文化这些非技术因素对创新的影响不亚于物质层面，因为这些因素可以大大降低合作过程中的协调成本，可以提升创新效率。地方高校外部社会资本成为创新网络有效运转的"黏合剂"，既使合作创新顺利进行，又可以使相关主体分享收益。

（四）地方高校社会资本对协同创新的负面影响

地方高校社会资本对协同创新的影响不全是正面的，"消极社会资本"会导致一系列负面效应。①对网络团体外成员形成一种排斥效应，造成协同创新的故步自封。强大的社会资本可能导致组织产生封闭性，在内部成员高度信任的基础上形成内部资源的垄断，容易形成技术创新的社会隔离，阻碍技术创新的发展。②容易导致内部成员"搭便车"现象。社会资本作为一种群体性的资源，具有公共产品的性质，在协同创新联盟内部，由于共同行为规范的存在，有些不勤奋的社会成员可能作出免费"搭便车"行为，对工作努力的成员提出更多要求，他们试图用尽可能少的技术创新的资源投入，去获取尽可能多的技术创新成果和利益。③用共同的规范限制差异性，限制了优秀人才的创新自由。地方高校协同创新是建立在大量的具有创新精神的创造性人力资源基础上的。社会资本把团体成员限制在一个封闭的社会网络之中，以统一的规范、习俗和团体精神来约束其中的每一个人，不利于创造性人力资本的形成。④容易形成腐败，阻碍协同创新的发展。创新联盟内部关系网络容易产生异化，滋生机会主义，而且会导致技术创新成果个人化，不利于协同创新健康发展。

三　社会资本对地方高校协同创新影响的微观机理

微观层次的社会资本主要指社会个体之间的网络互动关系，是以地缘关系、血缘关系、亲缘关系、朋友关系、同事关系、同学关系等多种形式而存在的。地方高校的区域属性必然导致师生员工与地方政府、地方产业、地方经济有着千丝万缕的联系，这些都是地方高校微观层次的社会资本。充分开发和利用师生员工的社会资本，对于推动地方高校协同创新发展具有重要作用。

（一）基于人际关系的社会资本对协同创新的影响

从微观层面看，社会资本实质上就是个体通过社会关系进行社会网络动员并获取相应资源的能力。美国斯坦福大学有关研究人员调查发现，个人终生获取的财富只有 12.5% 来源于知识，其他 87.5% 都是来源于个人的社会"关系"。① 中国社会是"人情社会"，人际关系对中国人来说更有意义。地方高校协同创新本质上是科技创新的社会网络化，协同过程中必然存在错综复杂的人际关系，良好的人际关系是协同创新健康发展的基础。研究结果发现中国人从一般交往关系到社会资本的转化率只有 42%②，可见，科学有效地利用人际关系是地方高校实现协同创新的关键环节。传统社会中的人际关系主要是基于血缘依附型的人际关系和以地理位置上的邻近性而产生的地缘关系，习惯、风俗、传统道德和宗教等是规范人际关系的重要手段，这种人际关系网络具有很强的闭合性。到了现代社会，工作关系（业缘关系）成为人与人之间的主要联系途径，以契约、合同和法律为代表的新型社会规范成为协调人际关系的主要手段。进入 21 世纪，随着信息技术的发展，人际关系

---

① 杨先放：《成就一生的好人脉》，北京工业大学出版社 2010 年版，第 1—2 页。

② 奂平清：《我们需要什么样的"关系社会学"研究》，《科学社会主义》2010 年第 1 期。

呈现虚拟化、扩大化、多元化新趋势，打破了传统社会资本的刚性结构，对地方高校开展协同创新产生了更为深层次的影响。

（二）地方高校领导社会资本对协同创新的影响

最能代表学校开展社会资本经营管理的是学校领导，同时，学校领导的交往力、影响力在社会资本的投资中具有十分重要的作用。当前，我国高等教育管理体制实行的是党委领导下的校长负责制，在制度安排上，地方高校与部属高校是同样的管理模式。这种体制下，学校的党委书记和校长所拥有的社会资本状况，直接关系到学校社会资本的状况。有关的调研成果显示，学校领导社会交往能力越强，其社会影响力就越大，就越能够为学校科技创新争取更多的资源，就越有利于树立学校的良好形象。除此之外，如果学校领导在广大师生员工中富有威望，就能促进整个学校的团结协作，形成良好的校园文化氛围，进而增强学校内部社会资本，形成推动协同创新的合力。下面以校长的社会资本为例分析学校领导社会资本的作用，因为校长是学校的领导者、经营者和组织者，同样也是学校开展协同创新的策划者、推动者和实施者。著名教育家陶行知先生特别提出："校长是一个学校的灵魂，要想评论一个学校，先要评论他的校长。"[1] 校长的社会资本由于获得资源途径的不同可以分为两类：校长在学校内部的社会资本和在学校外部的社会资本。前者指校长依靠学校内部关系网络并从中获取资源和社会动员的能力；后者指的是校长在学校外部建立的社会关系网络，并从中获取社会资源以促进学校建设发展的能力。由此可见，地方高校领导是协同创新体系中社会资本开发的主导。

（三）地方高校师生员工社会资本对协同创新的影响

师生员工对于学校社会资本的开发和利用来说至关重要，甚至师生员工本身就是学校的一种社会资本，充分开发和利用其社会资本可以促进协同创新的开展。师生员工间的交流与合作可以打破他们的封闭状态，在增强相互联系的基础上提高社会资本，进而促进创新协同。目前，从实际情况来看，由于长期以来地方高校相对封闭，加上受传统观念的影响，地方高校师生员工对外交流并不多，这种状况对其个人和学

---

① 陶行知：《中国教育改造》，人民出版社 2008 年版，第 24 页。

校的社会资本积累都是不利的。当前高校之间的竞争越来越激烈，地方
高校应当开放办学，积极鼓励师生员工走出去，加强与社会上其他单位
和个人的联系，广泛积累社会资本。从社会资本的来源看，可以将地方
高校师生员工社会资本分为亲缘、业缘、友缘三种社会资本。学校通过
师生员工的社会联系网络，能够推动科研成果信息在网络中迅速流动，
提高企业对科研成果的认识程度，加速成果的转化和推广。学校运用管
理干部、教师和学生的社会资本，加强与政府机关、企业、科研院所、
金融机构、中介机构、校友、学生家长的联系，搭建更为广阔的社会互
动网络，可以从中获取更多的创新资源以提高协同创新的层次和绩效。
由此可见，地方高校师生员工是协同创新体系中社会资本开发的中坚。

（四）地方高校社会资本开发机构对协同创新的影响

社会资本作为地方高校十分重要的社会资源，会随着学校办学年限
的增长而增加，但社会资本的积累不是个自然的过程，需要不断地进行
投资和维护。事实证明，由于学校领导和师生员工整体上处于流动状
态，工作和学习的时间较为有限，这就需要建立专门的社会资本开发机
构，通过制度化、组织化、规范化的团体机构建设，建立与外部相关组
织和个人的稳定化联系渠道，将潜在的社会资源开发出来，以促进学校
的建设与发展。首先是学校董事会建设，要将学校、企业和社会知名人
士、教育家组合起来，加强学校与社会的联系，促进社会资源的开发；
其次是加强学校战略协作联盟网络建设，同政府部门、企业、科研院
所、社区等校外单位建立合作联盟，通过稳定的框架协议和联盟，密切
相互之间的关系，从而充分发挥学校自身优势；最后是加强学校校友会
及其办公室建设，及时了解校友信息，经常性保持与校友的密切联系，
组织开展校友返校回访和聚会活动，可以扩大和巩固学校社会资本。成
立各地校友联谊会，开展校友联谊活动，通过校友分会建立辐射型、网
络型的社会关系。这些社会资本开发机构都可以为地方高校协同创新的
开展获取更多的社会资源。

通过对社会资本和协同创新的关联性进行了系统深入的分析，可以
看出社会资本对协同创新的开展具有十分重要的影响作用。具体来说，
社会资本视角下的地方高校协同创新网络主要产生以下六个方面的效
应：①资源配置效应。协同创新联盟中丰富的社会资本有助于地方高校

获取于己有利的社会资源，有利于地方高校获取多方面的知识，从而改善和优化了创新资源的配置。②交易费用节省效应。协同创新网络中的社会资本可以增进协同各方的信任关系，降低交易成本，节约相互间的交易费用，减少机会主义行为，从而提高了创新绩效。③风险分摊效应。社会资本作为协同联盟内的公共资源，有助于建立风险共担、优势互补、资源共享的合作关系，从而使创新风险大大降低。④分工协作效应。协同各方之间的社会资本可以充分发挥各自优势，通过创新协作网络密切联系在一起，以任务为导向进行分工协作，发挥了网络的整体优势。⑤创新因子聚集效应。正是由于社会资本的存在，使与创新相关的人才、资源、项目和服务等创新因子产生"聚集效应"，共同聚集在联盟之内，从而催生创新成果。⑥知识溢出效应。社会资本通过促进相关主体的密切合作，加速联盟内部的知识流动和共享，产生"知识溢出"效应，使联盟内成员能够在短时间内尽快获得新知识、新思想、新技术，进而提高了创新效率和水平。

这里需要特别强调的是，地方高校协同创新网络体系中的社会资本可以促进协同各方的深入合作和长期交往，同时深入合作和长期交往又可以增进各自社会资本的积累，成为一个互动的过程，产生良性循环，强化彼此信任并实现社会资本增值，最终不断提升创新绩效。

第五章 现状分析：地方高校协同创新概况及其社会资本存量

通过以上几个部分的分析可以看出，经营社会资本是地方高校开展协同创新的必然选择，特别是当前我国正处在社会转型的历史时期，做好社会资本经营十分重要。社会资本是 20 世纪 80 年代才兴起的理论，协同创新是在 2011 年胡锦涛同志在清华大学百年校庆纪念大会上讲话后才正式上升到国家战略层面。但是在实践领域，地方高校很早就或多或少地开展了一些协同创新工作，如理顺内部关系、开展科研攻关、实施产学研合作、建立合作创新联盟等，并且取得了一定的成效。从现实情况来看，多数地方高校都在有意无意地利用社会资本促进协同创新的开展，取得了一定的成效，也存在一些问题。

第一节 发展成就：地方高校开展协同创新的基本情况

在社会资本的推动下，我国地方高校协同创新的发展经历了一个规模上从小到大、层次上从低到高、领域上从点到面的过程。特别是 2011 年胡锦涛同志关于协同创新的讲话发表后，地方高校协同创新全面铺开，协同力度不断加强，协同领域不断拓宽，协同层次不断提升，协同创新向深层次、紧密性、实体化方向发展，呈现出多方位、多层次、多元化的发展趋势。

一 地方高校协同创新的发展历程

(一) 探索发展阶段 (1978—1995 年)

1978 年，全国高校 598 所，其中地方高校 343 所，地方高校占全国高校总数的 57.36%。① 随着国家政治上拨乱反正，地方高校普遍根据教学科研需要调整内部管理机构，加强内部协同以提高办学质量。改革开放为经济社会发展注入了新的内涵，20 世纪 80 年代，国家为推进国有企业改造而加快对先进技术的引进，同时乡镇企业的快速发展也迫切需要先进的技术。地方高校抓住契机，面向市场开展有偿技术转让、咨询和服务，促进了学校的快速发展。政策上，1982 年，中央要求集中力量对关系国计民生、关系重大产业发展的项目进行技术攻关；1984 年，国家将科技成果转化作为科技政策制定的着眼点，特别强调"科学技术要为国民经济服务"；1992 年，国务院在征求各方面意见的基础上实施"产学研联合工程"，为推进这一工程建设，专门成立了"产学研工程"办公室，这标志着产学研正式由民间进入官方阶段。这一阶段，地方高校一方面探索学校内涵建设的体制机制，另一方面探索尝试开展校外协同合作的思路和办法，为高等教育、科技事业和经济社会发展做出了积极贡献。

(二) 快速发展阶段 (1995—2005 年)

1995 年，全国高校 1054 所，其中地方高校 709 所，地方高校占全国高校总数的 67.27%。1995 年 5 月，中央出台《关于加速科学技术进步的决定》，这是中共文件第一次提出产学研合作，标志着产学研合作正式纳入了科教兴国战略。同年，国家启动了面向 21 世纪重点建设 100 所左右高校的"211 工程"，108 所"211 工程"高校中地方高校有 24 所，占总数的 22.22%。1999 年，国务院在充分调研并征求相关部门意见的基础上出台了《关于加强技术创新发展高科技实现产业化的决定》，目的就在于促进产学研深入融合，文件提出："要加强企业与高等学校、科研机构的联合协作。根据优势互补、利益共享的原则，建

---

① 教育部发展规划司：《教育部中国教育统计年鉴（1978—2011）》，中国人民教育出版社 2012 年版。

立双边、多边技术协作机制，通过相互兼职、培训等形式，加强不同单位科技人员的交流。企业研究开发经费要有一定比例用于产学研合作。"在中央的倡导下，大部分省市组建了由省长或副省长牵头的产学研合作领导小组，参与高校数量上均是以地方高校为主体。以山东省为例，该省产学研办公室建立了覆盖各行业部门、信息情报机构和1000多家大中型企业的技术合作网络，与全国200多家高校和科研院所进行合作，有力地促进了科技创新的发展。除此之外，广东、四川、江苏等地的产学研合作也如火如荼地展开。这一阶段地方高校借助国家平台积极融入区域经济社会发展，实现了快速发展。

（三）又好又快发展阶段（2005—2011年）

2005—2011年，这一阶段地方高校发展迅速，在数量激增的同时产学研协同取得了快速发展。2005年，全国高校1792所，其中地方高校1681所，地方高校占全国高校总数的93.81%。2005年，中央出台的《国家中长期科学和技术发展规划纲要（2006—2020年）》明确提出建设创新型国家的任务，其中特别强调要建立以企业为主体的产学研合作创新体系。2006年1月召开的全国科学技术大会上胡锦涛同志提出"要建设以企业为主体、市场为导向、产学研相结合的技术创新体系，使企业真正成为研究开发投入的主体、技术创新活动的主体和创新成果应用的主体，全面提升企业的自主创新能力"。这一阶段地方高校明确了产学研合作的自身定位，合作形式和模式推陈出新，成为产学研合作的中坚力量。地方高校被作为一支重要力量纳入国家创新体系，各省制定区域发展战略、省级科技发展战略，均把地方高校作为重要推动主体。

（四）全面蓬勃发展阶段（2011年至今）

2011年，全国高校2101所，其中地方高校1990所，地方高校占全国高校总数的94.72%。胡锦涛同志在2011年清华大学百年校庆上的讲话中明确提出要积极推动协同创新，为了落实胡锦涛同志的指示，教育部、财政部启动"2011计划"并发布实施方案。随后开展了"2011协同创新中心"的认定申报工作，申报工作4年一轮，一旦被认定为"2011协同创新中心"，中央财政进行重点扶持。各地各高校纷纷参与"2011协同创新中心"的申报，大批国家级协同创新中心挂牌成立。2013 年 1 月 28 日，教育部、财政部在对 2012 年度高校申报认定的协同创新中心进行专家初审的基础上，发布了 2012 年度 "2011 计划" 专家初审通过的 35 个协同创新中心名单。其中，有地方高校参与的 21 个，占总数的 63.63%；直接由地方高校牵头的 8 个，占总数的 22.86%。① 2013 年 4 月 11 日，教育部、财政部公布了首批通过认定的 14 家 "2011 计划" 国家协同创新中心名单，其中地方高校牵头的 4 家，占总数的 28.6%。② 与此同时，绝大多数省份也开启了省一级协同创新提升计划，截至 2013 年 2 月底，26 个省市成立了 "省级 2011 计划领导小组"，22 个省市落实了 "省级 2011 计划" 的专项经费，2/3 以上的中科院研究所、60% 的行业骨干研究院所以不同方式参与高校协同创新中心组建，参与高校的协同创新中心组建的大型骨干企业已承诺和落实新增资源超过 200 亿元，省级协同创新计划成为地方高校的主战场。③ 例如，湖北省、江西省、甘肃省分别确定了 18 个、10 个、5 个协同创新中心，牵头高校、参与高校绝大多数都是地方高校。在资金支持上，江西省财政将安排专项资金 8 亿元，每个协同创新中心安排 2000 万元经费，高校按照不低于 1:1 的比例配套。福建省计划每年将遴选 5 个省级协同创新中心，每年安排 1 亿元重点资助支持省级协同创新中心建设。河南省首批 13 个省级协同创新中心涉及高校全部为地方高校，共获 9500 万元资金支持。河南计划在 4 年内建设 30—40 个省级协同创新中心，承担省部级以上重大项目 620 项，构筑国家级科技创新平台 20 个左右、省部级科技创新平台 50 个左右，研发技术成果将突破 1000 项，转化科技成果 600 项，解决企业难题 700 个左右，增加企业产值 260 亿元。④ 各高校也结合自身学科优势建立了大批量的协同创新中心，如南京师范大学 2012 年成立了 7 个校级协同创新中心。协同创新中心形成了国家级、省级、校级三级格局。地方高校协同创新有了政

① 高靓：《"2011 计划"：英雄不问出处》，《中国教育报》2013 年 3 月 1 日第 2 版。
② 高靓：《2011 计划：点亮高校创新之光》，《中国教育报》2013 年 4 月 12 日第 1 版。
③ 高靓：《"2011 计划" 启动 已有 150 所高校成立协同创新中心》，《中国教育报》2013 年 2 月 23 日第 2 版。
④ 李见新：《河南 13 个省级协同创新中心挂牌并获 9500 万元支持》，《中国教育报》2012 年 12 月 22 日第 1 版。

策、平台、经费支持，呈现出百舸竞发的良好态势。

二　地方高校协同创新的协同模式

改革开放 40 年来，我国地方高校协同创新取得长足进展，较为普遍采用的形式有专家咨询、共建技术中心、技术转让、共同研发和共办科技创业实体等，初步形成了利益共享、优势互补、资源共享、风险共担的协同创新体系，有力地促进了经济、科技和教育的紧密结合。

（一）校内协同

一是理顺校内关系。地方高校通过教师之间、学科之间、院系之间的有效协同，建立学科交叉、院系合作的科研共同体，联合开展科技攻关。二是学校内部建立中试基地。中试科技成果产业化的关键环节，调查显示，科技成果不经过中试，只有 30% 的成功率，而经过中试的科技成果，产业化成功率可以达到 80%。① 地方高校为提高转化成功率并降低转化风险，采取在校内建立中试基地的形式，将科技成果特别是物品性的发明推进到可产业化的水平，然后再推向市场。三是创办高科技企业。地方高校利用自身的资产和人才优势创办自主经营、自负盈亏的产学研经济实体，以校办产业促进科研成果转化。一大批地方高校产业蓬勃发展，从校内走向社会。如云大科技（云南大学）、太工天成（太原理工大学）等一大批地方高校上市公司跻身北大方正、清华紫光、交大昂立等部属高校科技股行列。

（二）校校协同

地方高校依托自身优势特色学科和优势学科群，开展与其他高校之间的协同合作。通过共同承担大型科技攻关项目、互聘师资、共享创新资源等途径，充分释放人才、资本、信息、技术等创新要素的活力，通过签订战略合作框架协议、对口支援协议等实现共同发展。例如，上海推进部属高校与地方高校全面合作共建，打造"高校集团军"服务地方经济。湖北省启动"武汉城市圈中央部属高校与地方高校支持合作计划"，武汉城市圈 7 所部属高校与 18 所省属高校开展对口支持合作，

① 张景勇：《大力发展中试基地"联姻"科技与产业》，http：//news. xinhuanet. com/newscenter/2004－06/25/content_ 1547221. htm。

有效整合创新资源，推动协同创新发展。

（三）校企协同

校企协同是地方高校开展协同创新的主要形式，是地方高校实现科技成果产业化的直接途径。一是地方高校与企业共建技术中心，协同开展科技创新。如南京农业大学与江苏雨润食品产业集团共建"江苏省肉品加工工程技术研究中心"，开展校企协同创新。二是依托地方高校成立管理咨询公司，为企业发展导航。如依托上海理工大学成立的上海添慧管理咨询公司，为改善企业的经营管理和提高竞争能力发挥了重要作用。三是通过共同设立校企战略合作基金、共创产业技术创新联盟、共同设计重大科技项目、校企股份制合作，对地方高校潜力很大、风险也很大的高科技项目提供股权融资并参与其管理，促进科技成果转化和高新技术产业化。

（四）校所协同

一是地方高校依托科研院所优质创新团队和优质科研资源，瞄准国家和区域重大战略需求，共同构建优质资源平台，开展相关理论和技术研究合作。例如，东北林业大学等地方高校与中国林业科学研究院森林保护研究所共同承担了"天然林保护与生态恢复技术"项目研究，项目获得2012年度国家科学技术进步奖二等奖。曲阜师范大学与国内最大的综合性印刷技术研究所——中国印刷科学技术研究所联合共建的"印刷色彩联合实验室"，利用 CFS 复频谱印刷专色油墨配色系统，在山东开展印刷油墨配色研究与技术推广工作。二是地方高校与科研院所联合创办高新技术企业，协同推进科技成果产业化。例如，苏州大学联合中国科学院苏州纳米技术与纳米仿生研究所共同组建了苏大万佳技术有限公司，把高校、科研院所和市场密切联系起来。

（五）校地协同

与地方政府建立全面合作关系，以校地共建促进共同发展，是地方高校协同创新的重要形式。例如，湖南科技大学与湘潭市人民政府签订共建"两型社会"协议，共推湘潭传统产业结构的改造、提升、优化，促进"两型"产业发展。郑州大学与郑州市人民政府签订了战略合作协议，在双方有优势、有基础、有潜力的技术领域和优势产业开展研发中心建设、科技成果转化、联合科技攻关等方面的科技合作。湖南工业大学与株洲市政府签订科技合作协议，共同打造"包装工业园"和"湖南工业大学科技城"等科技合作项目。

（六）国际协同

随着地方高校科技水平不断提高，国际科技合作不断拓展和深化。地方高校 2011 年合作研究派遣 17374 人次，接受 14928 人次；出席国际会议 45167 人次，交流论文 35084 篇，特邀报告 5516 篇，主办 898 场国际学术会议。[①] 例如，宁波大学大力推进国际化办学进程，与美国、英国、德国、法国、瑞典等 30 多个国家的 130 多所院校建立了合作关系，其中与 83 所院校已签订校际交流协议。山西大学每年拿出 100 万元用于支持科技人员开展国际合作研究，开展国际学术交流、引进国外高层次人才、科技难题联合攻关，全方位、多层次、高水平的国际科技合作道路越走越宽，被认定为国家国际科技合作基地。

（七）综合协同

一般情况下，地方高校协同创新的形式往往不以这六种形式单独存在，而是以多种形式综合性、交叉式、网络化的形式出现。最典型的有以下几种形式：一是建立协同创新战略联盟。以企业为主体，以市场为导向，地方高校、科研院所、政府部门、金融机构、中介组织等进行密切合作，共同开展科技创新活动。二是组建大学科技园。地方高校通过建立孵化器、创新驿站、国家或区域技术转移中心、科技园区等形式，打造综合化的协同创新基地。三是以国家"火炬计划""星火计划""863 计划""攀登计划""973 计划"等高科技项目为指引，开展合作开发、技术转让、共建实体、组建科技中介服务机构、合作教育等形式，实现地方高校高科技创新的有效协同。

三　地方高校协同创新的运作机制和发展成就

运行机制是保证地方高校协同创新健康发展的关键因素。多年来，在中央和地方政府的高度重视下，地方高校初步形成了符合自身特点的组织管理机制、利益分配机制、政策保障机制、成果转化机制和信息沟

---

① 教育部科学技术司：《2011 年高等学校科技统计资料汇编》，高等教育出版社 2011 年版，第 61—65 页。

通机制，地方高校协同创新取得了初步成效。

（一）组织管理机制

早在 2006 年，中央就成立了"推进产学研合作工作协调指导小组"，成员涵盖了国家科技部、教育部、财政部等六个部委，为推进产学研合作提供了组织保障。2007 年成立的全国性组织——中国产学研合作促进会为政府和产学研各方架起沟通和联系的桥梁，为打造产业技术创新链奠定了良好基础。2012 年 5 月 30 日，教育部、财政部成立"2011 计划"领导小组及其办公室，负责高校协同创新计划的组织与协调；成立了专家咨询委员会和相对独立的第三方机构，负责咨询和评估有关工作。各省份也仿照中央模式建立领导小组，负责宏观规划、顶层设计和组织协调等重大决策和安排，地方高校成为参与高校的主体，基本做到了本科院校全覆盖。各地方高校也纷纷成立高校主要负责人、各合作单位负责人等组成的协同创新领导小组，明确工作责任，制订实施方案，在政策研究、统筹规划和资源配置上予以有力保障。国家、省级、高校三级领导管理体系有力地保障了地方高校协同创新的推广和实施。

（二）利益分配机制

地方高校协同创新通过多年的探索和实践，基本形成了"互惠互利、各得其所"的利益分配机制。严格的产权制度、规范的薪酬制度、透明的财务制度、合理的风险分担制度是利益分配的前提。地方高校协同创新利益分配主要有提成支付、总额支付、混合支付和按股利分配等几种方式，其中按股利分配是最为常见的合作模式。协同各方按投资比例分成，设立合作人员业绩津贴，对合作成果定期组织评奖来作为晋级提职的依据，有效保障了各方面的利益。由于协同各方在价值认同和价值取向上存在差异，容易导致利益纠纷，一般通过制定规则、契约和加强定期沟通的方式，调整利益分配方案，保证协同创新持续稳定发展。中介机构和政府部门是协同创新的桥梁，地方高校通过发挥它们在技术成果鉴定和利益分配监督中的作用，保障利益分配的公平合理。

（三）政策保障机制

经过多年发展，地方高校协同创新政策法规保障体系已经初步形成。一方面，国家和地方出台了一系列促进协同创新的科技计划政策、财税支持政策、创新环境政策、科技服务保障政策，这些政策的出台，明确了协同创新过程中的责权利关系，规范了协同各方的行为。在政策保障过程中，政府部门发挥了宏观调控作用，特别是在财政支持、激励机制的构建方面发挥了导向和支撑作用，有力地促进了地方高校、科研院所和企业的密切合作，从而提升了协同创新绩效。另一方面，地方高校自身也积极出台相关政策，为协同创新的开展创造条件。不少地方高校在制定职称评审制度、职务晋升制度、资金奖励制度等方面，有意识地向鼓励协同创新方向倾斜，支持协同创新项目的开展，发挥了关键性的作用。

（四）成果转化机制

成果转化是衡量协同创新绩效的关键指标。不少地方高校专门成立负责科技成果开发与推广的专门机构，积极推进科技成果转化率。多数地方高校在校内管理机制和评价机制的构建上，积极鼓励科研工作者面向市场需求、面向经济社会发展需要开展科技创新工作，鼓励人才培养和科学研究与企业紧密结合，在此基础上形成学科和科研优势。有些地方高校专门制定激励措施推进科技成果转化，大力表彰在科技成果转化方面取得突出成就的集体和个人，在职称评审、工资待遇方面向这些集体和个人倾斜，发挥他们的示范带动效应。一些地方政府也出台了鼓励政策，支持高校教师和科研人员离岗或者兼职创新、创业。天津市规定市属高校教师离岗创业，3 年内保留其原有身份和职称，档案工资正常晋升。

（五）信息沟通机制

地方高校开展协同创新、推动科技成果转化，离不开健全的信息沟通机制，甚至可以说，没有信息沟通机制就没有现代意义上的创新。多年来，地方政府和科技主管部门为加强高校与企业、科研院所的信息沟通和咨询服务工作，推动资源整合，做了大量工作，取得了显著成效。例如，通过定期开展科技成果发布、科技信息交流、科技技能培训、技术交易对接等工作和活动，建立产学研合作的信息平台，适时举办技术交流会、产品展览会、科技展览会等活动，为产学研合作提供信息便利。有的地方政府为实现协同各方无缝对接，专门建立公共科技信息系统，帮助相关单位展示自己的实力和水平。这种信息系统为科研机构了解企业需求提供了信息，特别是有利于地方高校明确研究方向、完善成果转化途径。另外，科技信息系统的建立，对于建立以企业为主体、市场为导向、产学研合作的科技创新体系发挥了重要作用。

地方高校协同创新取得了突出成就，为"2011 计划"的开展打下了坚实基础。以 2011 年为例，地方高校通过协同创新获得企事业单位委托科研经费达 114.29 亿元；研发成果应用及科技服务项目 28235 项，0.17 亿元；当年获国家自然科学奖 4 项、国家技术发明奖 9 项、国家科技进步奖 75 项，国家科技进步奖中 94.1% 的项目为协同创新项目，而且以地方高校作为第一牵头单位的有 23 项，占地方高校该项目获奖数的 45.1%；获得国务院各部门的科技进步奖 249 项，省级科技进步奖 2449 项；共获得国家级科技项目验收 1020 项，其中"973 计划"117 项、"科技攻关计划"282 项、"863 计划"282 项、"自然基金项目"233 项；申请专利 32490 项，专利出售 846 项，获利 2.37 亿元；签订技术转让合同 4512 项，金额 3.93 亿元。[1] 同时，协同创新已成为地方高校科研经费的重要来源，所占比例已超过 50%。[2] 地方高校根据学校自身特色和优势，通过协同创新主动为地方经济社会发展提供服务，形成了高校与地方政府、高校与地区经济双向互为支撑、共同发展的良性循环，实现了实践出题、科研求解，服务社会、"反哺教学"的办学目标。地方高校已成为区域经济社会发展的"动力源""智囊团""助推器"。

第二节　制约因素：地方高校协同创新体系中的社会资本不足

一　转型期传统与现代社会资本的结构性断裂

当代中国社会正处于由传统社会向现代社会跨越式转变的急剧变革

---

① 教育部科学技术司：《2011 年高等学校科技统计资料汇编》，高等教育出版社 2011 年版，第 13—132 页。

② 季明：《我国高校半数科研经费来自产学研项目》，http://news.xinhuanet.com/politics/2009-08/11/content_11864557.htm。

期，以传统儒家思想为内核的社会资本在近现代受到了冲击。中华人民共和国成立后，国家实施以单位为主体的社会管理体系，使单位成为社会资本的主要来源，传统社会资本格局被打破。改革开放后，国家实行了市场经济体制改革，带来了经济、教育、科技体制的深刻变革，地方高校的社会治理也发生了重大变化。改革开放 40 年的时间，487 所国家部属高校划归地方管理，同时伴随着高校合并、重组、改名、升格浪潮，地方高校数量由 343 所激增至 2026 所，传统社会资本被打破，新的社会资本依托方式和源头尚未建立起来，导致传统与现代结构性断裂的"异型发展"。从宏观层面来看，地方高校社会资本整体还处于缺失状态，突出表现在多元社会资本并存、社会资本分布不均衡、民间社团组织发育不健全等方面。

（一）多元并存

正是由于当前我国正处在社会转型的特殊阶段，社会资本中既有传统社会资本又有现代社会资本，处于多元并存的状态。这种状态对于公民公共精神的成长是十分不利的。传统社会资本以"血缘关系""宗法宗族制度""地缘关系"编织社会网络，具有相对封闭的特点，有着鲜明的同质性、先赋性，在这种社会网络中，人情、礼俗和宗族关系起着关键性的作用，同乡、帮会的作用十分显著。这些家族、同乡、帮会等组织，实质上是一种小规模的共同体，组织资源同质化倾向明显，十分强调对这些共同体的忠诚与维护，不利于其成员公共精神的培养。这些共同体的存在和发展是传统社会资本复兴的体现。但是，随着改革开放和市场经济的确立，社会结构深刻变化，利益关系深刻调整，社会资本的结构和内容也随之发生重大变迁。新的社会网络中产生了现代社会资本的因素，推动着社会资本向现代化方向发展，出现契约关系、法人组织和中介组织等新型社会关系，这些关系具有明显的开放性和差异性。与传统社会资本不同的是，这些新的社会资本形式比较强调自由、信任、互惠、合作、平等和协调等现代社会理念，比较重视个人价值的实现，成为现代社会发展的基石。实现地方高校的快速发展，必须要积累足够的现代社会资本，才能实现协同创新的良性协调发展，才能提高协同创新的层次和绩效。

（二）分布不均

从整体上看，当前我国社会资本分布不均衡。首先，地域社会资本分布不均衡。经济发达地区与欠发达地区不均衡、大城市与中小城市不均衡、东西部地区不均衡。具体来说，经济发达地区的社会资本比欠发达地区雄厚，大城市比中小城市雄厚，东部地区比西部地区雄厚，直接影响是致使不同地区现代公民意识存在较大差异。一般而言，社会资本储量较多的地方，其公民的参与意识、主体意识、权利意识都比较强，公民参与社会建设的积极性较高。相反，社会资本贫乏的地区，社会成员家族主义、依附思想和臣民意识比较强，政府与民众之间合作治理难，社会发展相对较慢。其次，社会阶层社会资本分布不均衡。以单位为主体的社会结构模式被打破以后，新的社会阶层不断涌现，从而带来利益格局的变化，也带来了社会资本的解构与重构。在新的时期，不同的社会阶层拥有不同的社会资本，相互间有明显的差异。而且，目前新兴的社会阶层拥有较为丰富的社会资本，但也存在公共精神不强的问题，并不热衷于公共事务的处理和解决。在计划经济条件下，可以运用强大的行政力量整合各类资源推动协同创新，形成了"两弹一星"、人工合成胰岛素等重大科技成果。但在当前社会主义市场经济条件下，如何调动不同阶层的社会资本以推动协同创新，成为一个重要的现实问题。

（三）民间组织发育不良

民间组织是独立于政府和市场之外的非政府组织，往往又被称为第三部门。对于现代社会来说，民间组织具有特殊重要的意义，作为公民社会的主体，是公民意识和公共精神觉醒的结果。一般来说，民间组织的发展是建立在公民主体意识之上，是以公民相互之间的认同和信任为纽带的。英国学者安东尼·吉登斯在深入研究民间组织的基础上提出："认同可以增强公民社会的一体化水平和整合能力，而信任则可以是个体在无限纷繁复杂的生存环境中建立起一套简化机制。"由此我们可以得出结论，合作互助的社会网络的形成必须建立在公民对社会共同体的认同和信任的基础之上。当前地方高校协同创新联盟建设的一个重要问题是行政干预十分严重，超强的"行政力量"使公民社会缺乏成长空间，进而导致公民社会缺乏认同和信任，阻碍了协同创新的深入开展。

目前，多数民间组织都被限制在体制内，缺乏独立性，缺乏健康成长的外部环境。值得肯定的是，改革开放以来民间组织获得了快速发展，数量和种类明显增多，对于加强政府与民众的沟通发挥了重要作用。但这些民间组织整体上依然缺乏自主自愿性，非政府性还不突出，处于发育不良的状态，一些自愿性的科技社团经费过分依赖于官方，产学研促进社团还有明显的行政化倾向，制约了协同创新的开展。

当前社会资本多元并存、分布不均衡、民间社会组织发展不够的问题，导致地方高校社会资本相对匮乏，妨碍了协同创新的有效实现，降低了社会的整合能力，对地方高校社会资本的社会治理产生了极大的制约。

二　地方高校社会资本相对封闭、分散和内聚

与国际一流大学和国内部属高校相比，促进地方高校协同创新的社会资本相对封闭、分散和内聚，主要表现在以下几个方面。

（一）地方高校协同创新的社会网络发展相对滞后

关于在地方高校管理体制中对地方高校领导的调查显示，81.8%的领导认为，学校管理条块分割严重，92.7%的领导认为，人事管理和资源配置有行政化倾向，78.2%的领导认为，上级主管部门行政干预过多，行政化导致地方高校体制封闭和创新资源分散，制约了协同创新社会网络的发展。[1] 对全国111所地方高校校长的调查表明，71%的地方高校缺乏地方支持，66%的地方高校对当地经济社会发展作用不大，显示出地方高校与区域创新网络脱节。[2] 地方高校与地方经济界、产业界虽然地缘优势很明显，但缺乏相互沟通的制度化、体制化的联系渠道，导致创新资源难以优化配置。地方高校众多科研成果难以实现产业化，同时企业也难以找到适合自身发展的技术与产品；地方高校与投资者难以对接，科研与市场相对脱节；地方高校由于条件限制，无法完成中试环节，一些具有良好市场前景的技术被困实验室。以湖北省为例，2011

① 刘亚荣：《高等学校行政化问题调查》，http：//www. naeaxy. com/show. asp？ id＝453，2012 年 4 月 9 日。

② 张婕：《地方高校与区域经济发展的关系及政策取向——对全国 111 所地方高校校长的问卷调查报告》，《国家教育行政学院学报》2007 年第 7 期。

年，省属地方高校正在进行的 1206 个产学研合作项目中，高校主导型占 72.3%，企业推动型占 14.5%，政府导向型占 13.2%，并且现有合作多是外部板块式黏合，缺乏内在有机融合；合作形式主要是常规的技术咨询和合同委托开发，分别占 37% 和 33%。[①] 可见，地方高校协同创新中社会力量有待进一步调动，创新网络有待于进一步拓展。

（二）地方高校尚未形成有利于协同创新的文化氛围

相对于国家部属高校，地方高校缺乏宽容失败和支持创新的文化氛围，创新人才发展缺乏应有的氛围和空间。相关调查显示，地方高校教授、副教授分别有 60% 和 29.5% 参与协同创新项目研究，讲师、助教分别只有 6.1% 和 6.7%。针对"制约参与协同创新的主要因素"这一问题，61.5% 的被调查者认为"教学任务繁重"，49.8% 的被调查者认为"缺乏有效的激励机制"，47.6% 的被调查者认为"缺少学术带头人和课题组织者"。正是由于社会资本的缺乏，导致地方高校科研人员缺少面向市场开展科技创新的动力，不能把学术与生产力结合起来，甚至仅仅把发表学术论文作为自己的终极目标。教师在科研方面，84.3% 的关注发表高质量论文，64.4% 的关注承接高层次科研课题，52.7% 的希望获得科技奖励，只有 11.4% 的关注科研成果产业化。[②] 地方高校协同文化的缺乏，导致竞争集中于"短平快"项目而使科研失去"纵深"层次。在地方高校的基层组织，往往是个人或课题组通过竞争获取科研资源，但由于体制壁垒的原因导致这些资源难以得到整合，缺乏科技创新的公共平台。正是由于这些原因，导致地方高校科研工作存在个体化倾向，缺乏有组织的科技攻关，难以解决面向现实、面向市场的重大战略需求和问题，最终导致几年来地方高校科研经费总量逐年攀升但重大项目不断减少的现状。社会资本的分散和封闭导致的另外一个负面结果是，地方高校开展教师考核工作中过分强调对个体的激励，把个体成就与职称待遇挂钩，进而更加导致地方高校社会资本的个体化和分散化，形成恶性循环。社会资本是难以通过客观数据进行量化界定的，简单对

① 湖北省教育厅：《湖北教育统计年鉴（2011）》，华中科技大学出版社 2012 年版，第186—187 页。

② 张菁、肖玲莉：《地方高校教师教育科研现状与思考——基于案例高校的问卷调查分析》，《文教资料》2010 年第 3 期。

个体的考核会导致地方高校漠视社会资本的积累，催生大量无原创性无实际价值的"学术成果"。

（三）地方高校协同创新合作主体之间缺乏信任和合作

从地方高校内部看，由于信任与合作的缺乏，导致地方高校科研工作难以适应学科交叉的发展趋势，无法形成有效的整体调控机制和汇聚机制，形成相对封闭的科研体系。实际上，地方高校学校之间、院系之间、实验室之间、科研人员之间存在组织壁垒和资源封锁，难以开展多学科交叉研究。地方高校内部出现竞争个体化、激烈化的趋势，过度竞争带来力量分散和资源分散。虽然也组建了一些科研团队，实现科研组织化，但大多是"师徒型""小作坊""夫妻店"，通过优化组合形成的"混合型"团队不多，普遍存在规模小、活力差的问题，难以催生重大创新成果。

从地方高校外部看，相关调查显示，地方高校协同创新联盟的失败76.4%与联盟内部缺乏信任有关。地方高校与区域的信任构建中存在着"反距离悖论"的尴尬现象，"他乡的月亮比家乡圆"，其他组织对地方高校的信任度较低，影响着地方高校与区域网络的深度融合，同时由于地方高校科研个体化的分散行为致使部分科研项目纠纷不断，对地方高校的声誉和形象产生了负面影响。有关调查显示，对地方高校协同创新信任关系产生影响的因素中，排在前列的是"有效的沟通""合作经历""制度保障""有良好的声誉"，分别占51.7%、21.7%、21.7%和18.3%。其他两个因素"相互依赖性""合作网络生命周期"分别仅有5%的被调查者认为对协同创新各方信任关系有影响，这是由于地方高校合作创新网络比较有限，参与合作的各创新主体之间并没有过多依赖，仅是在项目需要的时候开展临时性合作。① 因此，建立规范有效的地方高校协同创新信任治理机制尤为重要。

（四）合作各方缺乏互惠规范

调查表明，影响地方高校协同创新的首要因素就是权益分配不当，占74.7%；其次才是技术不够成熟、决策管理不协调，分别占

---

① 王文亮、刘岩：《校企合作创新网络运行机制调查分析》，《技术经济》2011年第8期。

36.8%、31.2%。① 科学研究的过程一般分为基础研究、中期成果、最终成品三个阶段,但在三个阶段过程中的利益如何分割网络成为协同创新顺利开展的难题,成为深入合作的障碍,合理分配利益是对协同创新的顺利开展起着非常重要的作用。但在实际操作中,由于合作各方利益分配没有明确,影响协同创新各方的积极性和持久性,从而导致创新联盟内的矛盾与分歧。有关调查显示,我国中小企业的 GDP 贡献率已经达到 55.5%,吸纳就业人数占到城镇就业总量的 75% 以上,税收贡献量占全国税收总额的 43.2%,提供的产品和服务的出口量占出口总量的 60%;但是,中小企业用于研发的费用仅占其销售收入的 0.31%,远低于我国工业企业平均水平,更是远远低于发达国家水平;根据国际标准,企业研发投入如果低于销售收入的 3%,就说明企业缺乏竞争力。② 资金匮乏是地方高校发展最大的困境之一,地方高校主要收入来源是地方财政拨款,而拨款能够完全到位的高校仅占高校总数的 7.14%,地方高校教育经费只占全国高校的 57%③;国家审计署数据显示,到 2010 年年底,全国 1164 所地方所属的普通高校负债 2634.98 亿元。④ 地方高校协同对象本应以地方中小企业为主,中小企业缺乏技术,地方高校缺乏资金,两者作为利益相关者本应很容易走向合作。但事实上,由于社会资本特别是互惠规范的缺乏,合作情况并不理想。地方高校科技成果的转化率只有 7%—10%,不足部属高校的一半,而发达国家通常为 60%—80%。⑤

三 地方高校社会资本经营中存在的问题

经营社会资本对于高校来说具有特殊重要的意义,但是由于缺乏正确的认识和系统的理论指导等原因,我国地方高校在社会资本经营过程

---

① 刘广杰:《产学研合作有关问题的国内外研究比较》,《商业视角》2012 年第 10 期。
② 戚志林:《地方高校产学研合作的地方特色略论》,《重庆科技学院学报》2011 年第 10 期。
③ 王保华:《千万别冷落了地方高校》,《中国教育报》2005 年 9 月 23 日第 4 版。
④ 中华人民共和国审计署:《审计结果公告》,中国时代经济出版社 2011 年版,第 35 页。
⑤ 王小兵:《地方高校科技成果转化问题及其对策浅析》,《中国科技信息》2008 年第 22 期。

中还存在不少问题。主要表现在以下几方面。

（一）地方高校社会资本经营的政策与体制环境不平等

社会资本作为一种结构性约束，其非均衡性分布使拥有者行动的自主性、灵活性存在差异，最终表现为拥有社会资本的个体，在达到目标的能力上存在差异。① 国家部属高校、处于发达地区的地方高校，政府部门的教育投入较大，社会声望较高，其品牌效应可以帮助它们进一步获得更多的捐赠和其他方面的支持。这些高校学术网络资源相对丰富，内部校园文化活跃，比普通的地方高校拥有更高水平的师资，占有更多的学术交流机会，获得更多的助学资源，从而拥有更为雄厚的社会资本，获得更多的发展机会。两种层次的高校社会资源的反差带来了截然不同的发展局面，前者不断汇聚优质的师资、生源及其他社会资源，后者则面临着发展困境。那些具有较高社会地位和声望的名牌高校，其社会资本的数量多、质量高，而这又有利于它们进一步提升地位，从而获得更多的社会资本，形成名校社会资本的良性循环；反之，普通地方高校则可能越来越被边缘化。由此形成的"马太效应"，在某种程度上体现了地方高校社会资本经营的政策体制环境的不平等性。

（二）地方高校从横向网络关系中获取资源的能力不足

受计划体制的影响，政府对地方高校统包统管，造成地方高校"行政附庸化"，过重的"垂直"网络、"官本位"的习性、倾向于权力的信任等，导致地方高校在社会资本经营过程中具有较浓的亲和权力的品性。② 过分依赖政府，使地方高校与外界组织之间的相互依赖减少，地方高校缺乏独立获取资源的积极性，地方高校与外部链合脆弱、联系松散、沟通不畅，甚至彼此封闭；横向联系少，合作精神差，导致交易过程中的成本增大。也由于政府占主导，地方高校难以形成自己独特的社会影响力，使地方高校在处理与外界的关系时，难以形成坚定的立场，由于办学自主权的相对缺乏，难以抓住发展机遇。

（三）现代社会资本缺乏阻碍了地方高校的和谐发展

相对国家部属高校来说，地方高校由于体制机制问题导致行政化倾

① 吕凯：《社会资本理论的应用价值及其局限性分析》，硕士学位论文，东北师范大学，2007年，第27页。

② 马长山：《社会资本、民间组织与法治秩序》，《环球法律评论》2004年秋季号。

向较为明显，传统社会资本大量存在，相对封闭内聚，并且纵向社会资本过剩而横向社会联系匮乏；强大的行政干预导致民间组织发育相对滞后，甚至出现不同程度的"庇护"关系，导致现代社会资本难以建立；有些地方高校出现各种宗派势力，"小团体"利益格局难以整合，制度化、科学化的社团组织建设不受重视，发展空间有限。现代社会资本缺乏的另一个表现是地方高校信任治理不足，由于信任的缺乏导致人际关系不佳，存在人际交往的摩擦与冲突现象，人际感情疏离和公共精神的缺失导致师生员工对学校公共事务缺少激情，难以调动他们参与学校建设发展的积极性。这些不良现象的出现，导致地方高校管理绩效不高，难以形成推进协同创新的合力，甚至出现校园运行秩序的失范。

（四）对地方高校社会资本经营的认识存在偏差

在对社会资本经营的认识上，存在一些狭隘和错误的观点。弗朗西斯·福山就曾经专门指出，有些人把裙带关系、"走后门"，甚至黑社会性质的所谓"社会关系"认定为社会资本，这是错误的认识。事实上，这些违背社会伦理和价值规范的"关系"不仅不是社会资本，甚至是"社会资本赤字"。[①] 社会资本不是简单的社会网络关系，而是在良性的行为规范约束下形成的网络关系。然而，作为一个关系本位的国家，我国自古以来就非常重视人伦关系，而且不断向外延展，这使人们特别重视非正式的社会关系和非正式的制度安排，而不重视网络中的信任、正式制度、规范等理性化范畴，社会资本往往流于形式，只注重关系的构建，把"社会资本赤字"混同为社会资本，导致社会资本经营误入歧途。在地方高校建设发展过程中，多数高校都在运用这样或那样的社会关系，但这些社会关系不一定都是地方高校的社会资本，客观地说，其中有不少都是违反社会伦理价值的"社会资本赤字"。但是，不少人一想到可利用的社会资本，首先想到的就是这部分社会关系。这种认识上的偏差，使一些人将社会资本与"社会资本赤字"混同起来，把社会资本看作庸俗、不正常的"交易"。因而使地方高校社会资本这一重要资本形式无法得到正视，甚至遭受社会的声讨和谴责，更无法得

①　弗朗西斯·福山：《信任——社会道德与繁荣的创造》，李宛蓉译，远方出版社 1998年版，第 37 页。

到充分开发与有效利用。很多管理者常常抱怨自己不愿意却又必须违心从事这种"交易"就是这种认识偏差导致的现实例证。

第三节　政策导向："2011 计划"对地方高校协同创新提出了新要求

国家提出名为"2011 计划"的高校创新能力提升计划并上升为国家战略，对地方高校协同创新提出了明确的新要求。"2011 计划"的内容可以归纳为"1148"：一个根本出发点——面向国家和区域重大战略需求；一项核心任务——提升三位一体的创新能力；四类协同创新模式——面向科技前沿、行业产业、区域发展、文化建设的四种模式；八个方面的体制机制改革——关系协同创新组织管理和运行机制的八个方面的改革。①

一　以"国家急需、世界一流"为根本出发点

"2011 计划"明确提出以任务为导向，瞄准"国家急需、世界一流"的战略目标，并依此作为标准和条件。开展协同创新是结合国际形势和国家重大战略需求作出的战略选择，所以地方高校在牵头协同创新并发挥主导作用的时候，要树立战略思维和与时俱进的思想观念。既要深刻理解国家和区域发展面临的实际需求，也要及时了解国际科技发展态势，使协同创新的推进过程符合形势需要。地方高校也只有以"国家需求、世界一流"为根本出发点，围绕国家和区域战略需求、科技发展前沿、关系国计民生的重大问题开展联合攻关，培育一流的科研团队、人才、氛围和成果，才能满足服务国家、服务区域的重要任务。地方高校一方面要瞄准"国家急需、世界一流"目标，同时还要面向本省开展协同创新，才能在服务国家、服务地方的实践中提升自己。各省级"2011 计划"均对面向本省经济社会发展重大需求作出了规定，如河南省就明确提出了"河南需求、国内一流"的目标，等等。

---

① 唐景莉：《"2011 计划"：提升高等学校的创新能力和质量》，《中国教育报》2012 年11 月 14 日第 3 版。

　　长期以来，地方高校的办学方向和发展理念同国家和区域的发展战略需求是不匹配的，这显然不利于地方高校科技发展和科研成果转化，从而也就会影响区域创新能力的提升，影响国家和区域创新发展战略的实施。在协同创新上升为国家战略的新形势下，地方高校要积极转变思想观念，以需求为导向，顺应科技发展潮流，在为经济社会发展服务的过程中提升自身的科技创新能力和水平，争取更多的办学资源和条件。地方高校应瞄准国家和区域发展需求、瞄准学术前沿、瞄准市场需要，大力推进协同创新战略，为建设创新型国家和创新型区域承担更大的责任，作出更大贡献。这既符合"2011 计划"的目标要求，也符合学术发展的内在规律，更符合经济社会发展的客观需求。所以，地方高校树立与国际发展动态、国家战略需求、区域发展目标同步的观念意识，是提高创新能力水平和提高教育质量的必然选择。

二　以人才、学科、科研"三位一体"的创新能力提升为核心任务

　　相当长一段时间以来，我国高等教育事业发展忽视了科技创新能力的提升，不仅带来了教育事业的相对滞后，也对我国经济社会发展造成了制约。地方高校创新能力更是处于创新链的低端，不能满足国家特别是区域创新体系的发展要求。地方高校提升创新能力，要以人才为根本，学科为基础，科研为支撑，牢牢把握着三个基本创新要素，实现创新资源的有效汇聚。要以创新能力提升为政策导向，在履行人才培养、科学研究、社会服务、文化传承创新四项基本职能的基础上，实现教育质量的提升。要在解决国家重大需求问题、行业共性技术难题、区域发展难题和国际前沿问题的过程中，提高自身科技创新的能力和水平。所以，协同创新战略对地方高校提出的核心任务和要求就是提升人才、学科、科研"三位一体"的创新能力。实现三者的有机结合不仅是理论认识上的提高，也是多年实践的经验总结，地方高校协同创新要想取得实质性的成果，三者缺一不可。

　　第一，要把培养创新型人才作为地方高校提升创新能力的根本。地方高校协同创新的实施离不开学术水平高、创新意识强、实践能力强的优质人才，缺乏人才的基础性支撑是不可能实现服务国家和区域发展目标的任务的，也不可能有创新能力的提升。因此，在国家、地方和高校三个层面的"高等学校创新能力提升计划"中，普遍都把培养创新型人才放在首位。第二，加强学科建设是地方高校培养创新型人才、提高科研水平和提升创新能力的重要基础。学科是人才培养和科学研究的平台，良好的学科基础是开展科技创新的前提条件。地方高校一方面要加强基础学科建设建设，另一方面要推动学科交叉融合，这是协同创新对地方高校提出的基本要求。第三，增强科研实践是地方高校创新型人才培养和创新能力提升的必要支撑。地方高校要围绕国家与区域发展需求，深化基础研究、探索应用研究、挖掘学科研究，为创新型人才培养提供科研平台，并在理论研究的基础上不断推进科研成果转化。地方高校经过多年的发展，积累了丰富的人才资源、形成了多学科优势、具备了优越的科研条件，具备了服务国家和区域发展的能力和水平。地方高校应继续将人才、学科、科研"三位一体"创新能力的提升抓紧抓好，才能全面提高高等教育质量，解决重大需求问题，提升国家和区域创新能力。

三　以协同创新中心为载体构建四类协同创新模式

（一）面向科学技术前沿和社会发展的重大问题，汇聚各层次的优质创新资源，深入开展实质性的产学研合作

以地方高校优势特色为基础，联合国内外相关高校和科研院所，营造有利于协同创新的文化环境和氛围，培养一批拔尖创新人才，把地方高校建设成为国家或区域内主导科学研究与合作的学术中心，产出一批有影响力的重大科技成果。地方高校要立足学科发展前沿、区域和国家重大战略需求，在重点基础研究和前沿科学领域开展协同创新，对接国家和区域重点科技计划，实现资源共享、协同攻关，重点培育一批高水平的创新人才和科研成果，把地方高校打造成地方上有影响力的学术高地。

（二）面向行业产业经济发展的核心共性问题，加强地方高校与区域内大中型企业、科研机构的密切合作，积极推进学科交叉融合、实现学术团队优化组合，围绕市场需求，精心打造技术集成的研发应用平台，大力推进科技成果转化

地方高校要为区域产业结构调整和技术进步提供创新支撑，瞄准行

业产业共性技术问题开展联合攻关，把地方高校建设成为区域技术创新的核心阵地。地方高校要紧紧抓住区域经济结构调整、转型升级的重大需求和机遇，加强关键技术和高端产品研发，支撑传统产业的转型升级，服务地方战略性新兴产业的发展，成为推进地方关键行业产业发展的技术高地。

（三）面向区域发展的重大需求，结合地方高校区域属性和地缘优势，自觉服务地方经济社会发展战略需求

围绕地方政府有关区域发展规划，积极协同区域内优势企业、科研机构开展多种形式的协同开发，发挥科技辐射带动作用，促进区域产业结构优化升级。要大力推进战略新兴产业的建设发展，积极开展地方政府科技咨询服务，在区域创新体系中发挥核心骨干作用。地方高校要立足地方经济社会发展的重大需求，积极推动跨区域、跨学科协同创新，构建多元化的成果转化和辐射体系，为加速地方崛起、推进区域发展战略提供科技支撑和决策咨询服务，为地方经济社会发展提供知识和技术引领。

（四）面向我国社会主义文化建设的迫切需求，充分发挥地方高校区域属性和人文社科优势，探索地方文化建设的路径与模式

加强与区域行业产业和科研机构的合作，整合科研人员与地方文化传承创新有关部门的有机对接，凝练地方文化特色，增强区域文化的辐射力和影响力，有效提升地方文化建设的软实力。地方高校要立足繁荣哲学社会科学、地方文化建设的重大需求，充分发挥地方高校自身优势，汇聚各方面的优质人文社科资源，深入开展协同研究，大力传播社会主义核心价值观、弘扬民族精神、传承区域文化，彰显地方文化特色，形成一批精品力作，为地方文化建设提供思想和智力支撑。

四 以创新发展方式转变为主线推动高校深化机制体制改革

以创新发展方式转变为主线，推动高校深化机制体制改革，通过系统的改革设计，建立有利于协同创新的制度体系，打破地方高校内外部的体制壁垒，对现有的创新资源进行有效整合，改变创新资源"分散、封闭、低效"的现实状况，从八个方面深化学校管理体制改革。

（一）构建科学有效的组织管理体系

"2011 计划"中的协同创新中心不是一个简单的产学研联盟，而是一个在全新的科研组织管理模式下的实体性联盟。协同创新的推动需要建立一套完整且高效的机制，机制的核心是需要依托一定的机构来实现。在地方上，应该由地方政府牵头，成立和优化由发改委、教育、科技、财政等相关部委联合组成的协同创新领导协调小组，对协同创新进行统一规划和领导，研究和制定有关规定和规范，保障相关方针政策的落实，及时协调合作过程中出现的分歧和问题。并纳入地方经济和社会发展的总体规划，以全面促进保障机制的构建。地方高校在组建协同创新领导机构的基础上，进一步建立和完善有利于协同创新的组织领导和管理监督体系，以多方参与的领导机构统筹宏观管理，合理制定总体发展规划，明确责权利关系和成果归属，形成优势互补、资源共享的合作格局。同时，要实现组织层次扁平化、组织结构矩阵化、组织管理知识化，从而提高管理的效率和水平。

（二）探索促进协同创新的人事管理制度

科学规范的人事管理制度是汇聚创新人才的动力，实施"2011 计划"必须通过搭建良好的人事聘用考核机制。在制度设计上，必须充分明确以下三个基本目标：首先是以任务牵引作为人员聘用的前提，以完成重大需求任务吸引和凝聚国内外优秀人才，打造领军人才和科研团队；其次是鼓励人员流动，实现与企业、科研机构的人才共享，在流动中优化队伍结构；最后是建立规范合理的激励体制，规避短期行为和急功近利行为，引导协同创新体内成员全身心投入创新活动中。为了保障这三个目标的实现，必须建立规范性的长效机制，坚持"不求所有、但求所用""人员流动不调动"的原则，探索建立"人才辈出、人尽其才"的现代大学人事制度。人事管理的体制机制包括不拘一格选拔人才的开放式聘任机制；固定薪金与绩效奖励相结合的薪酬制度；学术评价与企业评价、团队评价与个人评价、人才评价与成果评价相结合的考评机制。在这些机制的运行过程中，按照分类引进、统筹设岗、动态调整的原则，服务于协同创新联盟的整体发展战略。

（三）健全寓教于研的拔尖创新人才培养模式

把人才培养建立在产学研紧密结合的基础之上，注重创新实践和动手能力培养，以学科交叉融合培养复合型、应用型人才，改革人才培养机制，突出学生的创新意识、实践能力和社会责任感教育，充分利用产学研合作的教育资源和环境，改变原有以课堂传授为主要形式的教学方法，将知识学习与科研实践有机结合起来，为进一步开展科学研究提供人才支持。打造"合力式""实践式"培养模式，学校与企业、科研单位的结合，学生参与科研训练，在科研实践中逐渐巩固理论知识。更重要的是，在科研中遇到难题，将促使学生追求新的知识，激发他们的创新意识。同时，通过教授、专家的指导，学生的创造动力进一步挖掘，更能发挥他们的创新性思维。通过研究实践培养学生的独立科研能力，提高他们独立思考、学习和动手能力的同时，培养他们的对知识的渴望和独立探索、运用知识的能力。

（四）形成以创新质量和贡献为导向的评价机制

以是否能推动原始创新，是否能解决国家和区域重大战略需求作为考核评价的重点，以综合评价机制的构建为核心，鼓励在动态发展中进行竞争，打破原有的以发表论文和科研获奖为导向的考核方式。以评价机制为动力，将创新资源汇聚到创新驱动上来，汇聚到联盟发展目标上来。要实施分类评价，既要注重科技开发和成果转化，也要重视基础研究和科学普及。要推行开放式评价，使评价机制与协同创新发展相匹配。科研评价要从整体战略出发去评价创新成果的价值，打破小单位的框架限制，引入更多的利益相关方参与价值评估。在基础研究方面要突出同行评价，以更宽广的视野乃至世界科技发展趋势来判断科研成果的科学价值。在应用研究方面要重视企业家和用户评价，有效规避评价标准学术化倾向。要以政策性手段和引导性评价，将相关科研人员的兴趣和智慧聚焦在经济社会发展现实需求上来。

（五）建立持续创新的科研组织模式

科学有效的科研组织模式是激发科技创新潜能的组织保障，能够充分调动学科、资源和人才潜能，有助于在协同创新中解决重大现实问题。地方高校应在解构传统分散和封闭的科研组织模式的基础上，整合优势科研资源，推动学科交叉融合，建立富有活力的科研组织新结构。要积极改变原有以院系分割管理为特点的传统科研管理体系，代之以任务为导向的矩阵式科研组织，瞄准协同创新需求，着力解决重点学科领域和具有应用前景领域的重大科技难题。探索建立独立于院系的新型科研机构，摆脱行政化困扰，以项目为依托，以任务为导向进行人才和资源优化配置。建立院系和项目组相互分离又相互支持的"双层管理"科研管理模式，项目组独立于院系运作，相关科研人员不受传统院系制度的制约，凸显学术带头人的学术权力，同时，相关人员在教学、行政和日常科研管理上接受院系领导并遵守相关制度规定。

（六）优化以学科交叉融合为导向的资源配置方式

优化创新资源配置是协同创新题中应有之义，也是协同创新体制机制建设的关键。既要提高现有资源的利用率，又要在资源流动的基础上实现优化配置，以优势学科对创新资源的汇聚作用，以学科交叉融合为导向打造研发平台。大力推进创新资源管理机制创新，搭建促进学科交叉的体制机制。一是在人员配置上，由于交叉研究者大多来自不同学科，在共同的目标导向下汇聚在一起，既要有群体的创造性也要有个体的独立性，在设置人员结构时要充分考虑其研究领域、学术背景及其学科的相邻相似性。二是在要素的整合上，要通过设立交叉研究项目、划拨交叉学科研究经费、搭建交叉学科研究平台等措施，优化创新要素配置，保证资源合理到位，促进创新要素和谐发展。三是在政策的制定上，注重多学科科技力量的合理配置，提高交叉研究的整体能力和水平，建立自然科学和社会科学的融合机制，推进交叉学科研究成果的市场转化。为学科交叉研究人员创造学术交流、对外访问、信息沟通的机会，为促进学科的交叉发展、创立新的学科领域打下基础。

（七）创新国际交流与合作模式

加快地方高校科技创新的国际化进程，加强与国际知名高校和科研机构的合作，汇聚国际创新力量和资源，培养国际化高层次创新人才，建立适应国际化发展需要的协同创新体系。地方高校要大力实施"走出去"和"引进来"相结合的开放战略，加强国际科技交流与合作，支持科研人员开展多种形式的对外交流。积极借鉴和利用国际先进科技成果和先进管理经验，充分利用国际优质科研设备，实现资源、信息、人才和设备共享，努力缩小与发达国家的科技差距。地方高校应在融入国际合作中提升自我，建立全方位、多层次、多渠道的国际科技合作体系，采取共建实验室、联合开发、技术贸易、产业化合作、合作研究等多种形式，参与国际科技项目开发。地方高校应按照平等互利、成果共享的原则参与国际交流合作，尊重国际惯例，合理处置合作中存在的知识产权问题，有效维护自身的合法权益，保障国际合作项目的顺利进行。

（八）营造有利于协同创新的文化环境

良好的创新文化环境是开展协同创新必备的条件，对催生创新成果具有潜移默化的作用。地方高校要积极营造鼓励创新、宽容失败的氛围，打造自由开放的科学研究氛围，大力倡导团结合作、求真务实的精神和品格。在全校师生员工中形成协同创新的文化自觉，重点在于打破地方高校重成果轻应用的思想文化樊篱，把重视成果应用确立为科学研究的价值导向，以激活地方高校协同创新的内驱力。建设创新文化、培育创新精神、营造创新环境、完善创新体系，以突破制约协同创新的文化"瓶颈"为切入点，重构有利于地方高校协同创新的文化体系。地方高校要积极加强与政府、行业、企业的联系，建立全面合作战略联盟，打好文化牌、亲情牌，充分利用各种社会资源推进协同创新；要以重视研究成果应用为价值导向，努力营造校企协同创新的文化氛围，从制度、政策层面引导教师走向社会走进企业，从实践中寻找研究课题，从实际问题研究中凝练一般科学理论，形成重视成果应用的研究风气，养成协同创新的文化自觉，努力开创应用研究当仁不让、基础研究奋勇争先的协同创新局面。

第六章 路径选择：以社会资本的整合 推动地方高校协同创新

运用社会资本管理的方式推动地方高校协同创新不同于一般意义上的科技创新政策（如政府对科技创新的资助、税收优惠、政府采购、风险投资、金融支持等），这一措施不直接作用于协同创新的组织和个人，而是通过对创新联盟的社会结构进行改造，使其社会结构更加适应科技创新的需要，从而激发协同各方从事技术创新的积极性，并且通过相互之间的相互作用（技术竞争、技术学习、技术合作），不断提升协同创新的总体效率。用通俗的话说，就是优化协同创新的制度环境，培育协同创新的社会环境，清除协同创新交流的内部障碍。

第一节 健全互动网络体系：形成多方 参与协同创新的合力

一 密切协同创新的共享式社会网络

社会资本的一个核心概念就是社会网络。社会网络又可分为组织内部网络与组织之间的社会网络两种。在第四章中，笔者分别以地方高校内部社会资本与外部社会资本进行过较为详尽的分析。地方高校内部社会资本主要由地方高校根据自身的校园文化、组织结构及其管理制度来规定，从政策的角度难以直接影响。韦恩·贝克（Wayne Baker, 2002）

认为，提高组织内部社会资本的途径主要有如下八种形式。[①] 一是在组织内部建立"行为共同体"，即由一个组织内部同一职能部门或者工作过程中分布在不同场所的人组成正式或者非正式的社会关系网络；二是让组织内部员工跨越组织界限或者专业领域，参加一些跨行业、跨学科的协会，将社会关系网络多元化；三是创建交流论坛，形成组织内部信息交流机制，提高组织的社会资本；四是建立工作轮岗制度，通过员工流动，扩大员工之间的联系；五是组织内部建立一些"个人社团"，建立个人网络；六是鼓励员工参加各种公益活动，让社会关系多元化；七是积极参加地方性社团组织，建立开拓性社会关系网络；八是培育和创建组织文化，增强组织的凝聚力。地方高校作为推动区域经济社会发展的重要组织，要大力推动创新资源的交叉融合，构建科学有效的组织管理体系，强化内部和外部知识、信息、技术的整合与交流力度，从而产生创新放大效应。

就地方高校协同创新的政策设计而言，不仅仅要关注学校内部社会网络的构建，还需要关注的是协同创新联盟及更广泛的社会网络。地方高校协同创新网络有很多表现形式，既有学校和企业之间的横向技术创新合作，也有学校与企业、科研机构之间的技术创新联系，还有学校与金融机构、中介组织、地方政府、风险投资商等之间的联系。要充分发挥地方高校与地方政府、地方产业、地方经济的天然联系，根据"2011 计划"的要求，与其他高校、科研院所、学术机构深度合作建立面向科学前沿的协同创新网络，与企业、科研院所联合建立面向行业产业的协同创新网络，与地方政府、重点企业合作建立面向区域发展的协同创新网络，与科研院所、行业产业融合建立面向文化传承创新的协同创新网络。进一步拓展合作领域，以建立更为广泛的社会关系网络体系，通过网络交互叠加效应激发创新活力，全面提升人才、学科、科研"三位一体"的创新能力。值得注意的是，还有两类协同创新社会网络联系通道非常重要。一是协同创新的组织和个人交往相关服务业发展状况，二是地方高校在协同创新发展中的社会联系的功能。前者主要指为

---

① 韦恩·贝克：《社会资本制胜：如何挖掘个人与企业网络中的社会资源》，上海交通大学出版社 2002 年版，第 38—39 页。

协同创新人员社会联系提供服务的场所，如供科技人员聚会、交流的餐厅，休闲聊天的咖啡馆、茶楼以及其他娱乐场所，这些服务设施对于协同创新信息的交流非常重要，是隐性知识扩散与协同创新社会网络形成的基础。另外，对于地方高校在协同创新中的作用也要重新认识。传统意义上，人们只重视大学在技术创新中对知识与基础技术的提供和支撑功能，以及对创新人才的培养与供给作用，而实际上大学本身也是一种社交场所，企业、科研机构研发人员参与地方高校的一些技术培训、学术会议的过程，也是一种社会网络的扩大过程。在这里，地方高校的作用不仅仅体现为知识的创造，更体现为社会网络与社会关系的创造。

二　建立有效的协同创新网络联结机制

如前所述，协同创新网络系统是相关组织和个人获取社会资源的重要渠道。因此，地方高校在构建协同创新网络时，既要建立丰富的强联结，也要建立丰富的弱联结，做到强联结和弱联结的有机统一。

一方面，按照社会资本结构维度的相关理论，社会网络成员间的强联结（strong tie）有利于隐性知识的转化，也有利于高质量信息的传递（Uzzi，1996）。[①] 强联结可以增强信息获取的稳定性从而促进创新活动的深入开展，所以，协同创新网络的构建应该建立合作各方的强联结。总体上看，地方高校的强联结可以通过以下几种方式建立：一是地方高校联合企业或科研院所建立研发中心，以联合攻关的形式解决技术难题。一些大型企业为解决行业和产业内的普遍性技术难题，采取在地方高校设立长久性研究中心的形式，出资资助地方高校开展技术创新，联合进行技术开发，这种紧密的联系就是一种强联结。二是中小型企业采取的技术协作研究的形式地方高校将已经取得的科研成果有偿转让给企业，并协助企业实现技术或产品的产业化，转化为现实生产力。三是采取技术入股的形式，这也是一种普遍使用的方式。地方高校以科技成果入股，企业以资金、实物的形式入股，共同组建实体公司，共同投资、

---

① Uzzi，B.，"The Sources and Consequences of Embeddedness for the Economic Performance of Organizations：The Network Effect"，*American Sociology Reoiew*，1996，61：674－698.

经营，共同承担风险，共同分享利润。有关研究表明，创新网络的强度与创新绩效呈正比关系，Santoro 和 Chakrabarti（2002）在深入开展调查研究的基础上，发现合作关系越紧密，创新绩效就越高。[①]

另一方面，根据 Granovetter（1973）的研究结论，创新网络关系越强，相关主体通过紧密的强关系获得的信息同质化程度越高，他们就越相似，就越容易产生信息冗余和重复。在这一研究的基础上，他提出了弱联结（weak tie）的概念[②]，认为弱联结可以承担跨组织边界进行异质性信息传达的作用，便于组织内成员通过弱联结这一信息桥梁获取外部新鲜信息和知识，从而将重要的信息传达给相互联结的双方。地方高校如果能建立丰富的弱联结，就可以获得大量的新颖的、独特的信息，对于提升地方高校创新绩效有着十分重要的作用。由此可见，地方高校要推动协同创新的深入开展，仅仅与企业、科研院所建立强联结是不够的，还需要与地方政府、金融机构、中介组织、风险投资商、行业协会、供应商、经销商等组织建立丰富的弱联结，以开放和包容的心态与外界进行信息和资源交换，这样就可以在频繁互动的基础上获取异质性的信息、知识和技术，从而促进技术创新。地方高校通过强联结和弱联结的有机结合，打破协同各方之间的体制壁垒，从而改变创新资源和创新要素"封闭、分散、低效"的现实状况。

三　构建高效的协同创新制度化沟通机制

从社会资本的认知维度来说，地方高校与企业、科研院所在合作的过程中由于认知上的分歧，很有可能导致沟通失效和合作失败。因此，协同各方要建立健全的沟通机制，不但要有"软力量"的文化融合，也要有"硬力量"沟通界面的顺畅。

一方面，地方高校协同创新联盟要建立信息沟通和知识共享的文化交融体系。有效的沟通离不开相应的文化架构，协同各方只有在充分的

---

① Santom, M., Chakrabarti, A. K., "Firm Size and Technology Centralityin Industry – University Interactions", *Research Policy*, 2002, 31：1163 – 1180.

② Granovetter, M., "The Strength of Weak Ties", *American Jounlal of Sociology*, 1973, 78（6）：1360 – 1380.

文化交流与互动的基础上，才能有效了解对方的真实情况（Kim，1991）。① 如果协同各方有着不同的文化背景，就会在认知上产生差异和分歧，相互间的合作就会产生一定的障碍。多年来，由于教育行政体制问题，地方高校与外界交流不多，相对封闭，与企业、科研院所等组织在创新意识、组织惯例、价值观念上有较大的差异，在开展协同创新的过程中，各方使用的文化符号、技术术语、专利意识等认知层面的共同语言不多，导致创新网络内沟通效率不高。知识管理相关理论表明，显性（codified）知识容易编码，易于复制和转移；但相比之下，隐性（tacit）知识则难以编码，具有较强的黏性，不能用简单的语言进行描述，常常是嵌入在创新实践和社会背景中。开展技术的合作与创新，其中既有显性知识的转移，也有研发思路、技改方向、特殊技术术语等隐性知识的运用，因此只有在协同创新网络体系内建立共享的文化融合机制，才能实现信息的有效沟通和知识的共享。

另一方面，构建地方高校协同创新网络的交流机制还需要加强沟通"界面"的管理。② 沟通界面是否畅通，对于显性知识和隐性知识的转化来说至关重要，因为沟通界面主要表现为组织之间的信息、意图、动机、感觉等的交互作用，没有通畅的沟通界面就会造成知识转移的障碍。不仅知识链的形成离不开顺畅的沟通界面，创新的展开同样需要沟通界面发挥作用。改进协同创新沟通界面管理可以从以下几个方面入手：一是改善沟通方式，可采取举办报告会、交流会、研讨会、座谈会等形式，为协同各方创造沟通交流的机会；二是调整组织结构，可在地方高校及其他合作方建立专门的联络部门，加强相互联络以促进创新活动的开展；三是采取硬件电子通信技术（EDI），通过现代信息技术提高沟通效率。

在实际运行中，协同各方相互深入融合不是一蹴而就的，需要一个逐步深化的过程，往往可以采取面对面直接沟通的方式促进管理人员、

---

① Kim, Y. Y., "Intercultural Communication Competence: A Systems – theoretic View", In S. Ting – Toomey & F. Korzenny（eds.）, *Cross – cultural Interpersonal Communication*, Newbury Park: Sage Publications, 1991.

② 界面（interface）来自技术术语，是指仪器的接口关系，在管理学中指的是相关单元的交互关系。

技术人员、操作人员进行正式或非正式交流。不仅高层交往很重要，基层的管理人员和工作人员的沟通同样重要。在开展协同创新过程中，战略层面达成一致由领导层沟通实现，但具体落实需要靠基层员工日常基础性工作来实现，离不开基层经常性的沟通。只要协同各方不断增强沟通意识，在联盟目标的激励下进行常态化的互动合作，在频繁交流中密切个人关系，成员间合作的深度会不断增强，协同创新联盟会逐渐走向紧密状态。首先，要以正式的信息交流机制建设为立足点，促进内部知识的共享和外部信息的获取。可以采取聘用对方高级管理技术人员担任本单位顾问的办法，或者与对方联合开展新产品研发科技攻关，也可以积极参与对方供应商评估活动，或是在新产品设计过程中加强与对方的交流沟通，等等。不容置否，多元化的正式沟通渠道可以为创新体的深入融合奠定基础，可以提高创新体内知识和信息交流的深度和广度。其次，要把非正式交流作为提高创新效应的生长点，为激发创新活力创造条件。联盟内部充分的交流可以增进相互行为的透明度，可以在深化合作的基础上形成价值一致的文化基础，可以在协商基础上找到共同接受的处事方法，消除相互间的隔阂和文化差异。非正式交流是实现联盟内部充分交流的关键途径，有利于协同层次的提高和协同力度的增强（Nahapiet & Ghoshal，1998）。① 因此，应当积极创造非正式交流机会，打造非正式交流平台，为协同各方进行情感沟通和深度融合创造条件。

四　重视和积累地方高校协同创新的社会资源

社会资本就其实质而言就是一种社会资源。社会资源的种类是多样的，既包括科学资源和人力资源，也包括文明资源和政策法规资源，等等。凡是以非物质形式对生产过程产生作用和影响，有一定"存量"而且可以促进生产能力提升的信息和能量，都可以称为社会资源。与其他资源相比，社会资源有着鲜明的特点：一是非物质性。作为一种"软资源"，社会资源与自然资源不同，是一种典型的无形资产，是人类长期社会生活中产生的精神财富的结晶。二是可储存性。正是由于社

---

① Nahapiet, J. and S. Ghoshal, "Social Capital, Intellectual Capital, and the Organizational Advantage", *Academy of Management Review*, 1988, 23: 242–266.

会资源可以存储，创新才可以在其积累过程中形成并不断地发展。三是可调控性。具有能动作用是社会资源的一个典型特点，不仅能够在利用自然的基础上改造自然，而且还能够调节人的行为，促进人与自然的和谐相处。四是可再生性。社会资源会随着社会的发展而不断发展，因此具有可更新、可再生性，不仅为社会发展提供更多的"软"资源，而且可以为社会发展提供动力支持。

地方高校只有具有丰富的社会资源，才能持续不断地"创新"。国外著名的协同创新共同体的崛起的主要原因也在于对社会资源的"创新"和应用，充分利用社会资源促进新产品、新工艺、新材料开发。

社会资本对于社会资源的开发和利用具有十分突出的作用，不仅可以改造传统产业的技术基础并创造新的产业链，而且可以推动整个产业的结构调整，进而影响到生产、流通、消费各个环节，可以通过更新经济结构促进经济发展和技术进步。

地方高校协同创新的社会资源除了上面谈到的社会制度因素、历史文化因素外，还有一个很重要的社会资源就是人力资本。在知识经济时代人才是第一资源，实现科技创新人力资源的集聚与积累也就成为协同创新的一项重要任务。科技创新人力资源合理有序流动和有机聚合对于创新资源的集聚效应来说具有决定性意义，是形成新的创新增长极并有效刺激经济发展的有效手段，是形成创新优势和活力的关键所在。所以，最大化实现人才有效聚集是地方高校协同创新的一项核心任务，要通过体制机制创新，在一定的地理空间、知识空间、产业空间、市场空间和文化空间内实现最大限度的人才集聚和优化组合。

除人力资源之外，协同创新体与全国、全球的创新联系网络也是全球化背景下协同创新发展的重要社会资源。如跨国公司在地方的 R&D 机构密度，协同创新体与全国、世界各地、各类机构之间的联系渠道等，这些联系渠道发挥科技创新"全球管道"的作用，使协同创新网络尽可能地融入全球创新网络中去，并从中获得协同创新可持续发展的动力。地方高校要进一步加强国际科技合作，集聚国际一流的专家学者参与协同创新，推动与国外高水平大学建立实质性合作，将"走出去"和"引进来"有机结合起来。

第二节 完善信任治理机制：协同创新 网络形成和运作的基础

一 建立协同创新战略联盟内部信任机制

按照社会资本关系维度的有关理论，加强信任机制建设对于促进地方高校协同创新绩效来说具有十分重要的作用。Zucker（1986）提出，信任机制可以也有必要被"生产"出来，这是积累社会资本的途径之一①，信任机制的产生是以过程为基础，建立在长期交往和沟通交流的基础之上。

第一，地方高校建立互信机制首先要慎重选择创新合作伙伴。地方高校要充分调动内部师生员工的积极性，将个体人脉资源转化为学校社会资本，拓宽社会关系网络，增进与企业和科研机构的密切联系，寻求更多的商业机会。这就要求地方高校一方面拓展和利用师生员工区域内的人际关系资源，另一方面要采取措施切实增进师生员工的认同度和归属感，从而实现其个体社会资本向学校社会资本的转化。创新合作伙伴可以选择曾经合作过的高校、企业、科研院所，虽然有可能出现路径依赖，但是相对来说更容易建立信任关系，促进合作创新效率的提升。如若对即将合作的创新主体缺乏深入了解，或者以前并未开展过合作，就有必要对其同行评价、合作意愿、资质和技术水平进行深入考察并设定筛选标准，提高准入门槛。地方高校选择信任伙伴的过程，从社会资本的角度看，其实就是自身创新网络编织和拓展的过程。

第二，要积极防范合作中的机会主义行为，利用社会"声誉"（reputation）对协同各方进行有效制约。因为一旦合作方中有一个出现不诚信行为就会导致不信任在整个创新网络中传播，导致信任危机。相反的是，在前期进行愉快合作并形成了良好声誉的合作成员，会因为拥有好的名声而获得更多的合作伙伴，赢得更多的发展机会。一方面需要

① Zucker, L. G., "Production of Trust: Institutional Sources of Economic Structure, 1840 – 1920", *Research in Organizational Behavior*, 1986, 8: 53 –111.

政府建立有关信誉的法律和制度保障，另一方面需要中介评价机构健全信息机制，例如，实施质量、安全、身份认证，或开展信誉评价咨询等。这就更需要协同各方珍惜自身声誉，保持良好的信誉记录，并对合作信誉进行长期投资和维护。

第三，在合作互动中产生信任。信任可以促成合作，合作的过程又可以产生信任，因此，信任与合作之间是一种双向互动的关系。有关研究成果表明，信任就是在互动交流中形成的[①]，是成功合作行为的副产品。[②] 随着合作关系的不断深入，频繁的互动关系会催生合作规范，合作规范又会增进相互间的信任，提高协同各方继续合作的愿望。在相互合作逐步走上规范化之后，要把软性因素作为进一步提升信任关系的关键。要善于利用本区域密集的社会网络和相近的社会文化，以之作为融合剂，把经济利益和感情关系结合起来，为信任的增强提供长效动力。多次成功合作后，协同各方就会由最初的功利目的转向情感交流，进而发展为具有相似文化价值观念的相互信任。换句话说，就是从最初的"谋算型信任"发展到"了解型信任"，最终产生"认同型信任"（Lewicki and Bunker，1995），实现信任层次的升华。[③]

地方高校协同创新开展过程中难免出现一些利益冲突和矛盾，这就有必要建立健全的利益疏导机制，通过化解矛盾和分歧，及时化解合作创新中的风险。例如，产方要经常性深入研发实验室，了解技术开发进程，加深对技术创新的了解，从而增强各自调节能力；学研方也要经常性深入生产车间了解产品技术需求，了解技术使用进展情况，了解生产方面临的困难和问题；要建立快速的冲突反馈机制，在摩擦和冲突出现后的第一时间，将相关信息反馈到协同创新的组织协调机构，便于做好化解工作，将分歧和矛盾带来的合作创新风险降低到最低限度。

[①] Granovetter, M., "Economic Action and Social Structure: The Problem of Embeddedness", *American Journal of Sociology*, 1985, 91（3）：481－510.

[②] Leana, C. R., Van Buren Ⅲ, H. J., "Organizational Social Capital and Employment Practices", *Academy of Management Review*, 1999, 24（3）：538－555.

[③] Lewickj, R. J., Bunker, B. B., "Trust Relationships: A Model of Trust Development and Decline", in J. Z. Rubin（ed.）, *Conflict, Cooperation and Justice*, Jossey－Bass, San Francisco, 1995：133－173.

二 发挥地方政府协调各方关系的服务功能

地方政府对地方高校协同创新联盟信任机制的构建发挥着重要作用。当前我国正处在社会转型期，社会主义市场机制还不够完善，人们的市场观念还没有完全确立，市场秩序还不够规范，这就需要政府部门积极发挥作用，对地方高校协同创新进行适当的引导、协调、组织和管理。因此，"2011 计划"作为一个政府推动的创新能力提升计划，对于全面加强国家和区域创新能力建设具有重要作用。

首先，地方政府要为地方高校协同创新联盟的信任搭建平台。政府部门要为地方高校协同创新的开展提供政策保障，建立科学合理的政策体系，结合国家和区域政治、经济和文化特点搭建有利于地方高校的区域创新体制。区域创新体制的构建要有利于促进地方高校协同创新的开展，既要有制度创新保障，也要有技术创新保障。政府部门的政策设计，要着眼于为地方高校协同创新创造有利的政策环境、制度环境和市场环境，为合作创新提供强有力的支撑。特别是在保护协同各方利益方面出台有效的法律法规，对于侵害对方合法权益的行为进行惩罚。惩罚措施应当具有一定的约束力，既要发挥惩治违法违规行为的作用，也不能惩罚到侵害者难以承受的程度，在防范不利风险的基础上保障合作的有序进行。地方政府建立完备的制度体系是一项系统工程，不能一蹴而就，应当采取循序渐进的方法逐步完善。

其次，地方政府要在地方高校协同创新联盟建设过程中发挥服务职能，分不同阶段对联盟的建设发展提供优质服务。在联盟成立的萌芽期，地方政府应以促进创新联盟的形成着眼点，引导企业联系学研方，支持学研方对接企业，充分发挥"孵化"服务职能；在联盟成立的初期，地方政府应以促进创新联盟发展为立足点，为联盟提供优惠政策和必要的资金支持，提供优质项目推进创新合作，充分发挥"扶持"的服务职能，促进协同创新联盟进一步发展；在联盟进入巩固期，地方政府应以促进联盟稳定发展为着力点，积极协调协同各方之间的关系，化解合作创新过程中出现的矛盾和冲突，保障合作的长期稳定发展。在创新成果市场化以后，还要通过引导民众消费关键，帮助创新联盟扩大市场份额，助推产业升级和产品升级，以观念引导和制度规范促进新产品代替旧产品。另外，地方政府要通过发挥科技服务职能促进协同创新交流合作，可以开展区域性科技交流活动、搭建企业信息交流平台、出台奖励诚信企业措施等具体方式，使协同各方增进了解、扩大信任。要结合联盟文化资源加强宣传引导，积极营造"守信光荣、失信可耻"的社会氛围。

除此之外，地方政府要高度重视自身诚信建设，发挥政府的示范带动作用。我国社会管理具有十分突出的政策导向性，因此政府的信任度成为整个社会信任的基石。政府部门要加强执行力建设，将制定的政策落实到具体工作中，不折不扣地兑现自身承诺。地方政府要成为区域诚信建设的中坚和模范，杜绝失信现象，言必行、行必果。要坚决克服"官出数字、数字出官"的不良现象，对弄虚作假的行为予以坚决处理。

三 建立健全信任的社会评价体系

中介的黏合在地方高校协同创新联盟的建设过程中具有重要的作用，是政策、体制、机制无法代替的。联盟的一个突出作用就是降低相关主体的交易成本，而联盟建设的制度安排和有效运转必须要有第三方进行规制。中介组织和行业协会的建设本身就是正式制度和非正式制度的组合体，对于联盟信任治理具有积极作用。

（一）促进中介机构健康发展

中介组织作为一种独立机构，其作用突出表现在可以为创新联盟提供信息管理、融资支持和技术支持。地方高校可利用中介机构的有关研究成果和分析报告，指导合作创新的开展。比如，可以发挥信任评价机构的作用，了解合作方的资信程度，降低交易风险。除此之外，还可以发挥中介机构的监督和约束作用，有效规避失信行为和败德行为，增强协同各方的可信度。目前，在协同创新信任体系建设中发挥了重要作用的是各种资信与资质认证机构，但也存在功能相对单一的问题。它们提供的主要服务是进行静态的信息认证，还应该在推动联盟成员信息交流方面有所作为。中介组织在推动信息流动方面可以做以下工作：为创新联盟提供情报服务，收集并规整外部行业信息；搭建人际交流平台，开展员工培训，发挥公共知识中心作用，促进联盟内的知识和科技信息流动；收集区域和跨区域技术贸易信息，提供技术贸易中介服务，并积极促成相关贸易。中介组织在自身建设过程中要增强社会责任感，担当信息流动桥梁纽带作用，以促进协同创新为己任；切实做好知识转移和信息扩散作用，为推动技术合作创新作出更大贡献。

（二）推动行业协会发挥作用

行业协会是团结凝聚行业内相关政府部门和企事业单位的共同体，是组织引导全行业提高核心竞争力以应对市场竞争的重要力量。行业协会在开展参政议政、加强自我管理、实现行业维权、调节行业内经济技术纠纷等方面具有积极作用。行业协会利用自身组织框架，可以推动相关部门和单位充分沟通信息，可以强化和维护集体行动，也可以促进行业内的协同合作特别是可以促进协同创新的有效开展。简单地说，行业协会具有促进创新联盟信任建设的作用和功能。为加强协同创新联盟的信任体系建设，行业协会可以从以下四个方面发挥作用。第一，通过构建信息交流平台加强联盟成员的联系与沟通，推进知识、信息和技术共享，建立组织学习和非正式交流机制，增强相互间的了解和信任。第二，强化行业特征认知认同，创造和谐信任的文化氛围，增进成员信任关系，形成健康的经营观念。第三，抵制业内不正当竞争和违法违纪行为，维护行业有序竞争。通过行业整顿和调整，打击假冒伪劣产品，防范机会主义行为。行业协会可以采取不正式手段，拒绝与违规成员交往，强化行业内部的集体惩罚。第四，发挥行业利益代言人作用，以组织集体行动增强行业归属感。通过开展业内员工培训、举办行业产品展销会、代表行业与政府沟通、共同抵制贸易壁垒等集体行动，增强协同各方对行业和联盟的认同度，以增进相互信任的水平。

第三节　建立互惠社会规范：巩固协同创新网络关系的保障

一　建立公平合理的利益分配制度

第一，要建立公正规范的产权制度，这是利益分配和核心机制。协同创新联盟建设过程中，学研方以人力资本投入为主，主要是通过专利技术进行投资的。这就要求对研究成果的知识产权归属问题进行合理界定，对投资和分配的比例问题进行充分协商后作出明文规定。一般来说，人力资本及其所有者是难以分离的，不像非人力资本那样可以实现两者的时空转移。所以，学研方的人力资本不但属于其自身所有，产出的科研成果也应当归属其自身所有。另外，在协同创新联盟建设中的经营管理人员付出的努力也是人力资本的重要组成部分，他们开展战略规划设计、发现市场机会、改进联盟的组织管理，这些工作也是至关重要的。所以，参与创新联盟建设的组织管理人员同样要参与创新收益分配。

第二，要建立科学合理的创新成果定价制度，这是利益分配的前提。在建立创新联盟产权制度的基础上，需要对各方投入的物质资本、人力资本乃至个体的社会资本都要进行合理估价，在综合评价的基础上设置收益分配比例。对创新成果进行估价本身就是非常困难的，创新成果是市场上没有价格参考的产品或服务，只有按照这些成果商业化投入后产生收益的现金流进行核算，对其价值作出认定和评估。在实际操作过程中，要充分考虑这样两个因素：首先是现金流的衡量与预测，要把预测建立在历史经验和市场行情之上；其次是对折现率进行计算和估计，因为折现率是资本报酬率的体现，主要根据人力资本报酬率和市场利率进行合理估算。

第三，要建立优劳优酬的薪酬制度，这是利益分配的基础。在设计薪酬制度的时候要坚持公平与效率结合的基本原则。首先不能搞平均主义，要结合管理人员、科技人员、操作人员的现实表现和实际贡献，根据他们对创新项目贡献的大小分配薪酬，坚持多劳多得的原则，构建体现公平而非平均的薪酬分配制度。其次要充分调动各方面的积极性，体现效率原则。协同创新联盟要按照现代管理制度，建立完善的法人治理结构，构建产权清晰、主体多元、责任明确、管理科学的联盟管理体系，在此基础上设计出具有持续激励作用的分配制度。具体来看，要充分调动经营管理人员的积极性，发挥他们的经营管理才能，以股票期权的方式激励他们；充分调动科研骨干的积极性，发挥他们科技创新才能，以创新成果入股参与分配的方式激励他们；充分调动普通员工的积极性，发挥他们操作执行的才干，以鼓励他们出资持股的方式，将其个人利益与联盟利益有机结合起来。

第四，要建立责任明确的风险制度，这是利益分配的关键。一般来说，创新是一种风险性较强的活动，原因主要来自两个因素。一是技术风险，创新成果的成熟度具有不确定性；二是营销风险，市场变幻莫测带来了市场预测的不确定性。建立创新联盟本身就是一种化解和减少风险的创新管理模式，地方高校、企业和科研单位多元主体以协商的形式分担风险责任，建立风险共担机制。风险制度的设计过程中，要明确风险的层次和阶段，分级做好风险化解工作。例如，技术创新的风险本应由地方高校和科研院所来承担，学研方有义务对技术的可实现性进行合理判断，并有序推进技术创新过程，保证创新成果的实现，但是，地方高校和科研院所可以尽早吸纳企业参与研发，把企业向研发源头推进，共同分担研发的风险和费用。因此，参与协同创新的各方既要有获取利益的意识，也应该有充分的风险共担意识，把创新活动的风险降到最低限度。

二 建立和完善协同创新激励机制

激励机制是实现集体目标的动力和保障，任何一个系统要在明确目标的前提下建立有效的激励机制。地方高校协同创新网络的发展目标是共建共赢，是一个共同承担风险、共同分享收益的系统。但由于联盟的组织结构相对松散，必须建立基于社会资本的激励机制，以增强其管理约束性。协同创新联盟激励机制的目标是在合理分工和交易的基础上，增强自利与互利，对协同各方进行激励以调动他们的积极性，实现局部和整体利益的统一，促进技术创新和成果转化，最终实现联盟利益最大化。在实际操作中，要突出两个方面的激励作用。

首先，要塑造协同创新的共同愿景，提高协同各方工作目标的联结性。共同的愿景和目标本身就是协同各方前进的动力，正如 Leana 和 Van Buren Ⅲ（1999）所指出的，联结性的社会资本可以促使网络成员放弃个人目标而为整体目标奋斗，体现的是个体服从整体目标的程度。[①] 强大的目标联结性可以提高组织内部的凝聚力、向心力、认同

---

① Leana, C. R., Van Buren Ⅲ, H. J., "Organizational Social Capital and Employment Practices", *Academy of Management Review*, 1999, 24（3）: 538 – 555.

感、归属感，可以提高组织成员工作的积极性和创造性。从实际情况来看，由于地方高校协同创新联盟内各组成单位在发展目标和价值取向上有明显差异，相关主体各自的目标与联盟目标有一定的分歧，成为协同创新深入开展的障碍。在这种情况下，地方高校和科研院所要调整自己的价值取向，充分考虑企业的要求，对创新成果的市场前景和用户满意度等因素予以充分考虑。除此之外，还要为企业推进产品市场化创造条件，使产品适宜于批量生产，工艺参数易于设计和操作，从而降低创新成果转化的难度。从企业的角度来看，要不断提升自身核心竞争力和技术研发能力，不但要关注创新成果的市场价值，还要关注其技术发展方向。

其次，要在构建激励机制的过程中关照其他协作方的价值取向。价值取向的不同是协同创新的最大障碍，吕海萍等（2004）在调查和实证研究的基础上，发现价值取向的差异是影响产学研合作的关键因素，占所有影响因素的 73.7%。[①] 例如，企业一般把市场价值作为评判创新成果优劣的主要标准，看重专利和知识产权保护，强调创新成果的排他性；大学和科研院所的科研人员则非常看重其在该领域的学术地位，注重公开发表研究成果和获得相关奖励。所以，开展协同创新必须关照各方的价值取向。要充分发挥社会资本作用，着眼长期的整体目标，在合作共赢的基础上既充分考虑市场经济利益，也照顾地方高校和科研院所的社会效益和学术追求，实行个性化激励，调动各方面的积极性和创造性。另外，在激励方法上要将经济手段和非经济手段有机结合起来，既要给予物质奖励，也要对合作成员的名声、商誉等社会性内容予以评价和奖励。

三　完善促进协同创新的科技法制体系

市场经济也是法治经济，必须建立规范的法制体系及机构，才能保障各方利益的平衡，才能扫除交流障碍，使协同创新参与主体乐于合作。因此，在推进协同创新体系建设过程中，必须高度重视制度环境的

---

① 吕海萍、龚建立、王飞绒等：《产学研相结合的动力——障碍机制实证分析》，《研究与发展管理》2004 年第 2 期。

建设。在协同创新的制度环境中，法制法规是最为重要的一项内容。从国际上看，科技创新法制化已经成为一种趋势，通过法律制度为技术创新合作交流建立保障，加大保护知识产权的执法力度，降低创新的不确定性，有效保护技术创新主体的合法权益，这样协同创新体系运作才能持久。尽管我国技术创新立法已形成一定的体系，已经出台了《科技进步法》《技术合作法》《专利法》《著作权法》《技术市场法》《高校法》等相关法律，并有力促进了技术创新，但目前的法律体系与协同创新的实际需要还有差距。一方面，技术创新立法不系统，没有专门的技术创新法，如在鼓励风险投资、加强基础研究、加大科技投入方面还没有完善的法律支撑；另一方面，目前已有相关法律在实施和检查方面还有缺陷，部分相关法律不具备可操作性。另外，目前的科技创新法律体系系统性不强，相互之间衔接不够，促进创新合作所需的政策法规不到位。

加快协同创新相关的法制法规建设。对于地方高校和科研院所来说，必须以坚实的法律法规为协同创新奠定基础，应加快推进教育教学和科研管理体制改革，实现高层次的依法办学。对企业来说，作为科技进步的主体，离开了企业就无法实现科技成果产业化。要充分利用财税、融资和用人分配方面的政策法规，推进企业体制机制改革，实现资本、知识和人才有机融合。对政府来说，要从组织领导、组织协调方面加强宏观调控，充分发挥地方政府在协同创新中的主导作用，积极开展跨部门、跨单位协调，完善相关法律法规，为地方高校协同创新网络提供法律支持。要切实加强政策和制度供给，优化协同创新政策环境。一方面，要在转变政府职能的基础上明确企业在技术创新中的主体地位，使创新资源向企业汇聚。另一方面，要实行政企分开，减少政府部门对地方高校、企业和科研院所的行政干预。进一步健全促进市场发展的政策法规，促进经济、教育、科技的融合。要加大融资支持力度，解决科技成果研发和转化的资金困难。当前，资金不足是困扰企业技术进步、地方高校创新成果转化、合作创新开展的主要难题之一，必须建立多渠道、多层次、多方位的融资管理制度和法规以促进协同创新的开展。要加快组织结构重构，改变条块分割、体制壁垒的弊端，改变地方高校与科研院所、企业脱离，研发、中试、成果转化相互隔离的现状，实现组织融通。要健全运行机制，充分运用市场调节和经济杠杆作用，甚至运用必要的行政手段，激发地方高校自我发展能力，提升为经济社会发展服务的水平。

强化相关法律法规对创新合作的约束力。地方高校协同创新的实施过程涉及不同行业、系统和部门的不同性质的单位，这些组织为了实现共同的目标而开展合作，必须强化相关法律法规的约束力，才能保障合作创新健康有序发展。要充分发挥政策法规的强制性和导向性，加强对协同各方行为的约束和规范，避免失信行为和局面失控。在发挥法制约束力方面可以借鉴发达国家有关经验，一些西方国家在行政法、教育法、商法和民法等法律中专门设置了关于科技合作的条款，设置了配套的《仲裁法》和仲裁机构。比如，日本政府就颁布了经济和科技法规以促进技术合作和进步，使产学研合作运转和行为得到法律的规范和保障。我国政府也应当以综合性法规约束和规范协同创新行为，做到有法可依、有章可循，以法律法规协调创新合作关系。

第四节　培育社会资本载体：打造促进
协同创新的社团组织

一　建设社会组织是经营社会资本的重要途径

社会资本的产生与发展是与一定的社会组织相联系的，并需要一定的载体。在协同创新的社会发展中，一些非政府的社团组织往往被认为是社会资本依附的重要载体。布尔迪厄在分析社会资本来源时，就把社会组织作为社会资本生成的根源。他提出社会资本来源于"或多或少制度化的、相互熟识和认可的关系所构成的持续性的网络当中——换句话说就是组织的成员关系之中"。① 帕特南对社团组织建设对社会资本积累的作用进行了专门研究，他对意大利南北方发展不平衡的现象进行了剖析，他认为，北方之所以民主运作和经济发展状况较好，关键在于

---

① Pierre Bourdieu, "The Forms of Capital", in J. G. Richardson (ed.), *Handbook of Theory and Research for the Sociology of Education*, Greenwood Press, 1986: 248.

北方有很多横向的社团组织，诸如合作社、合唱团、俱乐部、大众性政党和邻里组织的存在，对促进经济社会发展发挥了重要作用。[①] 社团必须相对独立于政府的控制，并在机构化的组织中加强了社会成员的沟通和联系，才能有效增进社会资本的积累。无论是正式社团还是非正式社团，都能够构筑人际关系网络，从而为成员提供社会资本。社团组织可以增进成员之间的信任、促进信息沟通交流，并在此基础上建立互惠规范，克服集体行动困境，因此，社团是承载社会资本的重要载体，也常常被用来测度社会资本。促进协同创新社团组织有很多种。广义的社团概念就是一种社会共同体、一种社会空间，在这一空间内把相关成员凝聚在一起。社团组织按其组织性质不同一般可分为正式社团与非正式社团两种。所谓正式社团，是指在民政部门登记注册具有一定组织机构的社团组织；而非正式社团则是基于个人共同爱好而形成的松散的沙龙式社群组织。我国正式社团组织包括"社会团体"和"民办非企业单位"两种基本形式，前者简称为"社团"，后者简称为"民非"。其中，"社会团体"由民政部负责管理。按照民政部的分类方法，我国的正式社团组织包括行业团体、专业团体、学术团体、基金会和联合性团体五类。根据国务院 1989 年颁布的《社会团体登记管理条例》的相关规定，我国所有民间社团组织必须挂靠一个政府机构才能成立，必须在民政部门注册才属合法。由于我国对社团组织注册做出严格规定，致使我国正式的社团发展长期受到限制。除正式社团之外，非正式社团也对社会资本的形成发挥重要作用，特别是一些同乡会、同学会等社交组织，其成员之间相互信任，信息沟通便捷。如果协同创新组织能够与这些非正式社团组织相结合，将会极大提高协同创新的效率。

二 社团组织在地方高校协同创新体系中的作用

社团是现代社会发展的必然产物，也是社会健康发展必需的"中介组织"，是政府与民众进行沟通交流的桥梁和纽带，是政府和市场之外的"第三部门"，又被称为非政府组织、非营利组织或者志愿部门。

---

① Putnam, R. et al. , *Making Democracy Work：Civic Traditions in Modern Italy*，Princeton：Princeton University Press，1993.

社团组织的形式是多样的，包括行业协会、基金会、联谊会、联合会、促进会、商会、学会等。社团组织是市民社会的组成部分，对于地方高校协同创新的开展具有十分重要的作用。

（一）社团组织有利于整合科技资源、实现资源优化配置

现代科技创新的突出特点是协作化、网络化，传统的单一创新主体由于难以整合创新资源而走向没落，合作创新成为创新模式的主流。但我国目前的区域科技创新体系仍然是单一化的组织模式，创新主体之间壁垒森严、资源封锁，与网络化、多样化的创新发展趋势不相适应。因此，为适应时代发展需要，必须推进社会资源的整合。社团组织在地方高校协同创新体系中的作用，既是联系地方高校、科研机构和企业的桥梁，又是联系政府部门、金融机构、中介组织等相关主体的纽带。一方面，社团组织可以联合协同单位进行科技攻关，筛选有潜力的科研项目，推进科技成果的产业化，又可以协助解决共性科技难题，推进技术交易的开展。另一方面，社团组织可以集聚创新资源，实现人才、资金、技术的融合互动，打破体制壁垒，解决行业、部门和条块分割的现状，提高创新资源的使用效益。

（二）社团组织有利于推动协同各方深度结合、加快科技成果转化

国家和区域创新体系建设都明确提出要建立以企业为主体、市场为导向的协同创新体系。协同创新有利于实现创新资源的整合，可以实现地方高校、科研院所和企业形成优势互补、资源共享、风险共担的共同体。如何实现地方高校、研发组织、企业和地方政府之间的联结和反馈机制，对于促进技术创新合作、促进经济社会发展来说，至关重要。一些欠发达地区科技创新难以产生协同效应，一个重要的原因就是区域内相关组织没能实现紧密联结，也缺乏健全的网络联结机制。所以，要促进协同创新健康深入发展，必须搭建有效的沟通交流平台。这就要求积极转变政府职能，发挥社团组织的桥梁纽带作用，把协同创新共同体建设成为一个跨行业、跨区域、跨部门的组织体系。社团组织具有强大的横向联系功能，可以实现地方高校、企业和科研单位的优势互补，在加快知识转移和流动的基础上推进创新成果转化，促进经济社会发展。

（三）社团组织有利于促进学术发展与创新人才成长

当前，任何一项重大科研项目的研究和实施，任何关键性的技术攻

关，任何重要新产品的研发都必须依靠众多组织和个人的合作，传统的依靠技术专家、自然科学家个性行为的模式已经不再是主流。有关数据表明，我国科技工作者分散分布在不同性质的单位，其中事业单位占67%，国有和集体企业占 17.3%，"三资"企业和民办非企业单位占16%[1]，社团组织可以把他们联系汇聚起来，通过开展各种形式的交流活动，探讨科技发展前沿，了解市场和经济社会发展需求，对推进协同创新具有重要的积极作用。事实上，当前我国的社团组织通过召开理论研讨和交流会，依托社团主办的学术期刊，打造科技交流平台，构建起了庞大的科学研究社会网络，对于激发学术活力、推动科技进步发挥了重要作用。另外，社团组织在汇聚人才、集中才智方面大有作为，将各行业、学科和领域的科研人员凝聚在一起，将科技工作者的个人智慧凝聚为组织化的集体智慧，有效推动了科学技术的进步。除此之外，社团组织依托自身组织优势，可以增进协同创新共同体内相关主体的互动交往，通过非正式交流实现知识增长的倍增效应，促进学科交叉渗透，甚至可以促进科技创新的国际交流合作，最终实现培养高层次创新人才的目标。

三　加强社团组织建设的措施

社团组织在地方高校协同创新体系中具有重要的地位和作用，但优质的社团组织不能自然形成，需要采取科学合理的措施进行建设。与西方发达国家相比，我国的社团组织建设发展还处在初级阶段，存在数量少、质量低、活力差、作用发挥不明显等问题。为加强地方高校协同创新的社团建设，本书认为，必须从地方政府和社团组织自身两个方面入手，提高社团建设质量。

第一，加强政府部门对社团组织建设的制度供给。西方发达国家的国家和区域创新体系建设为我国提供了先进经验，欧美特别是日本等国家高度重视政府在推进产学研用合作中的积极作用，摒弃仅仅依靠市场的单一模式；不把是否符合市场交易效率作为判断创新体系优劣的唯一标准，普遍强调创新体系内组织能力的协同进化的程度。第二次世界大

---

①　邓楠：《提高全民科学素质　建设创新型国家》，《求是》2006 年第 2 期。

战以后，日本、韩国等高校充分依靠政府行政命令推动高校、科研院所和企业的合作，不在单纯依靠市场的联系作用，事实证明，这一模式有力推动了协同创新的开展，成为促发创新效应的"催化酶"。我国是一个行政主导型的国家，"强政府、弱社会"是我国社会建设的突出特点，产学研合作更是难以通过学会、协会等社团组织促成。改革开放以来，我国社会管理发生了重大的制度变迁，但这依然是一种政府供给主导型的制度变迁。因此，政府部门要为地方高校协同创新相关社团组织建设提供制度供给。首先，要推进制度创新，为社团组织积极参与区域创新体系建设创造条件；其次，为社团组织发展提供宽松空间和环境，加大人力、物力和财力的投入，扶持社团组织发展。当前，地方高校协同创新相关社团组织发展面临的一个突出问题就是经费不足，导致社团难以开展活动，甚至出现名存实亡的情况。应积极借鉴发达国家的做法，对社团组织予以减免税收，减轻其发展负担，促进其快速发展。

第二，改进政府部门对社团组织的管理方式。多年来，我国社团管理采取了双重管理的体制机制，这种模式对社团规范管理起到了一定的作用，但也存在一些不足，阻碍了社团的健康发展。主要表现在以下两个方面：一是主管部门过多的行政干预剥夺了社团建设的自主权，对社团专业能力的发展造成了障碍；二是部分业务主管单位"不务正业"导致社团管理的公正性与诚信度的下降，影响了社团组织的合法性与合理性，给社团发展带来了负面影响。地方高校协同创新相关社团组织与知识和技术创新密切相关，其发展有着特殊的规律，应当减少政府部门的行政干预，为其健康发展创造条件，营造良好的环境。首先，政府部门要切实转变职能，向市场和社会放权，为社团组织发展提供广阔的自主空间；其次，要以社团为基础加强协同各方的合作与互动，为社团发挥作用提供舞台。政府部门的适度放权可以激发自主创新能力的生成，协同各方的深度沟通和合作可以使创新绩效产生几何级数放大效应。社团组织正是协同各方沟通合作的重要载体，因此，要大力推进社团自治化发展，为激发合作创新潜能提供平台支撑。另外，社团组织还可以发挥联系政府和协同创新体的桥梁纽带作用，可以帮助政府与创新联盟建立良性合作关系。

第三，要积极加强社团组织自身建设。社团组织建设是社会建设的重要组成部分，要积极探索和采用专业化社会工作方法，提高社团组织的职业化、专业化水平，发挥社团中介组织在构建和谐创新联盟中的作用。中国科协为促进科技型社团建设对法、德、意等国家进行了考察和调研，发现西方优质社团普遍重视对会员的服务，特别是在开展法律咨询服务、提供科技信息、提供继续教育等方面积极作为，有效维护了会员的权益，代表了会员的利益。① 地方高校协同创新相关社团建设必须突出服务会员的职责，为会员提供量身定做的优质服务，协助解决会员自身难以解决的共性化和个性化问题，才能赢得会员的拥护和支持，才能提高社团的凝聚力和向心力，推动社团走向发展壮大。会员是社团力量的源泉，是社团的主体，也是社团发展的动力和基础。没有优质的会员，社团就丧失了发展的基础，就无法履行其社会职能。因此，社团建设必须依靠会员、发展会员、服务会员，以此作为立团之本，才能促进社团的健康发展并在协同创新体系中发挥更大作用。

第五节　推动文化价值整合：以文化
啮合协同创新网络关系

一　加强地方高校校园文化和联盟文化建设

在地方高校协同创新联盟中，地方高校往往是联盟社会资本的维系纽带。首先，大学精神对于联盟创新文化有很强的推动作用。大学精神是大学长时期积淀而成的稳定的、共同的价值追求和行为规范，是大学文化精髓和核心的源泉，是大学的灵魂所在，是科学文化精神在大学的时代标识和具体凝聚，是人类社会文化精神在大学的集中体现。大学精神是联盟创新文化的核心，对联盟创新文化具有决定性的影响力。一个协同创新联盟拥有什么样的大学，决定了这个联盟拥有什么样的科技创新精神。其次，大学还是知识传播组织与技术交流的平台。在协同创新发展中，大学作为一种公共设施往往发挥着中心实验室的作用，为联盟

---

① 高红、徐修德：《社团组织在创建创新型国家中的功能》，《行政论坛》2009 年第 1 期。

内的组织和个人提供一个共享的技术平台。最后，大学还是协同创新人才交往的社会纽带。这主要体现在两个方面，一是在协同创新联盟中，来自同一所大学的毕业生之间往往会更加容易地开展技术创新合作，形成社会关系网络；二是大学也为联盟的科技创新提供了一个社会交往平台，让联盟内技术人员通过参与大学举办的各类讲座、论坛，甚至正式的研究课题，不断扩大自己的社交网络，积累社会资本。因此，协同创新政策设计要在充分认识地方高校对协同创新的社会作用的基础上，进一步发挥大学校区作用，不仅实现协同各方资源融合，还要深化社会融合。

协同创新联盟是由产业界与学术界之间为了追求共同的价值目标而开展的合作，然而，两者在文化观念的不同制约了联盟的沟通与合作，学术界文化是以自由探索真理为内涵，是推动科技进步的深层驱动力，其科学研究周期长、成本高、利益观念弱；与此不同的是，企业文化强调追逐利润，科学研究要求成本低、风险小、利润高。产业界与学术界文化的差异，在一定程度上会对各方的行为造成一定的干扰，从而制约了创新联盟的内部合作。因此，需要加强协同创新联盟文化建设，实现两种文化的共融共生。通过政策法规对联盟成员的行为进行规范与约束，使联盟者之间严格规范自己的行为，避免失控。对于地方高校而言，其应该转变观念，积极参与企业的科技创新活动，进一步开拓、优化校企沟通界面，促进合作和谐发展，并加强与企业的沟通，定期走访企业，寻找合作切合点；对于企业而言，要选好合作伙伴和科研项目，积极发挥主体地位，增强自身合作意识与诚信意识，并强化联盟间的合作与沟通；对于地方政府而言，应发挥好监管、协调作用，需要加强政策法规对创新联盟各方的行为进行规范与约束，进一步建立和完善科技信息库，建立稳定的高校、科研院所与企业对接会，组织并搭建好产学研信息交流、人才交流平台。通过各方共同努力，打造合作共赢的联盟文化。

二 强化地方高校协同创新联盟的身份认同

社会资本作为一种资源要素，它是以某一团体的成员资格为基础。或者说，社会资本是以整体的认同作为存在的基础的。无论是社会规范、社会信任，还是社会网络，都体现为一定范围内社会的团体属性。地方高校协同创新的社会资本也是如此，它是由协同各方基于共同的社会认知而形成的一种社会财富。从心理学的角度来看，认同是社会影响的内化过程，也是态度、情感和认识移入的过程，是一种复杂的心理现象，在社会学上泛指个人与他人有共同的想法。认同是对社会规范的理解和接受，是在情感和行动上自觉与社会规范保持一致的现象。在中国传统社会中，人与人之间的社会资本往往是建立在血缘关系上的，是一种对血缘的认同和对家庭的认同。在20世纪中叶费孝通就提出了"差序格局"理论，并把"差序格局"认定为中国社会结构的主要特征，这种社会结构以血缘关系为基础，以此为核心建立层层递推的社会关系网络，甚至以家族、亲友、熟人利益作为判断是非的标准。

对地方高校协同创新联盟来说，其社会资本也是一种对共同文化、传统、共同创新理念或者创新范式的认同。其社会资本的身份认同首先表现为一种情感上的相互肯定，如基于历史合作传统、共同的语言规则及共同的表达方式等。基于情感的身份认同对协同创新的促进作用很大，比如美国硅谷的区域创新已经形成一个知名品牌，硅谷精神已经融入每个技术创新人员的思想深处，出身于硅谷的科学家、工程师，无论身在何处，都会以曾经在硅谷的经历作为一种资本，用硅谷的技术创新范式指导自己的技术创新方向。社会认同对于协同创新联盟内部的知识传播也有重要作用，协同创新体系中的受体和知识源由于共享相似的社会文化背景而促进知识传递。协同创新联盟内部各成员间较低的语言和文化障碍以及知识解码的相对容易，因文化距离近而引起的人员频繁流动，所有这些都有利于协同创新的发展。

地方高校协同创新联盟的社会资本的身份认同不仅表现为情感上的肯定，更重要的是，它还意味着基于共同利益上的相互支持。协同创新的发展会催生产业集群，产业集群实际上就是一个集体形象和利益共同体，具有"一荣俱荣、一损俱损"的性质。产业集群最突出的作用是可以整合产业资源，促成集体行动，维护整体利益，形成主动、持续的集合效应。国际上，一个成熟的产业集群是以获得较强的共同行动效应为特征的，具有强烈的品牌效应。

三　构建有利于协同创新的社会环境

地方高校协同创新的宏观社会环境包括两个组成部分，一是正式的制度与社会规范，二是非正式的通过长期社会交往形成的共同的社会文化。前者主要包括各种法律、法规等制度规范，后者主要指创新传统、精神等社会文化因素。正式社会制度的建立往往受制于国家的宏观制度环境的约束，而社会文化则具有典型的区域特征。美国硅谷的创新之所以成功，一个重要的原因就是区域内形成了自由平等的氛围和环境，打破了等级和特权的观念，崇尚新知识和新思想，人们崇拜成功者，但绝不会鄙视失败者，正是这种所谓的硅谷文化促进了硅谷高新技术的快速发展。全国人大常委会原副委员长、民进中央原主席许嘉璐也认为："创新本身是一种文化现象，创新必须有一定的文化做基础。""创新需要联想、想象和灵感，需要胆量，要敢于冒险，这就是人文精神。现在提出建立创新文化，就是要营造有利于创新的人文环境。"[1]

当前，我国的一些地方的社会环境还存在许多不利于协同创新活动的因素。其中最重要的一点就在于缺少对创新行为和创新者应有的尊重，其表现形式之一则是有意或无意地漠视、忽视、无视创新行为的价值以及创新者的存在。客观地说，社会忽视创新活动这样的事情，每一个创新者（包括国内外）都会遇到，因为其他人需要有一个了解和判断的过程；但是，如果一个人的创新活动屡屡受到社会漠视，或者一个人的创新构思已被采纳、使用、借鉴之后仍遭到忽视，这就有必要引起我们的重视和反思了。另外，我国传统的社会文化也有一些不利于科技创新的成分。香港中文大学教授郎咸平在其《科幻——中国高新技术企业发展战略评判》一书中曾经提出"中华文化不养高科技"的论断，并给出七个不利于科技创新的中华传统观念。虽然郎教授的观点并不完全正确，但也反映出我国科技创新的社会环境还有待改善。

营造协同创新社会环境是一个综合的系统工程，需要一定的机制和配套的制度。因此，地方高校开展协同创新首先要强化制度建设，建立起适应客观需要的体制机制，在长期使用和遵循制度的过程中，逐步营

---

① 许嘉璐：《努力营造有利于创新的社会环境》，《光明日报》2006 年 6 月 8 日第 6 版。

造起协同创新的文化环境。除此之外，政府部门要引导人们的价值观念、道德规范、风俗等意识形态的非正式制度创新，以保障正式制度的实现。同时，还要充分吸收外来文化的精华，并同中国本土现实文化和传统文化相结合，要大力倡导科学精神、创新精神和协同意识，反对因循守旧和中庸之道，宽容标新立异和失败，从而形成有利于协同创新的文化环境。

第七章 案例解剖：社会资本视角下的 W 大学协同创新分析

第一节 实践探索：W 大学协同 创新体系建设状况

一 W 大学开展协同创新的整体概况

W 大学是一所 H 省属地方高校，办学历史可以上溯到 1898 年湖广总督张之洞创办的工艺学堂，1958 年开办本科教育，更名为 G 学院，隶属 Y 部管理；1995 年与 R 校、J 学校合并，组建为 O 大学，划归 H 省管理；1999 年定名为 W 大学。学校在钢铁冶金、材料、机械、化工、控制等学科领域形成了鲜明的特色，在行业内具有较强的影响力。钢铁是 H 省的战略性支撑产业，比较有代表性的是 A 钢、B 钢、C 钢三大钢铁企业。这些骨干钢铁企业中，有一半以上的中层干部都是 W 大学校友，其主要领导都是出自 W 大学，可以说 W 大学的毕业生支撑着 H 省的钢铁产业。其实不仅仅是 H 省，可以说全国哪里有钢厂，哪里就有 W 大学人。不完全统计数据显示，我国 36 个大型钢铁企业中，有 66 位董事长、总经理、副总经理都是 W 大学校友，出自 W 大学的管理和技术骨干更是数量可观。我国南方的主要钢厂几乎都由 W 大学校友执掌，可以说 W 大学的校友支撑着中国钢铁工业的"半壁江山"，学校被誉为"钢铁冶金高层次人才的摇篮"。

近年来，W 大学坚持"立足冶金显优势，服务地方求发展"理念，学校强调科研面向经济建设的主战场，通过协同创新实现互利共赢，促进了学校的快速发展。"十一五"以来，学校与全国 20 多家大型钢铁企业建立了全面战略合作关系，建立了"共享型产学研联盟"。2006 年以来，学校共获国家"973"、"863"、国家科技支撑、国家基金以及省部级纵向项目 486 项，申报发明专利 400 多项，获得授权 200 余项，科研经费连年过亿元，创新成果不断涌现。学校连续 6 年 14 获国家科技大奖，其中包括 1 项国家科技进步一等奖、11 项二等奖、2 项国家技术发明二等奖，2013 年 4 月 2 日人民日报以《为什么是 W 大学》为题对其开展协同创新情况进行了专题报道。学校积极融入区域创新体系建设，主动服务地方经济社会发展，依托学校设立的 H 省人文社科重点研究基地"H 省中小企业研究中心""H 省产业政策与管理研究中心"，直接服务 H 省经济建设和社会发展。学校与 H 省相关地市州建立了合作关系，与地方开展了卓有成效的合作，发挥学校科技创新优势，积极推动地方产业结构调整和高新技术产业发展，促进科技成果转化。学校科研课题 88% 来自生产第一线，以解决钢铁冶金行业与产业生产共性技术问题为目的，近三年学校科技成果的转化率稳定在 80% 以上。

"2011 计划"出台后，W 大学抢抓战略机遇，从三个层面开展协同创新。一是国家层面，加入国家"钢铁共性技术协同创新中心"。该中心面向行业产业，由 B 大学和 D 大学牵头，联合 W 大学、S 大学等高校，T 钢铁研究总院、K 金属研究所等研究院所，M 钢集团公司、N 钢集团有限公司、A 钢（集团）公司、Z 钢总公司等大型生产企业，共同组建。2013 年 1 月 28 日，该中心通过 2012 年度国家"2011 计划"专家初审，成为首批通过专家初审的 35 个国家级协同创新中心之一。二是省级层次，学校牵头组建一个省级协同创新中心，参与两个省级协同创新中心。学校面向区域发展，联合 4 家企业、大学组建"H 省钢铁产业协同创新中心"（又名"高性能钢铁材料及其应用 H 协同创新中心"）。学校参加了由 D 大学牵头，多家协同单位共同建设"H 省城乡社区社会管理协同创新中心"。此外，学校还与其他企业、科研机构共同组建了"先进汽车零部件技术 H 省协同创新中心"。2013 年 1 月 10 日，三个中心均获批 2012 年度 H 省协同创新中心，而且"H 省钢铁产业协同创新中心"居于全省面向区域发展类协同创新中心综合评价第一名。三是校级层次，学校组建了 11 个校级协同创新中心。主要有冶金自动化关键技术协同创新中心、冶金机械装备与控制协同创新中心、冶金工业过程系统复杂性与系统评估协同创新中心、绿色建筑工程技术协同创新中心、面向冶金工业的智能信息处理与实时工业软件系统协同创新中心、汽车节能技术与新能源利用协同创新中心、炼焦煤质量综合评价与优化配煤技术协同创新中心、W 大学—青山创业中心循环经济协同创新中心、数字信息化台阶爆破综合技术协同创新中心、新兴技术创新链与武汉城市圈战略性产业链的融合协同创新中心、干细胞定向诱导分化与应用协同创新中心，等等。

二　"H 省钢铁产业协同创新中心"建设情况

W 学参与组建的诸多协同创新中心中，以"H 省钢铁产业协同创新中心"最具代表性。一方面，该协同创新中心是由 W 学牵头；另一方面，省级协同创新中心正是地方高校施展身手的主战场。因此，笔者选取该中心作为分析地方高校协同创新的范例。

（一）重大需求分析

以钢铁—汽车制造为链条的制造业是 H 省最大的支柱产业。2011年，H 省钢铁和汽车产业的主营业务收入占 H 省九大千亿元产业的31％，也是 H 省"十二五"规划重点发展的龙头产业。H 钢铁产业链，以 A 钢为核心，下游对接 D 汽车公司的汽车制造，上游对接 H 省的特色冶金资源，地位举足轻重，特色鲜明。高强宽幅汽车用钢和硅钢（世界最大硅钢制造基地）制造技术在国内具有明显优势，钢铁、汽车制造规模位居国内前列。

2011 年，H 省钢铁冶金工业实现销售收入 4264.9 亿元，占全省工业的比重高达 15％。同时，H 省还是我国三大汽车工业基地之一，已建成 S 市—X 市—S 市—G 市—W 市汽车工业走廊，2011 年，实现主营业务收入突破 3655 亿元。目前，国家正在大力实施该区域崛起战略。作为战略支点的 H 省，将钢铁—汽车产业链朝着高端化、集约化方向发展的思路列入了 H 省"十二五"规划，明确要求到"十二五"末，钢铁产业主营业务收入力争超过 6000 亿元、汽车产业主营业务收入力争超过 7000 亿元。

虽然 H 省有着"钢铁—汽车"链式产业的突出优势，地方政府对产业链的发展有着很高期望和要求，但由于技术"瓶颈"问题，特别是 H 省钢铁、汽车产业结合部位存在对接技术缺乏和结合不紧密的薄弱环节，面临着重大挑战：

1. 钢铁材料开发与汽车制造技术对接不足，超高强韧汽车用钢的制造技术与高强度汽车用钢成形关键技术尚未突破

高强韧钢是汽车轻量化的重要保障，是汽车用钢的发展方向。目前，A 钢（集团）公司的汽车用钢国内市场占有率不足 20%，D 汽车公司采用的高强韧钢比例不足 30%，其中 D 汽车公司采购 A 钢汽车用钢比例不足 25%。究其原因，主要是 A 钢的高强韧汽车用钢技术相对落后，D 汽车公司也缺乏高强韧汽车用钢的回弹成形等技术。

2. 国家急需的高端牌号取向硅钢及新能源汽车电机用高效无取向硅钢仍处于空白

硅钢是能量转换的重要功能材料，硅钢性能直接决定了能量转换的效率。高品质硅钢对国家实施节能减排战略具有重要作用，其中无取向硅钢的发展对新能源汽车有着重要影响。A 钢硅钢源于 20 世纪 70 年代的国外技术引进，由于受国外专利控制，取向硅钢仍以高温硅钢技术为主，目前急需突破低温高牌号 HiB 取向硅钢和高效无取向硅钢的关键技术，以提高硅钢的性能和减少各类电机和变压器的电能损耗。

3. H 省含钒页岩储量居全国第三位，但未能得到有效开发利用

钒作为高强度汽车用钢的重要合金元素和新能源汽车的核心原料之一，在 H 省钢铁—汽车产业中具有重要价值，但因技术"瓶颈"原因，长期以来未能得到有效开发利用。

4. 特色型和国际化人才已经不能满足 A 钢和 D 汽车公司的发展需求

过去 10 年来，A 钢的硅钢和汽车用钢产量、D 汽车公司的整车产量均大幅度增长（7—8 倍，见表 7-1），但其核心技术仍然落后于国外先进企业，具有国际视野的硅钢与汽车用钢特色人才明显不足，远不能满足企业研发和产品生产的需要。H 省钢铁行业技术人员中博士比例不到 0.2%，硕士也只有 2% 左右。目前，作为世界 500 强的 A 钢和 D 汽车公司都已经制定了明确的国际化经营与发展战略，在公司的发展规

划中明确提出"加速聚集自主创新人才和大力培养造就国际化人才"的战略，正在实施"国际化人才培养工程、人才培养基地建设工程"等人才工程，特色型与国际化的高层次人才已成为 A 钢和 D 公司的迫切需求。但由于传统的高等教育人才培养模式针对性不强，学科体系和人才培养方案无法有效满足钢铁—汽车产业链的特色人才培养需要，企业仅依靠公司内部的继续教育，短期培训，专业技术人员的"传、帮、带"培养特色人才，无法造就一批具有专业知识、创新能力、国际视野的高层次人才。

表 7-1　　　　2002 年和 2011 年 A 钢硅钢和汽车用钢产量
以及 D 汽车公司汽车产量对比

序号	项目	2002 年	2011 年
1	A 钢硅钢产量（万吨）	20	156
2	A 钢汽车用钢产量（万吨）	33	212
3	D 公司汽车产量（万辆）	42	306

目前，H 省钢铁—汽车产业链的关键环节主要存在以下三个最为迫切的科学与技术问题：一是钢的综合强化机理与组织性能控制，二是高端取向硅钢的新型抑制剂及无取向硅钢的磁性能研究，三是钒资源的高效利用。目前，H 省钢铁—汽车产业链还没有好的衔接机制，技术割裂，尚未形成协同创新体系。钢铁行业注重钢铁产品的数量增长和产品出厂的力学性能，而对支撑理论技术及下游汽车用户对钢材加工与成形技术的要求缺乏重视和研究，尚未形成为下游产业提供完整材料解决方案的用户服务体系。由于无法实现科技创新的有效协同对接，导致 H 高品质钢的开发、生产、加工和应用等在重大关键技术方面难以突破。

基于以上需求，"H 省钢铁产业协同创新中心"将对 H 省钢铁、汽车产业形成强有力的支撑，对促进 H 省区域经济的发展，构建中部战略支点，具有重要的战略意义。

（二）中心前期工作基础和条件

A 钢（集团）公司与 W 大学，作为"H 省钢铁产业协同创新中心"最核心的协同单位,自 2006 年开始,双方进行了"人才合作培养、技术共同开发及基地共建共享"三位一体合作模式的探讨。

2006 年,A 钢(集团)公司与 W 大学签订全面战略合作协议,成立了"战略合作委员会",并共建"A 钢—W 大学钢铁新技术研究院",双方共同任命 W 大学校长孔××为联合研究院院长,A 钢(集团)公司每年为联合研究院划拨办公经费,统筹 A 钢—W 大学协同研究项目。在此基础上,2010 年双方再次签署协议,扩建联合研究院为"A 钢—W 大学国际钢铁新技术研究院"("H 省钢铁产业协同创新中心"的前身),开始聘用国际高端钢铁研究人才。协议中,双方同意加大投入力度,A 钢(集团)公司除一次性投入 3000 万元用于建设联合研究院外,每年再投入运行经费 500 万元、面上项目预算经费 1000 万元,重大项目经费再另行协商。2012 年,A 钢(集团)公司再次追加投入联合研究院建设经费 5000 万元。

2008 年,为提高高端硅钢激光加工技术及汽车用钢成形技术的研究开发能力,A 钢(集团)公司加强与 M 大学的合作,共同组建了"M 大学—WISCO 联合实验室",从而形成了以汽车用钢和硅钢开发为目标的"A 钢—W 大学—M 大学"三方协同体,并成立了产学研推进委员会,建立了资源双向开放机制和外国专家聘用制度。2010 年,A 钢(集团)公司投资 2500 万元用于"M 大学—WISCO 联合实验室"建设。2012 年 1 月,A 钢续签协议,每年投入"M 大学—WISCO 联合实验室"运行及建设经费 3000 万元。

2009 年,为解决汽车轻量化用钢问题,D 汽车公司与 W 大学、G 钢铁企业集团有限公司签订了"关于建立汽车轻量化用钢合作推进机制的框架协议",建立了定期协商交流、办公室主任协调和业务处室联动等制度,开展高强韧汽车用钢研究。

2011 年,在 H 省政府大力推动下,以"A 钢—W 大学国际钢铁新技术研究院"为主,整合相关资源,成立了"先进钢铁材料及其制造工艺"H 省高校自主创新重点基地(H 教科函〔2011〕17 号)。同时,以自主创新重点基地为支撑,联合澳大利 I 大学等单位,共同面向中国和澳大利亚两国政府申报"中澳研究中心"。

基于上述基础,2012 年 7 月 W 大学、M 大学、A 钢(集团)公司、D 汽车公司签署四方合作协议，共建协同创新中心。中心以"A 钢—W 大学国际钢铁新技术研究院"和"M 大学—WISCO 联合实验室"为主体，整合成员单位相关重点实验室、工程中心等平台资源，于 2012 年 7 月正式以新名称开始运作。

参加"H 省钢铁产业协同创新中心"的各单位具有较强的实力和基础。W 大学是 H 省属地方高校的"排头兵"，近年来科技创新发展迅速；M 大学是国家教育部直属重点大学，既是"211 工程"重点建设高校，也是"985 工程"重点建设高校；A 钢（集团）公司综合实力在国内钢铁行业排名第三，2009 年进入世界 500 强第 53 位；D 汽车公司 2011 年销量突破 300 万辆，位列全国第一，排名中国制造企业 500 强第 2 位、世界 500 强第 142 位；澳大利亚 I 大学是澳洲最大规模公立大学之一，是澳大利亚唯一一所两次荣获"年度最佳大学"荣誉的学校。"H 省钢铁产业协同创新中心"属于强强联合，在人才、学科、科研方面具备坚实的基础。

在人才基础方面，中心已汇聚了大批创新型人才。协同创新中心将人才作为科技创新的核心要素，出台了中心岗位设置和聘用管理暂行办法、中心人员评价与考核管理暂行办法等制度和措施引进和培养人才。目前，已汇集了一批在国内外钢铁及相关产业具有影响的专家、学者，具备了解决 A 钢（集团）公司和 D 汽车公司重大科技需求的能力和水平。中心科研人员实力雄厚，现有 4 名院士，其中国外院士 2 人；国家"千人计划"创新人才 4 人，国家杰青基金获得者 1 人；长江学者特聘教授 3 人，教育部新世纪人才 4 人，人事部百千万人才工程人选 1 人；H 省"楚天学者"特聘教授、讲座教授 6 人、H 省"百人计划"2 人。

在学科基础方面，中心已搭建了较为雄厚的学科基础。中心依托 W 大学冶金工程 H 省一级重点学科、材料学国家二级重点培育学科及 M 大学材料科学与工程国家一级重点学科，整合国家硅钢工程技术研究中心、材料成形与模具技术国家重点实验室、冶金工业过程系统科学 H 省重点实验室、钢铁冶金及资源利用教育部重点实验室、冶金矿产资源高效利用与造块 H 省重点实验室、汽车用钢 H 省工程技术研究中心等优质资源，为深入开展协同创新创造了良好的条件。A 钢与 W 大学共同完成的"面向行业，培养应用型人才实践能力的改革与实践"项目获 2009 年国家教学成果一等奖，并连续两年获得"国际网络炼钢挑战赛"冠亚军。教育部学位与研究生教育发展中心发布的 2013 年全国高校学科排名中，中心支撑学科冶金工程位列全国高校第 6 名（W 大学）、科矿业工程学科位列全国高校第 7 名（W 大学）、材料科学与工程学科位列全国高校第 12 名（W 大学）。

在科研基础方面，中心已具备较强的科研实力。近五年来，中心（及其前身）人员承担国家科技重大专项、国家"973"和"863"项目、国家科技支撑计划、自然科学基金重点项目共 26 项、研究经费达 7.5 亿元，取得了一系列标志性成果，近五年获得国家自然科学、技术发明、科技进步奖励 10 项。硅钢品种开发取得重要进展，已研发出 7 大系列的汽车板产品，正引领着我国高端钢铁制造及成形加工领域的发展，是中部地区钢铁—汽车产业科技创新的主要基地。

（三）协同创新中心组建情况

W 大学为牵头单位，联合 M 大学（材料成形领域的优势高校）、A 钢、D 汽车公司（急需高强韧钢以实现汽车减重），联合澳大利亚 I 大学（建有澳洲最大的钢铁材料研究基地），按照"一个中心、两个平台、扁平管理"的整体框架组建协同创新体（4 + 1 模式）：

1. 两个创新平台及其研究方向

中心在现有的人才、学科、科研基础上，形成了特色鲜明的硅钢与汽车用钢制造技术、汽车用钢及零部件加工成形技术两个创新平台。

平台一：汽车用钢与硅钢制造技术创新平台，重点研究高强韧和超高强韧汽车用钢高强韧钢（抗拉强度为 800—2000MPa）；高端取向硅钢（高 Si 和低温工艺硅钢）和新能源汽车电机用高效无取向硅钢（铁损 P10/400 ≤ 15W/kg）及钒资源高效利用技术。

平台二：汽车用钢及零部件加工成形技术创新平台，重点研究高强韧汽车用钢回弹控制与精密成形技术、汽车零部件加工成形技术和高强钢焊接技术。

W 大学牵头平台一的建设，M 大学牵头平台二的建设，A 钢负责汽车用钢、硅钢的生产制造、中间试验、成果转化与产业化，D 汽车公司负责高强韧汽车用钢、新能源汽车电机用高效无取向硅钢的应用及工程转化，I 大学负责汽车用钢的计算模拟及人才的联合培养等。

2. 人才团队组建结构、方式与规模

根据中心创新目标和任务统筹设置创新岗位，采用与国际接轨的 PI（Principal Investigator，责任教授）岗位制。中心在两个创新平台设置 8 个研究方向，设置 PI 岗位约 20 个，负责创新任务实施。PI 负责组建创新团队，团队设骨干研究（技术）人员 3—4 人，流动人员［高级访问学者（Visiting Scientist）、访问学者（Visiting Scholar、Visiting Researcher）、博士后研究人员（Post Doctor）］3—4 个，每个 PI 团队在读研究生的规模为 15—20 人。根据以上组织结构，中心人员规模设计为：创新团队约为 20 个，固定研究人员岗位 60—80 个，流动研究人员岗位 60—80 个，研究生约为 400 人，本科生约为 200 人。

3. 协同创新中心组织与管理模式

中心定位为非法人的独立实体。中心根据任务需求整合现有的国家和省部级基地、多学科人才、科研条件等资源，设计组织架构。

中心实行理事会领导下的主任委员会（执行机构）主任负责制。中心理事会是决策机构，政产学研用推进委员会是协调机构，科学技术咨询委员会是咨询机构，三个委员会共同把握中心的总体发展方向，中心实行"扁平化"的管理模式。中心主任委员会下设"创新学院""人事财务部""条件保障部"三个管理服务部门，负责中心的人才选拔评价、创新人才培养、条件保障和综合事务及后勤保障工作，实行主任负责制，中心主任委员会统筹管理汽车用钢与硅钢制造技术和汽车用钢及零部件加工成形技术等两个平台的建设和协同创新。

主要部门的作用和职责如下：

（1）协同创新中心理事会。中心的决策机构，由中心成员单位代表组成。中心理事会的主要职责是对重大事务的决策，确定中心发展规划、资金使用计划、重大人事任免等，以理事会会议的形式开展工作。

（2）政产学研用推进委员会。中心的协调机构，由政府主管部门、行业协会及中心成员单位的主要领导组成。在政府、行业管理机构等的宏观指导下，调动政、产、学、研、用多方积极性，以 H 省钢铁—汽车产业的汽车用钢和硅钢品质提升、新品种研发、特色型和国际化人才培养为导向，针对 H 省钢铁—汽车相关产业的重大科学技术问题，统筹规划和部署创新资源投入方向，促进优质资源的优化配置，保证多主体平台的高效协同运行。以会议形式开展工作。

（3）科学技术咨询委员会。中心的学术咨询机构，由国内外同行业知名专家组成，提供科学技术和战略咨询。科学技术咨询委员会主要职责：负责创新中心的学术咨询，负责把握学术方向、创新任务设置、岗位设置论证、创新项目审核、责任教授和团队工作业绩评价、指导人才培养、推动国内外合作等。以科学技术咨询委员会会议形式开展工作。

（4）协同创新中心主任委员会。中心的执行机构，中心运行管理实行中心主任负责制。设主任1名，副主任2名，中心副主任兼任平台主任。中心主任委员会主要职责：负责中心日常运行管理、人员聘任与考核、经费管理、编写年度报告及进展报告和接受评估等。

（5）香涛创新学院。① 借鉴澳大利亚迪肯大学和皇家墨尔本理工大学等国内外大学先进的办学经验和模式，在中心创办香涛创新学院，开设硅钢特色班、汽车用钢特色班、材料模拟特色班等，创新学院统筹协同创新体内学生的招生选拔、培养计划制订、学位管理等工作。

（6）人事财务部和条件保障部。中心下设人事财务部和条件保障部，负责中心的人事、财务、教学与研究条件保障、设备设施管理与维护、对外交流与合作、成果转化与推广、后勤保障等事务。

4. 目前承担的重大科研任务情况

中心目前承担的在研重大科研任务共计43项，2012年到账总研究经费10198万元。其中，国家科技重大专项项目或课题4项，当年到账经费3801.5万元；国家"973计划"、"863计划"、支撑计划及自然科学基金重点项目22项，当年到账经费2713.05万元；地方和企业重大研发项目17项，当年到账经费3325.5万元。

5. 基础保障条件情况

中心现有用房总建筑面积3.9万平方米。现有实验室仪器设备价值14000余万元，万元以上实验仪器设备343台，拥有高分辨透射电

---

① 张之洞（1837—1909年），号香涛，晚清"四大名臣"之一，其于1898年创办的湖北工艺学堂为W大学前身。

子显微镜、X 射线荧光光谱仪等 20 多台大型仪器设备，能够满足高水平研究和开发的需求。图书馆面积 11000 平方米，通过多途径、有计划、有重点地采集国内外书刊资料，重点收藏材料、冶金、矿业、机械、电子信息、管理等学科文献。中心依托学校的后勤服务组织，坚持社会效益与经济效益并重的原则，为中心人员提供餐饮、公寓管理、物质供应、物业、水电、汽车运输、通信收发、环卫等完善的服务。

第二节 制约因素：W 大学协同
创新的社会发展障碍

一 有利于协同创新的社会氛围还没有真正形成

协同创新环境包括多个方面，既包括协同创新的金融环境、产业环境，也包括社会环境。W 大学协同创新由于地方政府的大力支持和特色行业背景，金融环境、产业环境状况良好，但在社会环境方面的表现则相对落后。办学一百多年来，W 大学人在艰苦创业中逐步形成了以"钢铁品质"（坚韧不拔、勇承重载、崇实求精、表里如一）为内核的校园精神文化，钢铁文化和崇实理念一脉相承，踏实肯干、吃苦耐劳成为 W 大学校友的优秀品格。但同时，自主创新的意识特别是协同创新意识和能力的缺乏成为校园文化的"短板"，缺乏敢闯、敢试、求新、求变的精神。部分干部、教师安于现状，缺少"冲劲"，造成协同创新动力不足。在学校创新环境的建构过程中，关注较多的是物质资源的多寡、教师队伍的强弱、历史基础的好坏、办学条件的优劣等，对学校的创新文化则关心甚少。"灌输式""应试型"教育仍然较为普遍，教育对市场需求反应迟钝，缺乏个性化和探究性教育的师资力量，各类教育资源的开发利用不力，闭门造车搞创新、空中楼阁搞创新、单兵作战搞创新的现象普遍存在。

中国工程院院士钟南山在分析创新型人才的培养路径时，专门强调了文化环境的重要性，他说："中国并不缺诺贝尔奖得主的种子和苗子，缺的是让种子和苗子长成参天大树的土壤。"① 同样，协同创新体的培植也离不开创新文化"土壤"，协同创新联盟的创新文化建设十分重要。"H 省钢铁产业协同创新中心"及其前身在创新文化建设上的投入相对不足，更多的是关注投入额、销售额、利润，鼓励创新、宽容失败的氛围不够浓郁，善待挫折、尊重失败尚未得到集体认同。"官本位"思想、行政文化及因循守旧，但求无过的平庸思想依然存在。创新资源的单位所有制造成体制壁垒，成果归属和利益分配的功利倾向，导致创新缺乏富有活力的文化环境，甚至形成了思想文化樊篱，严重制约了协同创新的开展。在实际操作过程中，协同各方思维方式、目标追求、价值观念各异，这种文化差异造成了合作创新效率的低下。

二 协同创新的社会网络发展相对滞后

广泛紧密的社会网络是开展协同创新的前提，W 大学协同创新的快速发展得益于地方产业、行业内丰富的社会资源。但从目前情况来看，社会网络关系的发展和利用还远远不够。例如，校友是学校重要的社会资源。W 大学校友遍布全国各地特别是钢铁企业，仅以 A 钢为例，A 钢具有本科学历的 6000 多名专业技术人员中，1/3 以上由 W 大学培养；400 多名硕士员工中，一半以上源自 W 大学；700 多名处级管理人员中，近 1/3 毕业于 W 大学，这是与 A 钢开展协同创新的重要资源。但学校刚刚成立校友会办公室，且人员配备严重不足，难以履行广泛联系校友的职责。2009 年学校成立了董事会，51 家董事单位分布在全国 13 个省、市、自治区的冶金、机械制造、建设和科研设计等 12 个行业。董事会本应是学校密切联系行业、企业的重要依托，但事实上并没有对这一社会关系网络进行有效经营，董事会没有发挥出应有的作用。

"强政府"是地方高校协同创新的一大特色。"2011 计划"是国家重大战略部署，在推动地方高校组建协同创新联盟方面，湖北省政府积极推动，而且已经取得了显著成效。但是，"强政府"还需要"强社会"来配合。目前，W 大学协同创新的社会创新网络机制尚未真正形

---

① 钟南山：《培养诺奖得主 中国不缺苗子缺"土壤"》，《广州日报》2011 年 6 月 1 日第 1 版。

成，虽然 A 钢和 W 大学建立了"A 钢—W 大学国际钢铁新技术研究院"，A 钢和 M 大学建立了"M 大学—WISCO 联合实验室"，而且会同 A 钢、D 汽车公司、I 大学联合组建了航空母舰式的"H 省钢铁产业协同创新中心"，但是其组织结构相对对立松散，并且合作各方的主管部门不同，管理体制在一定程度上仍然存在条块分割、自成体系、各自为政的问题，员工参与网络不健全，实质性的合作有待进一步推动。由于学校管理体制相对封闭，院系学科资源分割，现有的合作是以政府、单位领导、技术骨干间的沟通协调为主，其他管理、技术、供销、研究、教学、制造人员之间的交叉联系和互动网络还没有完全形成，而且缺乏有效的沟通和联系渠道。换句话说，目前的协同创新还停留在板块式黏合阶段，尚未实现深度融合。联盟与中介组织诸如研究咨询、信息服务机构、情报体系、物资配送中心、税务事务所、计量和质量检测机构、服务于科技成果进入市场的各类机构和流通合作组织的联系还不够紧密，与金融机构、政府部门的互动网络比较有限。

三　协同创新的信任治理有待于进一步加强

信任是持久创新的动力。W 大学、M 大学前期分别与 A 钢建立了一定的合作关系，具有一定的信任基础。但是，五家单位共同组建协同创新体后，网络结构的调整带来了信任格局的新变化。协同创新的核心目标是在关键领域取得"实质性成果"，仅仅靠一纸协议和浅层次的信任，是无法完成这一目标的。联盟内以前的合作大多是项目合作，一定程度上存在短期化、临时性的特点，未能真正实现各方人员的相互流动与交流，更未能在各方之间建立一种长期、稳定、制度化的利益共同体。可以说，"H 省钢铁产业协同创新中心"目前尚未从体制上真正破除参与单位之间的壁垒，真正的实体性协同创新体的建立尚待时日，建立深度信任关系的任务十分紧迫。

信任障碍产生的原因多方面的，思想观念差异、价值取向差异、风险偏好差异或者行为风格差异都可能造成信任障碍，成为协同中心合作伙伴的"信任门槛"。从协同各方领导层面看，两所大学、两大企业、一所国外大学分属于不同的行业和领域，有着不同的主管单位或部门。这些主管单位或部门一方面希望保护自身利益，另一方面希望推进协同创新，往往会产生一些意见或分歧。例如，协同各方知识产权冲突是影响知识流动的重要因素，高校是以知识和技术参与协同创新投入的，为了维护自身利益，知识产权的归属及其收益安排是其关注的重点。高校谋求关于知识产权的正式契约安排，很可能会与企业的知识产权战略有所冲突，影响相互间的信任关系。从社会成员层面看，由于五家单位社会成员间前期接触不多、了解较少，加强沟通渠道尚未有效建立起来，难以产生深度信任。加上转型期社会环境的影响，人与人之间不信任文化的滋长，也会导致联盟内部信任程度不高。另外，联盟外部社会关系网络的信任关系对中心的发展有着重要作用，也是亟待加强的重要领域。因此，如何进一步加强"H省钢铁产业协同创新中心"的信任治理，成为中心建设发展必须高度重视的重要问题。

四　促进协同创新的民间社会组织不健全

"H省钢铁产业协同创新中心"是地方政府和相关单位领导意志合力主导下成立的，而社会发展还远远不够，典型表现就是相关社团组织发展和利用得不够，制约了协同创新的深入开展。作为现代社会的标志、市民社会的组成部分，社团组织是社会建设的重要载体。与W大学相关的正式社团组织诸如联谊会、联合会、促进会、行业协会、基金会、学会、商会等，加上非正式社会组织如同学会、老乡会等，在协同创新的开展中具有重要作用。在这些组织开展的正式和非正式交流中，创新灵感容易迸发，创新资源容易汇聚，创新要素容易整合，社会组织对于激发创新能量来说必不可少。美国硅谷有大量的咖啡厅、茶馆、餐馆和健身馆，在这里进行的非正式交流，成为硅谷创新创业的重要动力和源泉，咖啡馆成了创业者的天堂，被誉为硅谷的"民间孵化器"。

联盟成立以来，在顶层设计和制度规划上忽视了民间社团组织的重要性。一是对现有的社团组织重视、利用不够。目前，国家已经成立了产学研促进会、冶金高校书记校长联谊会、冶金行业技术负责人联谊会等民间组织；行业协会诸如冶金工业协会、有色金属协会、钢铁工业协会、汽车工业协会、矿业协会等，也具备了健全的组织体系和运行机制，但W大学的重视度、参与度都远远不够。二是没有对联盟内部成立相应的社团组织进行规划和安排。联盟内部管理人员之间、技术人员之间、教学培训人员之间没有成立民间协会，相关人员缺乏交流和沟通的渠道和平台。目前，联盟的运转主要靠高层之间确定工作任务，层层下派，这种模式刚性有余而柔性不足，不利于创新思维、灵感和成果的产生。三是非正式组织和非正式交流的作用没有得到充分发挥。隐性知识的转移主要依靠非正式组织和非正式交流。联盟内部缺乏非正式组织和非正式交流，不利于隐性知识的转化，不利于打破联盟内组织界限和壁垒。隐性知识是创新的源泉，而隐性知识本身也需要不断积累、更新，如果隐性知识停滞不前，显性知识也将被定格并很快就会落后。但在联盟建设过程中，没有把协同各方社会成员之间非正式交流的动力机制考虑进来，导致联盟内部界限分明，体制壁垒尚未真正打破。

五　共享式互惠规范需要进一步探索和实践

共享式社会规范是开展协同创新的前提与保障，"H 省钢铁产业协同创新中心"建设还存在互惠社会规范不健全的问题。

一是利益与风险共担的合作创新机制尚未形成。"A 钢—W 大学国际钢铁新技术研究院"和"M 大学—WISCO 联合实验室"虽已对 A 钢的技术问题进行了合作，签订了项目合约，但在项目合约的实施过程中，由于 W 大学、M 大学与 A 钢对技术的价值、利益分配的认识不完全一致，各方的利益范围与责任边界不清，对知识产权、成果转化收益等合作成果分享的可操作性不强，难以进行科技创新的可持续性合作，科技成果转化周期较长。因此，具有实际应用价值的利益与风险共担的合作机制亟待进一步探索。

二是人才评价体系及激励机制尚待完善。人才评价标准过于强调论文和学历，而不是实际工作能力和实质创新贡献。人才评价体系既不符合效率原则，也不符合公平原则；人才的激励方式较为单一，侧重物质刺激，而缺少持续个人价值激励，导致激励资金没有发挥巨大效用，国外高端人才引进困难，特别是难以引进硅钢和汽车用钢等方面的创新创业人才，无法满足产业技术重大创新的需要。

三是高层次专业科技人才培养机制尚需探索和实践。高校科技创新体系与创新人才培养的良性互动不足，缺乏将钢铁—汽车产业的重大科技项目协同攻关融入人才培养的有效渠道，学生不能接受科学创新实践等全面训练，培养出来的人才创新能力不足。同时，由于人才培养的针对性不强，导致人才培养同质化现象严重，钢铁—汽车产业的高端人才缺乏，专业特色优势不明显，不能满足 A 钢和 D 汽车公司等企业对硅钢和汽车用钢等特色人才的需求。更为重要的是，由于国内外企业对硅钢等方面的从业人员实行严格的保密协议与规定，A 钢无法顺利引进相关领域的创新创业人才。应通过体制机制的创新，将企业需要的高端人才聘请到协同创新中心工作，为 A 钢和 D 汽车公司等企业培养创新团队和急需人才。

第三节　改进策略：基于社会资本的
W 大学协同创新能力建设

投资和开发社会资本是推动协同创新的重要力量，体制机制建设是实现协同创新目标的关键环节。因此，以社会资本的整合为着眼点构建科学合理、规范有效、富有活力的体制机制成为推动 W 大学协同创新的必要路径。

一　培育创新型的校园文化和合作共赢的联盟文化

长期以来，由于历史等多种原因所致，W 大学教学科研管理工作中生成了一些阻碍科技创新能力提升的观念因素。在 W 大学传统的校园文化氛围中，相对缺乏创新精神和创新意识，缺乏进取精神和协同意识，还存在小富即安、安于现状的心理。在科技创新活动中，还存在急功近利的现象，比较强调眼前利益和局部利益，忽视了长远利益和整体利益。这种思想文化现状成为协同创新开展的障碍和阻力，亟待纠正。应该在传统以"钢铁品质"为核心的"崇实"文化的基础上，全面融入创新文化要素，精心打造创新型文化，形成"人人关注创新，人人崇尚创新"的良好校园文化氛围。

创新文化环境的构建是一个复杂的系统工程，需要系统构建创新文化培育机制。一要构筑崇尚创新的精神文化体系。要系统改造传统的观念意识，大力开展创新文化教育和宣传，形成鼓励创新、容忍失败的共识。积极开展开放办学，通过不同思想文化的交流碰撞，促进不同文化观念相互学习、借鉴和融合。营造宽松包容、兼容并蓄的文化氛围。要把"顶天立地"作为科学研究的着眼点，将服务国家和区域发展战略和解决经济社会发展需求结合起来。

二要构筑鼓励创新的制度文化体系。改革评价与分配机制，提供相对宽松自由的学术空间，打破教师职务"终身制"和论资排辈现象，以岗定薪、按劳取酬、优劳优酬的校内分配方法，激励优秀人才脱颖而出。深化学科和科研组织模式改革，打破学科专业壁垒，实现资源的优化配置，促进学科融合与创新。建立专门的技术转移机构和工作队伍，完善技术转移的体制机制，促进成果转移转化。

三要构筑支撑创新的物质文化体系。挖掘和整合校史创新资源，赋予校园建筑、景点、场馆创新文化内涵，发挥校园环境潜移默化的育人功能。加大资金投入，积极拓展协同创新融资渠道，实现科研经费来源多样化；设立科技创新基金，支持师生广泛开展科技创新活动，促进创新人才的发展。

"H 省钢铁产业协同创新中心"要塑造"资源共享、合作共赢"的联盟文化，形成协同各方个体目标对接联盟目标的共享目标价值体系。只有在形成了共同的价值观念，建立了共同遵守的准则和相互信任关系的基础上，才能使个体社会资本转化为联盟的整体社会资本，这样就可以形成协同各方全体人员为共同目标、愿望和理想而奋斗的合力。良好的联盟文化是联盟社会资本的主要组成部分，它如同黏合剂一般将联盟成员团结凝聚起来，为着共同的目标，相互协调配合、增进信任合作，形成强大的向心力和凝聚力。优质的联盟文化促使内部成员积极将个人资源贡献给联盟，实现了个体社会资本向集体社会资本的转化，有效节约了激励成本，提高了合作创新的效益。

二　巩固和扩大协同创新的社会网络

W 大学现有教职工 2574 人，教师资源比较充裕，并且不同院系和专业系的教师联系着社会上不同领域的社会关系，因此，学校教职员的社会资本总量是很大的。并且这些联系并非单向度联系，与院系和专业的其他联系共同促成了强大的社会关系网络，这种社会资本具有很强的可用性。所以，学校要进行社会资本开发，就应当充分调动内部教职工开发自身社会资本的积极性和主动性。需要特别强调的是，学校还应当充分整合个体社会资本，通过构建有效的激励机制，推动教职工社会资本转化为学校的社会资本，从而扩大学校的社会关系网络。校友、学生和离退休老同志的社会资本也是学校扩大社会网络的重要依托。特别是校友，是学校开展协同创新的重要社会资源。学校要建立并完善连接校友的信息网络平台，将校友链转化为信息链，充分利用校友网络结构特性，整合校友资源，发挥校友联系外界的纽带作用，为学校建设发展创造条件。要建立健全校友工作机构和制度，与校友经常保持联系，成立各地区的校友联谊会，培养校友捐助母校的意识，树立校友回赠母校的优良传统。

构建"H省钢铁产业协同创新中心"广泛、紧密的社会网络是打破体制壁垒、实现创新资源整合、提高创新效率的关键所在。社会网络的网络结构有助于创新联盟获取优质知识和技术信息，网络关系有助于提升协同各方之间的信任程度，网络认同度有助于联盟实现有效沟通。一要加强网络主体的培育。在现有协同单位的基础上，进一步加强与地方政府、中介组织、金融机构、风险投资商等机构的联系，拓展网络主体，增加网络联结点。对联盟内协同各方的职责进行准确定位，特别是要强化W大学在网络中"结构洞"的地位和作用，维护协同网络的稳定和通畅，占据信息流的关键位置，有效集聚创新资源。

二要建立稳定的信息平台。协同创新网络中信息的交流和扩散对于知识转移和技术创新来说具有决定性意义，因此必须建立稳定的信息交流平台，为信息流动创造条件。信息平台是一种桥梁纽带，缩短网络结点之间的流动距离，从而加快信息传递。"H省钢铁产业协同创新中心"在信息平台建设方面已经具备了一定的工作基础，还要进一步搭建供应方和需求方的交流机制，通过政策鼓励、项目投标和信息化建设等途径，促进协同各方的充分联结，进而提升创新效率。

三要有正确的政策导向。政府的政策支持是地方高校协同创新顺利开展的有效保障，政策供给状况直接决定了协同创新的模式和体制，对创新网络的发展具有深远影响。地方高校要积极争取地方政府的支持，积极引入省内外、国内外的创新资源，与地方产业集群区、产业转移园区等进行对接，实现创新网络向跨区域、跨国的方向拓展，形成国际化、开放式、多层次的合作网络，便于从更宽广的领域汇聚创新资源。要引入国际化的管理理念和模式，根据 A 钢、D 汽车公司国际化战略和实施进程，探索国际人才交流与培养的长效机制；采用国际优秀师资面授或远程授课（前沿课程），活跃学术氛围和创新思想，打造国际交流平台。

三　完善协同创新中心的信任体系建设

信任是创新网络得以形成的前提，也是其实现有效运转的基础。离开了信任的支持，创新系统就难以运行，对协同创新能力的提高产生阻碍。"H 省钢铁产业协同创新中心"刚刚成立，协同各方信任相对不足，应当采取必要的措施，营造有利于创新合作的信任环境。当前，社会诚信的缺失已经成为制约我国经济社会发展的重要因素，也在一定程度上制约着协同创新中心的建设与发展。对于技术创新这种具有高度不确定的经营活动，需要消除相互猜疑，减少管理过程中的冲突和分歧，应积极构建跨组织的诚信文化支撑体系，培育相互信任和合作共赢的理念。而且，诚信体系建设还能够为协同创新中心的发展提供一个良好的信用评估机制，让金融机构客观地评估协同创新中心的市场价值，以优质的金融支撑促进科技创新。

推进协同创新中心诚信体系建设，要坚持循序渐进和整体推进的原则。一是以共同的合作愿景促进信任。"H 省钢铁产业协同创新中心"的总体目标是实现高端汽车用钢与硅钢开发，汇聚国内外创新要素和资源，建成集创新型人才培养、特色学科建设及解决 H 省钢铁—汽车产业重大技术需求于一体的领先阵地，引领 H 地区的科技创新和产业发展。在合作的过程中也要不断强调成员间的目标意识，这样才能够提醒联盟的成员要为长远的目标而努力，减少机会主义行为。共同愿景的确定有助于协同各方向着共同的方向努力，增加彼此间的信任和依赖。

二是以团队式学习培育信任。联盟成员之间的关系是一种基于长期合作而形成的团队式信任关系，这种关系建立在成员单位履行义务、分享权益的基础之上，并且对团队的成员具有极大的信任，团队内持续进行的学习过程同时就是团队成员之间以及个体团队整体的信任不断强化的过程。团队内部通过开展技术交流和知识共享，既可以增强团队成员的知识和技术，更为重要的是，这个过程会增进成员单位对联盟的认同感、归属感、信任感，对联盟的发展前景充满信心，这种信任和认同会随着联盟的成长而不断增强。

三是以合作伙伴之间的沟通和互动扩大信任。沟通是解决冲突和矛盾最有效的方法，沟通在管理学的研究中也占有重要的地位。在创新联盟信任机制的建立过程中，沟通能够增加合作伙伴间的信任度。创新联盟要加强内部沟通，对于合作的进展和出现的问题定期举行会议，如果有条件的话，举行一些培训或者面对面对话的沟通方式。组织间的信任关系完全可以发展到个人间的信任，组织间的积极交流能够促进跨单位的人际关系的发展，良好的人际关系有时候能够发挥至关重要的作用，甚至胜过组织本身之间的信任关系。

四 建立健全有利于协同创新的互惠制度规范

互惠规范是社会资本的重要内容，网络互惠程度对技术创新绩效具有显著的正向影响作用。因此，应当加大互惠规范的制度供给力度，以促进"H省钢铁产业协同创新中心"的健康发展。

一是建立多主体创新平台的一体化运作机制。根据市场机制原则，将联盟内各成员单位的科技平台资源、设备装备、人才资源等创新资源融入协同创新中心。应采用"四个统一"协同管理模式进行运作，即按照"中心目标统一"的原则组建协同创新体，按照"学科规划统一"引领科学研究和人才培养，按照"人力资源统一"创新人事管理制度，按照"经费管理统一"完善财务管理制度。

二是建立"竞争、公平、富有活力"的用人机制。采用"按目标与任务设岗、领军人才全球招聘、人员跨单位互聘、待遇协商认定、实行合同管理"的原则聘用人才；采用"人员流动、协同体内不调动、择优竞争"的方式使用人才；采用"以团队为核心、以实绩为导向"的考核评价体系和与国际接轨的薪酬管理制度，为创新人才的引进和培养提供制度保障。要打破人员管理的僵化模式，改变身份管理和固定用人的传统模式，建立岗位管理和合同用人的流动管理机制，激发人才创新活力。要尝试开辟人才特区，汇聚优秀人才。

三是建立汇聚各类创新要素的科研组织模式。中心各创新平台和聘用人员的科研任务由中心根据总体目标统筹安排，在聘用时明确研究方向和任务，根据任务需求与考核结果动态调整骨干岗位。发挥 W 大学钢铁材料应用基础研究、M 大学材料加工成形技术开发、A 钢高品质钢铁材料制造和 D 汽车公司汽车用钢应用等方面的互补优势，建立汇聚多种创新要素的协同机制，形成基础研究、产品开发、中试研究、工艺优化及成果转化一体化的协同创新链。

四是建立多主体协同培养特色人才的新机制。依托 W 大学和 M 大学在钢铁材料方面的人才和学科优势，借鉴国外高校培养人才的先进经验，结合 A 钢和 D 汽车公司的战略发展要求，按照联盟框架协议的要求将"香涛创新学院"办出特色、办出水平，实施创新联盟内师资互聘、学分互认、学费互免和教学资源共享，探索国际化、特色型人才协同培养的新途径。

五是建立"项目共建、风险共担、利益共享"的成果开发与转化机制。制定资源整合与成果共享的相关管理办法，明晰"谁研发谁拥有、谁投入谁优先使用"的成果归属及分享分配机制；建立"学校企业双向互移"的模式，即企业进入研发阶段，参与项目市场价值的决策、分担学校研发费用和研发风险，减少企业应用科研成果的风险；学校不仅获得常规性的项目研究开发费和专利转让费等，而且通过技术入股、技术成果提成、技术持股等办法参与利益分配，同时参与工程转化和项目运用维护，减少企业应用科技成果的风险。

五　发挥非政府组织及行业协会在协同创新中的黏合功能

社会资本形成的前提是个体的信任合作并获得成员身份，社团组织对于培养社会成员的合作精神、集体意识，增进社会参与，提升社会资本来说具有十分重要的作用。积极参与社团组织可以突破集体行动困境，增强行动的有效性。所以，社团组织是积累社会资本的载体，是社会关系、共同价值、互惠合作得以形成的重要场域，是促进协同创新的有效手段。

"H 省钢铁产业协同创新中心"的建设中，要积极发挥行业协会、科技中介组织等社团组织的作用，一方面可以减轻地方政府对于协同创新的直接干预，避免造成创新效率损失；另一方面也能够为创新联盟的社会网络构建提供机会，有利于联盟社会资本的培育与发展。联盟内部社会成员来自不同行业和单位，实现从相识到熟悉，必须要有交流互动的空间和平台，社团组织具备的组织优势和非正式交流体制恰恰契合了这一需求。行业协会、联合会、学会、科技协会等民间组织为协同创新人员的技术、生活交流创造了条件，并为他们社会关系网络的建立奠定了基础。除此之外，创新联盟内部的社会成员大都是具有高学历、强技术的知识分子，他们除了在工作和学习方面需要互助交流之外，还需要在情感和自主性方面得到尊重和理解，他们渴望参与公共集体活动，希望拥有更大的成长交流空间。社团组织具有灵活的管理体制和活动方式，为建立信任、传递信息、达成共识、增进交流提供了良好的横向交往结构，可以帮助其成员以组织化的力量解决各种困难和问题。通过开展多样化的社团活动，可以形成融洽的合作关系，一方面个体可以通过社团获取对自身有利的知识、信息和物质资源，另一方面社团可以充分筛选和使用个人社会资本而形成集体社会资本。同样，社团之间的互动交流也可以增进整个创新联盟社会资本的积累。所以，社团的健康发展促进了创新联盟整合能力的提升，有助于实现联盟的民主化管理和成员的快速成长，也有助于解决集体行动困境以提高创新联盟的运行效率。

加强创新联盟的社团管理，要积极推动社团向自治化、自主性方向发展，变监管控制为引导培育，为社团发展创造良好的客观条件和制度环境。等级服从、行政指令过多，就容易造成下级凡事依赖上级、听命于领导的思维惯性和行为惯性，横向联系、横向交流、横向合作的积极性就会降低。而长期缺乏横向交流与合作，会使社团及成员对于自愿互利合作关系生疏，由此产生互相之间不信任、不善于合作等不良现象，从而削弱联盟社会资本。要依托行业协会或社团组织定期举办高水平学术研讨会和学术论坛等，营造良好的学术交流氛围。积极承办或举办"世界著名科学家钢铁冶金与材料论坛""中英钢铁研究论坛""A 钢汽车用钢论坛""中澳汽车用钢论坛"等学术活动，为协同创新的开展创造交流平台。

六　不断加强协同创新网络的非正式交流

协同创新联盟正式的合作网络只是联盟网络的一部分，这种形式的网络对于编码化的显性知识的传播和扩散比较有利，但并不利于隐性知识的转化。联盟内部成员在共同工作和生活过程中建立的非正式网络，如管理人员、技术人员、操作人员的交流，政府官员、大学科研人员、企业主、企业员工之间的非正式交流和接触，对于增进彼此信任具有特殊重要的意义。非正式交流是隐性知识传播的主要途径，是促进合作创新的关键。

硅谷之所以能够取得巨大的成功，一个重要的原因便是其内部具有高密度、常态化的非正式交流网络。维尔山的马车轮酒吧是硅谷内科研人员休闲聚会的场所，工程师们在这里可以自由地交流思想、探讨科研、传播信息，受到了普遍欢迎，催生了大量的创新成果，被喻为"半导体工业的源泉"。在硅谷的公共场所，自由地交流谈话随处可见，成为人们获取信息的重要来源。中关村是我国高新技术产业的集散地，近年来呈现快速发展的良好态势。在中关村兴起了一种 Club 文化，技术人员通过酒吧聚会和自由聊天传递着业界新潮信息，这种非正式交流活动有效促进了中关村内隐性知识的传递，有效促进了创新活动的开展。

"H 省钢铁产业协同创新中心"的健康发展同样离不开良好创新环境的熏陶和支撑，非正式交流网络正是创新环境的重要内容。非正式交流一方面可以促进隐性知识的传播，提升每个人的知识拥有量，实现技术创新的激增效应；另一方面，频繁的面对面交流，可以催生创新成果，是促进创新联盟发展的重要途径。因此，在"H 省钢铁产业协同创新中心"建设过程中，不能仅仅看重政策的制定和设施的投入，还要高度重视非正式团体的建设和非正式交流的开展。非正式团体如俱乐部、沙龙、老乡会等是相关人员以共同的兴趣爱好和专业领域自发组成的组织，他们具有相似的背景，组织制度相对松散。正因如此，非正式团体为非正式交流搭建了理想的平台。在创新联盟建设过程中，应当积极鼓励非正式团体的组建，对有潜力的非正式团体予以扶持，在经费、技术、基础设施等方面加大投入，提供各种必要的资源，帮助它们快速成长。同时，要加大生活服务配套网络建设（如咖啡馆、茶楼、体育健身场所等），为科技创新人才提供非正式交流沟通的渠道。定期举办一些由科技创新人才参与的文化活动（如龙舟赛、文艺演出、游艺活动、焰火晚会等），为协同各方的技术人员提供社会交往的机会。

七　强化 W 大学在协同创新中的纽带作用

在"H 省钢铁产业协同创新中心"建设中，W 大学是培养人才、传承知识、创新科技的主要阵地，在联盟发展中具有重要地位和独特作用，没有其与企业、用户、地方政府等合作过程中的牵头和组织协调作用，就难以构建符合"2011 计划"要求的充满活力、结构合理、优势互补、相互促进的协同创新体系。

首先，W 大学要协助做好顶层设计，提高自主创新水平。提高自主创新能力和水平，是开展协同创新的基本价值取向。学校作为协同创新中心的牵头单位，要从整体的创新战略高度做好协同创新顶层设计，争取各种资金和政策支持，做好协同单位的组织协调，调动各方面的积极性和创造性，促使协同创新按既定的路线图推进，有效实现预期目标。其次，W 大学要协调各方利益关系，促进创新顺利实施。协同创新是涉及多主体的集体行动，如果不能协调好各方面的利益关系，协同创新就难以顺利开展。这就要求学校不要只顾眼前利益，要站得高看得远，着眼于创新联盟未来发展目标的实现，而不是与协同伙伴争利。要明确创新联盟内部各创新主体的责任和义务，克服包打天下的心态，充分依靠各创新主体，发挥各自创新优势。要建立定期沟通机制，及时解决创新过程中出现的困难和问题。最后，W 大学要加强学科建设，打造适应协同创新的高端平台和优秀团队，实现创新的可持续发展。协同创新的目标任务是解决国家和区域重大战略需求，涉及的项目都是关系国计民生的重大科研项目。科技创新平台对于实现持续创新、产出高水平成果、承担重大项目来说，是前提和基础。学校应积极搭建开放共享的科研平台，与科研院所和企业共建共用，并以此作为推进协同创新的立足点。除此之外，学校还应围绕协同创新目标，培育高层次科技创新团队，培养科技创新领军人物和专门人才，为协同创新的可持续发展提供稳定的人才支撑和智力保障。

另外，W 大学还应充分发挥知识传播组织、技术交流平台、创新人才交往纽带的作用。在协同创新发展中，学校作为一种公共设施往往发挥着中心实验室的作用，为协同创新体内各参与单位和人员提供一个共享的技术平台。创新人才交往的社会纽带作用体现在两个方面，一是在协同创新发展中，来自 W 大学的毕业生之间往往会更加容易地开展技术创新合作，形成社会关系网络；二是学校也为科技创新提供了一个社会交往平台，让联盟内技术人员通过参与学校举办的各类讲座、论坛，甚至正式的研究课题，不断扩大自己的社交网络，积累社会资本。因此，W 大学要在充分认识学校对于协同创新的社会作用的基础上，积极发挥自身优势，推进协同创新联盟的社会融合。

第八章 结语

第一节 结论：投资社会资本是推动地方
高校协同创新的新引擎

开展协同创新是高校科技发展的必然趋势，也是地方高校提高教育质量、突破发展困境的必由之路。"2011 计划"为地方高校实现"进位赶超"提供了难得的政策机遇。可以说，协同创新开展的好坏，直接关系到地方高校在新一轮竞争中能否赢得主动权，关系到地方高校在未来高等教育整体格局中的地位。当前，地方高校协同创新取得了初步成就，但还存在层次不高、深度不够、动力不足、氛围不浓等问题亟待解决。因此，深入开展地方高校协同创新研究是一个针对性很强的课题。本书从社会资本视角探讨地方高校协同创新之路，研究了地方高校科技创新的社会网络化发展趋势，分析了地方高校协同创新的现状和问题，把社会资本的培育作为破解协同创新发展困境的突破口，提出了系统的解决方案。既有理论分析，也有政策建议；既有从宏观层面对地方高校进行的整体研究，也有从微观层面以 W 大学为例进行的案例解剖。回顾本书研究过程，可以得出如下结论：

一 地方高校协同创新本质上是科技创新社会网络化

地方高校具有强烈的地方属性，在地方经济社会发展特别是在科技创新体系中具有重要作用。地方高校与地方政府、地方经济、地方产业有着天然的联系，在构筑协同创新网络方面具有明显优势。在开展协同创新过程中，地方高校一方面要整合企业、科研院所等强关系以组建协同创新联盟；另一方面又要链合政府部门、金融机构、中介机构、风险投资商、用户等弱关系，成为区域创新社会网络的重要组成部分。在地方高校内部，学科发展呈现交叉融合趋势，科研管理呈现矩阵态发展趋势，人才队伍呈现网络化发展趋势；在协同创新联盟内部，协同各方管理人员、技术人员、生产人员、供销人员、后勤人员等在新的组织模式下相互交织组成新的社会网络；协同创新联盟作为一个社会组织又深深嵌入更为广阔的社会网络之中。由此可见，协同创新是多元主体交叉融合汇聚，本质是科技创新的社会网络化，其网络规模、网络结构、网络密度直接影响协同创新的绩效。因此，加强社会治理成为推动地方高校协同创新的关键，必须把对创新理论的研究视角从原先的自然科学领域、经济学领域，转向社会学领域。

二　经营社会资本是地方高校获取社会资源的重要渠道

1999年，高等教育实行扩招以来，地方高校规模迅速扩张，而且扩张速度远大于国家和地方教育投入增长速度，导致地方高校办学经费相对紧张。除此之外，科研经费投入不足、高层次科研项目少、高端人才引进难等问题严重制约着地方高校的建设发展。地方高校的发展不能仅凭借自身条件和仅依靠政府作用，而是需要依靠更加广泛、更加密切的社会协作。积极开发和利用社会资本，可以促进地方高校办学效益的提高。从地方高校内部看，社会资本有利于建立教职员工与地方高校的心理契约，有效避免员工的机会主义行为，提高学校管理效率；社会资本直接影响着学校的组织结构和效率，可以产生强大的向心力和凝聚力，实现超越科层制度的人性化的管理方式。从高校外部看，社会资本可以为地方高校提供广阔的信息渠道，使学校从多个渠道以较低代价获得信息，而且可以提高学校的信息敏感性；社会资本可以为学校争取大量的办学资源，生产或转化出其他形式的资本，进而增加地方高校物质资本的总量，使物质资本和人力资本使用效益达到最大化。特别需要指出的是，无论是内部社会资本还是外部社会资本，都能够促进组织和个人间的信任、团结和协作，均可以促进协同创新。

三 地方高校社会资本对协同创新绩效具有显著影响

首先，社会资本从结构维度、关系维度、认知维度三个方面影响协同创新绩效。结构维度主要表现为网络联系与网络结构，网络联系的数量关系到协同创新的规模，网络联系的结构关系到协同创新的质量和效率；关系维度主要表现为信任关系，及其相关的义务与期望、规范与惩罚、可辨识的身份等，可以有效降低协同创新联盟中的交易成本，有利于组织学习和知识共享；认知维度关注的是行为主体共同的目标、语言、文化习惯和隐性知识等意识体系，可以促进协同各方进行有效沟通。其次，社会资本以组织学习为中介对协同创新产生作用。作为一种动力机制，社会资本可以提升组织学习绩效，而组织学习有利于将知识转化为新的产出、有利于为技术创新输送知识来源、有利于变隐性知识转化为显性知识、有利于把渐进式创新为变革式创新，从而提高协同创新绩效。最后，社会资本从宏观、中观、微观三个层次影响协同创新。宏观层次，社会创新环境、社会信任、社会文化、共同体的激励制度均对协同创新产生重要影响；中观层次，地方高校内部、外部社会资本对协同创新都有促进作用；微观层次，地方高校领导、教职员工等个人社会资源通过转化为学校社会资本促进协同创新绩效提升。

四 地方高校社会资本不足制约了协同创新的深入开展

当前，我国正处在社会转型期，传统社会资本被打破的同时现代社会资本尚未建立，出现传统与现代结构性断裂的"异型发展"，地方高校社会资本存在结构不合理、多元并存、分布不均衡、民间社会组织不健全等问题。与国际一流大学和国家部属高校相比，地方高校社会资本相对封闭、分散和内聚，成为协同创新的发展障碍。地方高校协同创新网络发展相对滞后，与区域创新网络存在一定程度的脱节现象；尚未形成有利于协同创新的文化氛围，较多的是关注发表论文、承接课题，真正关注科研成果产业化的较少；协同各方之间缺乏信任与合作，由于"反距离悖论"现象的存在，信任不足成为地方高校协同创新低效的主要原因；合作各方缺乏互惠规范，权益分配不当导致合作层次不高、科技成果转化率低。地方高校在社会资本经营方面还存在一些缺陷，主要表现在与国家部属高校政策体制环境不平等，导致地方高校出现被边缘化的趋势；从横向网络关系中获取资源的能力不足，导致地方高校在社会资本经营过程中具有较浓的亲和权力的品性；现代社会资本缺乏，导致地方高校管理绩效下降；对社会资本经营的认识存在偏差，导致地方高校社会网络和社会关系难以转化为社会资本。

五 整合社会资本是推动地方高校协同创新的重要路径

第一，健全互动网络关系是推动协同创新的关键。密切协同创新的共享式社会规范，建立有效的协同创新网络联结机制，构建高效的协同创新制度化沟通机制，重视和积累协同创新的社会资源，是扩大地方高校的社会关系网络的主要途径。第二，完善信任治理机制是协同创新网络形成和运作的基础。建立协同创新联盟内部信任机制，发挥地方政府协调各方关系的服务功能，建立健全信任的社会评价机制，是增进协同各方信任关系的重要手段。第三，建立互惠社会规范是巩固协同创新网络关系的保障。建立公平合理的利益分配制度，建立和完善协同创新激励机制，完善促进协同创新的科技法制体系，约束和规范合作各方的合法权益。第四，把培育社团组织作为协同创新社会资本的重要载体。加强和改进社团的组织管理方式，加强社团组织自身建设，高度重视社团组织在社会资本经营中的重要地位和作用，从而促进协同创新效率的提升。第五，推动文化价值整合。大力加强地方高校校园文化和协同创新的联盟文化建设，强化对联盟的身份认同，积极构建有利于协同创新的社会文化环境，以文化啮合协同创新网络关系。

第二节 创新：开拓了协同创新研究的新视野

本书是在前人研究的基础上进行的，既有所继承，也有所创新。创新之处主要表现在以下三个方面：

一 开拓了协同创新研究的社会资本视野

社会资本理论为理解地方高校协同创新问题提供了一个全新的理论视角，使社会资本成为研究协同创新问题的分析工具，从而为协同创新研究和社会资本研究都做出了有价值的学术努力。本书探寻社会资本影响和作用于地方高校协同创新的机制，分析社会资本对地方高校协同创新过程的制约因素，并从有效整合社会资本的角度，探索地方高校协同创新的现实路径，提出现实性对策建议。

二 揭示了社会资本与协同创新结构关联的内在机理

首先，提出了社会资本三个维度及其动态化对协同创新的影响机理。结构维度表现为网络联系与网络结构，既可以决定创新资源的流动方向也可以控制其流动速度，从而为创新活动的开展奠定了社会结构基础；关系维度表现为组织之间信任，可以促进合作主体之间相互学习，从而实现有效的知识共享；认知维度表现为共同的认知体系，包括共同愿景和目标、共同的语言和符号、相似的背景和隐性知识等意义体系，这些都是协同创新得以顺利开展的关键因素；社会资本的动态化为协同创新网络动态化联结机制提供了理论框架。其次，提出了社会资本通过组织学习中介影响地方高校协同创新的机理。社会资本可以有效促进组织学习的深入开展，组织学习带来技术创新效率的提升，随着协同创新联盟关系资产和研究网络资产的增加，创新的突破性程度不断增强。最后，提出多层次社会资本影响地方高校协同创新的作用机理。本书提出，宏观的社会创新环境、社会信任关系、社会文化环境、社会制度结构，中观的创新联盟社会互动、共同价值观念以及文化因素，微观层次的联盟内部社会个体与社会组织间的网络互动关系，包括人与人之间的互动关系网络以及组织与组织之间的互动关系网络，都是社会资本影响地方高校协同创新的重要途径。

三 对 W 大学协同创新的现状、问题和对策进行了深入描述与分析

本书把研究具体到 W 大学，全面介绍了这所地方高校开展协同创新的基本状况，特别是对其牵头组建的 "H 省钢铁产业协同创新中心" 进行解剖，介绍了该项目的重大战略需求、中心工作基础、中心组建情况，指出了其协同创新的社会发展障碍，有针对性地提出对策建议，对本书的理论研究过程和成果进行了印证。相比之下，当前国内关于协同

创新的研究主要集中在宏观层面，缺乏对具体高校微观层面的研究，缺乏对社会资本的案例分析，也缺乏第一手资料。

第三节 展望：研究愿景的期盼

本书虽然取得一些有理论价值和实践意义的研究成果，但还存在一些局限和不足，有待于未来进一步改进。

一 定量分析有待于进一步加强

由于地方高校协同创新体系的复杂性，本书在社会资本的量化测度方面的研究还不深入。文章仅仅是从理论角度对地方高校协同创新体系中的社会资本进行研究，缺乏定量的实证分析。关于社会资本能否测量问题，理论界还存在一些分歧。但是，量化和实证正是社会资本研究的发展方向，如果能提出一些分析指标和测量方法，把协同创新社会资本纳入数据计量范畴，社会资本与协同创新之间的关系分析就会更具说服力。未来的研究中，可以将社会资本评价指标的设计、测度方法的选择作为研究重点，以提升社会资本研究的科学化水平。

二 地方高校协同创新的研究视角有待于进一步拓展

影响协同创新水平和绩效的因素不仅只有社会资本、组织学习等，本书只是从社会资本角度分析了地方高校协同创新的社会资本影响路径。影响地方高校协同创新的因素包含了地方高校内部管理因素、外部环境因素，还包括各种因素之间的互动关系。因此未来的研究可以将更多的因素纳入研究的视角中来，这样研究的设计将会更加完善和完美。另外，社会资本与协同创新之间的中介变量可能不仅是组织学习，例如，有学者认为，吸收能力和知识获取在社会资本与协同创新间也可以起到中介机制的作用[1][2]，因此，未来的研究可以关注更多的中介因素的影响作用。

---

① 韦影：《社会资本对于技术创新的影响：吸收能力的观点》，博士学位论文，浙江大学，2005 年。
② 张方华：《知识型企业的社会资本与技术创新绩效的关系研究》，博士学位论文，浙江大学，2004 年。

参考文献

[1] Adler, Paul S. , Seok Woo Kwon, "Social Capital: Prospects for a New Concept", *Academy of Management Review*, 2002, 27 (1): 17 –40.

[2] Alejandro Portes, "Social Capital: It's Origins and Applications in Modern Sociology", *Annual Review of Social*, 1998, 2 (2): 86 – 87.

[3] AnnaLee Saxenian, *Regional Advantage: Culture and Competition in Silicon Valley and Route* 128, Cambridge: Harvard University Press, 1994, 133 – 135.

[4] Becker, G. , "Investment in Human Capital: A Theoretical Analysis", *The Journal of Political Economy*, 1962, 70 (S5): 77 – 82.

[5] Bourdieu Pierre, "Le Capital Social: Notes Provisioned", *Acted Rec. Sci. Soc.* , 1980 (30): 63 – 65.

[6] Bourdieu, P. , "The Forms of Capital", in John Richardson, ed. , *Handbook of Theory and Research for the Socioligy of Education*, New York Greenwood Press, 1986: 233 – 235.

[7] Burt, R. S. , *Structural Holes: The Social Structure of Competition*, Cambridge MA: Harvard University Press, 1992: 58 – 64.

[8] C. K. Prahalad and Gary Hamel, "The Core Competence of the Corporation", *Harvard Business Review*, 1990, May – June: 79 – 93.

[9] Jin Chen, Weiwei Ye, "The Modes of Univerdity – Industry Collaborative Innovation in Service: A Case Study from China", *Proceedings of*

the IEEE International Conference on Management and Service Science, 2008: 1471 – 1475.

[10] Chiles, Todd H. , McMackin, John F. , "Integrating Variable Risk Preferences, Trust, and Transaction Cost Economics", *Academy of Management Review*, 1996, 21 (1): 73 – 99.

[11] Coleman, J. , "Social Capital in the Creation of Humam Capital", *The Ameriom Journal of Sociology*, 1988, 94 (Supplement): 95 – 120.

[12] Coleman, J. S. , *Foundations of Social Theory*, Amercia: 1990: 178 – 183.

[13] Collaborative Innovation Network, http: //en. wikipedia. org/wiki/ Collaborative_ innovation_ network.

[14] David Malone, "Knowledge Management: A Model for Organizational Learning", *International Journal of Accounting Information Systems*, 2002 (3): 55 – 58.

[15] Dyer, H. J. , Singh, H. , "The Relational View: Cooperative Strategy and Sources of Inter – organizational Competitive Advantage", *Academy of Management Review*, 1998, 23 (4): 660 – 679.

[16] F. Braudel, "Civilization and Capitalism, 15th – 18th Century", vol. II: *The Wheels of Commerce*, N. Y. : Harper and Row, 1982: 233.

[17] Decheng Fan, Xiaoxu Tang, "Performance Evaluation of Industry – University – Research Cooperatice Technological Innovation Based on Fuzzy Integral", *International Conference on Management Science & Engineering*, 2009: 1789 – 1795.

[18] Fukuyama, F. , "Social Capital and the Global Economy", *Foreign Affairs*, B. , 1995, 74 (5): 89 – 103.

[19] Georgina Blakeley, "Social Capital, Georgina Blakeley and Valerie Bryson", *Contemporary Political Concepts: A Critical Introduction*, London, Sterling, Virginia: Pluto Press, 2002: 200 – 202.

[20] Granovetter, M. , "Economic Action and Social Structure: The Problem of Embeddedness", *American Journal of Sociology*, 1985, 91

(3): 481 –510.

[21] Granovetter, M., "The Strength of Weak Ties", *American Jounlal of Sociology*, 1973, 78 (6): 1360 – 1380.

[22] Henderson, R. M., Clark, K. B., "Architectural Innovation: The Reconfiguration of Existing Product Technologies and the Failure of Established Firms", *Administrative Science Quarterly*, 1990 (35): 9 – 30.

[23] Hongzhuan Chen, Qiangqiang Zhao, Zhenxin Jin, "Study on Grey Evolutionary Game of 'Industry – University – Institute' Cooperative Innovation", *Proceedings of 2009 IEEE International Conference on Grey Systems and Intelligent Sercices*, 2009: 1120 – 1125.

[24] Ikujiro Nonaka, Ryoko Toyama, Noboru Konno, "SECI, Ba and Leadership: A Unified Model of Dynamic Knowledge Creation", *Long Range Planning*, 2000 (33): 834 – 841.

[25] Minghua Jin, Xue Zhang, "Analysis and Assessment on Risks of Enterprise – customer Collaborative Innovation", *International Conference on Managerment and Service Science*, 2009: 134 – 139.

[26] Joseph T. Shipley, *Dictionary of Word Origins*, Amercia, 1957: 712 –713.

[27] Kale, P., Singh, H. & Perimutter, H., "Learning and Protection of Proprietary Assets in Strategic Alliances: Building Relational Capital", *Strategic Management Journal*, 2000, 21: 217 –238.

[28] Kang, S. C., Morris, S. S., Snell, S. A., "Relational Archetypes, Organizational Learning, and Value Creation: Extending the Human Resource Architeeture", *Academy of Management Review*, 2007, 32: 236 –256.

[29] Kim, Y. Y., "Intercultural Communication Competence: A Systems – theoretic View", In S. Ting – Toomey&F. Korzenny (Eds.), *Cross – cultural Interpersonal Communication*, Newbury Park: Sage Publications, 1991: 78 –84.

[30] Landry, R., Amara, N. and Lamari, M., "Does Social Capital

Determine Innovation? To What Extent?", *Technological Forecasting & Social Change*, 2002, Vol. 69: 681 – 701.

[31] Leana, C. R., Van Buren Ⅲ, H. J., "Organizational Social Capital and Employment Practices", *Academy of Management Review*, 1999, 24 (3): 538 – 555.

[32] Lewickj, R. J., Bunker, B. B., "Trust Relationships: A Model of Trust Development and Decline", in J. Z. Rubin (ed.), *Conflict, Cooperation and Justice*, Jossey – Bass, San Francisco, 1995: 133 – 173.

[33] Nan Lin, *Social Capital: A Theory of Social Structure and Action*, Cambridge University Press, 2001: 88 – 95.

[34] Lou, G. X., Zeng, S. X., Tan, C. M., "Cost – Reducing Innovation Collaboration in Supply Chain Management", *Conference on Wireless Communications, Networking and Mobile Computing*, 2007: 4929 – 4932.

[35] Mikhail Ivanovich Volkov, *A Dictionary of Political Economy*, Moscow: Progress Publishers, 1981: 233 – 254.

[36] Nahapiet, J., Ghoshal, S., "Social Capital, Intellectual Capital, and the Organizational Advantage", *Academy of Management Review*, 1998, 23 (2): 242 – 266.

[37] Jieyi Pan, Fen Wang, "Analysis and Evaluation of Knowledge Transfer Risks in Collaborative Innovation Based on Extension Method", *IEEE Xplore*, 2008: 152 – 158.

[38] Paul Mulhoolland, Zdenek Zdrahal, John Domingue, Andmarek Halala, "A Methodological Approach to Supporting Organizational Learning", *International Journal Human – Computer Studies*, 2011 (55): 134 – 142.

[39] Pierre Bourdieu, "The Forms of Capital", in J. G. Richardson (ed.), *Handbook of Theory and Research for the Sociology of Education*, Greenwood Press, 1986: 248 – 256.

[40] Putnam, Robert D., "Tuning in, Tuning out: The Stange Disap-

pearance of Social Capital in American", *Political Science and Politics*, 1995, Vol. 28, No. 4: 664 – 683.

[41] Putnam, R. D. , "Bowling Alone: America's Declining Social Capital", *Journal of Democracy*, 1995 (6): 173 – 184.

[42] Putnam, R. D. , "The Prosperous Community, Social Capital and Public Life", *The American Prospect*, 1996 (13), Spring: 122 – 137.

[43] Putnam, R. et al. , *Making Democracy Work: Civic Traditions in Modern Italy*, Princeton: Princeton University Press, 1993: 88 – 96.

[44] Santom, M. , Chakrabarti, A. K. , "Firm Size and Technology Centralityin Industry – University Interactions", *Research Policy*, 2002, 31: 1163 – 1180.

[45] Schumpeter, J. , *The Theory of Ecomomic Development: An Inquiry into Profits, Capital, Credit, Interest, and Business Cycle*, Harvard University Press, Cambridge, MA, 1934: 269 – 284.

[46] Shaul M. Gabbay and Ezra W. Zuckerman, "Social Capital and Opportunity in Corporate R&D: The Contingent Effect of Contact Density on Mobility Expectations", *Social Science Research*, 1998, Vol. 27: 189 – 217.

[47] Uzzi, B. , "The Sources and Consequences of Embeddedness for the Economic Performance of Organizations: The Network Effect", *American Sociological Review*, 1996 (61): 674 – 698.

[48] Vito Albino, A. Claudio Garavelli, Giovanni Schiuma, "Knowledge Transfer and Inter – firm Relationships in Industrial Districts: The Role of the Leader Firm", *Technovation*, 1999 (19): 557 – 573.

[49] Dongsheng Yang, Yongan Zhang, "Simulation Study on University – Industry Cooperative Innovation Based on Multi – agent Method", *Proceedings of the 2008 International Conference on Computer Science and Software Engineering*, 2008: 528 – 531.

[50] Zucker, L. G. , "Production of Trust: Institutional Sources of Eco-

nomic Structure，1840 – 1920"，*Research in Organizational Behavior*，1986，8：53 – 111.

［51］白俊红、陈玉和、李婧：《企业内部创新协同及其影响要素研究》，《科学学研究》2008 年第 2 期。

［52］包亚明：《布尔迪厄访谈录——文化资本与社会炼金术》，上海人民出版社 1997 年版。

［53］鲍林：《高校科技创新的路径选择：社会资本观》，《科技管理研究》2010 年第 5 期。

［54］鲍林：《社会资本视阈下的企业产学研合作创新》，《徐州师范大学学报》（哲学社会科学版）2010 年第 4 期。

［55］边燕杰、丘海雄：《企业的社会资本及其功效》，《中国社会科学》2000 年第 2 期。

［56］卜长莉：《社会资本与社会和谐》，社会科学文献出版社 2005 年版。

［57］蔡文娟、陈莉平：《社会资本视角下产学研协同创新网络的联接机制及效应》，《科技管理研究》2007 年第 1 期。

［58］曹荣湘：《走出囚徒困境：社会资本与制度分析》，生活·读书·新知三联书店 2003 年版。

［59］柴葳、高靓：《我国高等学校获 2012 年度国家科技三大奖 183 项》，《中国教育报》2013 年 1 月 19 日第 1 版。

［60］陈国权、马萌：《组织学习的过程模型研究》，《管理科学学报》2000 年第 3 期。

［61］陈劲、张方华：《社会资本与技术创新》，浙江大学出版社 2002 年版。

［62］陈磊：《科研领域为什么患上了"自闭症"?》《科技日报》2011 年 11 月 24 日第 1 版。

［63］陈磊：《数字彰显中国科技力量》，《科技日报》2012 年 10 月 10 日第 1 版。

［64］陈希：《地方高校要服务区域经济社会发展》2010 年 6 月 3 日第 1 版。

［65］陈亚珠等：《协同创新：中国高校深化改革还需要什么》，《高校

教育管理》2012 年第 6 期。

[66] 程桦：《协同创新是地方高校实现一流的战略选择》，《中国教育报》2012 年 6 月 19 日。

[67] 丹尼斯·缪勒：《公共选择理论》，杨春学译，中国社会科学出版社 1999 年版。

[68] 邓楠：《提高全民科学素质建设创新型国家》，《求是》2006 年第 2 期。

[69] 邓甘庆等：《试析社会资本视角下的高校科研管理创新》，《中国卫生事业管理》2010 年第 5 期。

[70] 丁振国等：《引导高校协同创新服务湖北经济社会发展》，《社会建设》2012 年第 2 期。

[71] 方竹兰：《中国体制转轨过程中的社会资本积累》，《中国人民大学学报》2002 年第 5 期。

[72] 费孝通：《乡土中国》，上海人民出版社 2007 年版。

[73] 冯一潇：《诺贝尔奖为何青睐交叉学科》，《科学时报》2010 年 2 月 2 日第 3 版。

[74] 弗朗西斯·福山：《信任——社会道德与繁荣的创造》，李宛蓉译，远方出版社 1998 版。

[75] 高承恕：《理性化与资本主义》，台湾联经出版事业公司 1986 年版。

[76] 高红、徐修德：《社团组织在创建创新型国家中的功能》，《行政论坛》2009 年第 16 卷第 1 期。

[77] 高靓：《"2011 计划"：英雄不问出处》，《中国教育报》2013 年 3 月 1 日第 2 版。

[78] 高靓：《"2011 计划"启动　已有 150 所高校成立协同创新中心》，《中国教育报》2013 年 2 月 23 日第 2 版。

[79] 高靓：《2011 计划：点亮高校创新之光》，《中国教育报》2013 年 4 月 12 日第 1 版。

[80] 顾冠华：《发挥高校在新兴产业中的协同创新作用》，《群众》2012 年第 6 期。

[81] 顾浩：《论学科交叉路径及趋势》，《上海金融学院学报》2006 年

第 6 期。

[82] 何勇、赵林度、何炬:《供应链协同创新管理模式研究》,《管理科学》2007 年第 5 期。

[83] 何郁冰:《产学研协同创新的理论模式》,《科学学研究》2012 年第 2 期。

[84] 何云峰:《农业协同创新:地方农业高校的发展契机与时代使命》,《光明日报》2012 年 6 月 9 日第 8 版。

[85] 贺金玉:《协同创新 地方新建本科院校大有可为》,《中国教育报》2012 年 7 月 10 日。

[86] 胡锦涛:《在庆祝清华大学建校 100 周年大会上的讲话》,《人民日报》2011 年 4 月 25 日第 2 版。

[87] 胡伟:《在经验与规范之间:合法性理论的二元取向及意义》,《学术月刊》1999 年第 12 期。

[88] 湖北省教育厅:《湖北教育统计年鉴(2011)》,华中科技大学出版社 2012 年版。

[89] 奂平清:《我们需要什么样的"关系社会学"研究》,《科学社会主义》2010 年第 1 期。

[90] 黄晓东:《社会资本与政府治理》,社会科学文献出版社 2011 年版。

[91] 季晶:《推进高校协同创新 提升科研服务能力》,《科教导刊》(上旬刊)2011 年第 12 期。

[92] 季明:《我国高校半数科研经费来自产学研项目》,http:/scitech. people. com. cn/BIG5/131715/9842517. html。

[93] 姜振华:《社区参与与城市社区社会资本的培育》,中国社会出版社 2008 年版。

[94] 教育部发展规划司:《教育部中国教育统计年鉴(1978—2011)》,中国人民教育出版社 2012 年版。

[95] 教育部科学技术司:《2011 年高等学校科技统计资料汇编》,高等教育出版社 2011 年版。

[96]《教育部批准的高等学校名单》(截至 2012 年 4 月 24 日),中华人民共和国教育部,http:/www. moe. gov. cn/srcsite/A03/moe -

634/201205/t20120507_ 135137. html。

[97] 解学梅:《中小企业协同创额网络与创新绩效的实证研究》,《管理科学学报》2010 年第 13 卷第 8 期。

[98] 金海燕:《社会资本对高校教师科研的影响机制研究》,《当代教育论坛》2010 年第 6 期。

[99] 金林:《科技中小企业与科技中介协同创新研究》,硕士学位论文,大连理工大学,2007 年。

[100] 玖·笛德、约翰·本珊特、凯思·帕维特:《创新管理——技术变革、市场变革和组织变革的整合》,清华大学出版社 2004 年版。

[101] 柯进、程毓:《武汉科大:校企携手"加减乘"尝到协同创新甜头》,《中国教育报》2012 年 7 月 3 日第 1 版。

[102] 黎珍:《正义与和谐——政治哲学视野中的社会资本》,人民出版社 2008 年版。

[103] 李安方:《社会资本与区域创新》,上海财经大学出版社 2009 年版。

[104] 李惠斌、杨雪冬:《社会资本与社会发展》,社会科学文献出版社 2000 年版。

[105] 李见新:《河南 13 个省级协同创新中心挂牌并获 9500 万元支持》,《中国教育报》2012 年 12 月 22 日第 1 版。

[106] 李健:《大力加强产学研协同创新》,《光明日报》2012 年 3 月 11 日。

[107] 李琳、方先知:《产学研知识联盟与社会资本》,《科技进步与对策》2005 年第 8 期。

[108] 李素矿:《高校协同创新要把握好四个维度》,《光明日报》2012 年 8 月 30 日。

[109] 李兴华:《协同创新是提高自主创新能力和效率的最佳形式》,《科技日报》2011 年 9 月 23 日。

[110] 李忠云、邓秀新:《内外兼治破解高校协同创新困境》,《中国教育报》2011 年 9 月 12 日第 7 版。

[111] 李忠云等:《高校协同创新的困境、路径及政策建议》,《中国高

等教育》2011 年第 17 期。

[112] 林南：《社会资本——关于社会结构与行动的理论》，上海人民出版社 2005 年版。

[113] 刘芳：《社会资本对产学研合作知识转移绩效影响的实证研究》，《研究与发展管理》2012 年第 1 期。

[114] 刘广杰：《产学研合作有关问题的国内外研究比较》，《商业视角》2012 年第 10 期。

[115] 刘国龙：《协同创新促进产业成长机制研究——基于产品创新、工艺创新和市场创新三螺旋视角》，硕士学位论文，武汉理工大学，2009 年。

[116] 刘国权：《科研导向下高校教师交往中的社会资本投入研究》，《湖南商学院学报》2011 年第 4 期。

[117] 刘建平：《突破协同创新的文化瓶颈》，《光明日报》2012 年 5 月 30 日。

[118] 刘寿先：《企业社会资本与技术创新关系研究》，经济管理出版社 2009 年版。

[119] 刘亚荣：《高等学校行政化问题调查》，南靖在线。

[120] 刘艳：《高校社会资本影响办学绩效的机理——基于社会网络结构主义观》，《高教探索》2009 年第 4 期。

[121] 刘悦伦、沈奎：《协同创新已成为当今世界潮流》，《南方日报》2009 年 2 月 25 日。

[122] 卢现祥：《西方新制度经济学》，中国发展出版社 2003 年版。

[123] 鲁照旺：《政府经济学》，河南人民出版社 2002 年版。

[124] 吕海萍、龚建立、王飞绒等：《产学研相结合的动力——障碍机制实证分析》，《研究与发展管理》2004 年第 2 期。

[125] 吕凯：《社会资本理论的应用价值及其局限性分析》，硕士学位论文，东北师范大学，2007 年。

[126] 罗伯特·C. 埃里克森：《无需法律的秩序——邻人如何解决纠纷》，苏力译，中国政法大学出版社 2003 年版。

[127] 罗伯特·帕特南：《使民主转起来：现代意大利的公民传统》，王列译，江西人民出版社 2001 年版。

[128] 罗维东：《高校应如何推进协同创新》，《中国高校科技》2012年第 7 期。

[129] 马长山：《社会资本、民间组织与法治秩序》，《环球法律评论》2004 年秋季号。

[130] 马德秀：《以协同创新谱写产学研合作新篇章》，《中国科技产业》2011 年第 12 期。

[131] 宁滨：《高校应成为协同创新体系的中坚力量》，《中国科学报》2012 年 2 月 29 日。

[132] 宁滨：《高校在协同创新中的地位和作用》，《人民日报》2012年 4 月 19 日。

[133] 宁滨：《全力推进协同创新 服务经济社会发展》，《中国高等教育》2011 年第 17 期。

[134] 帕萨·达斯古普特、伊斯梅尔·萨拉戈尔丁：《社会资本：一个多角度的观点》，张慧东译，中国人民大学出版社 2005 年版。

[135] 戚志林：《地方高校产学研合作的地方特色略论》，《重庆科技学院学报》2011 年第 10 期。

[136] 钱晓勤：《我国高校科技成果转化中存在的问题及其对策》，《中国高教研究》2001 年第 11 期。

[137] 饶扬德：《市场、技术及管理三维创新协同机制研究》，《科学管理研究》2008 年第 4 期。

[138] 苏令银：《社会资本：社会主义核心价值体系建构的新视域》，《马克思主义与现实》2010 年第 5 期。

[139] 唐景莉：《"2011 计划"：提升高等学校的创新能力和质量》，《中国教育报》2012 年 11 月 14 日第 3 版。

[140] 唐景莉：《"2011 计划"对于地方高校意味着什么》，《中国教育报》2013 年 1 月 3 日第 7 版。

[141] 陶行知：《中国教育改造》，人民出版社 2008 年版。

[142] 王保华：《千万别冷落了地方高校》，《中国教育报》2005 年 9 月 23 日第 4 版。

[143] 王方瑞：《基于全面创新管理的企业技术创新和市场创新的协同创新管理研究》，硕士学位论文，浙江大学，2003 年。

［144］王华：《中国社会资本的重构》，《思想战线》2004 年第 4 期。

［145］王娟茹、赵嵩正、杨瑾：《知识集成条件和模型研究》，《预测》2004 年第 1 期。

［146］王娟茹、赵嵩正：《基于组织学习的知识转移研究》，《情报杂志》2006 年第 11 期。

［147］王世彤、王文玲：《我国高校科研管理的社会资本分析》，《科技管理研究》2006 年第 2 期。

［148］王文亮、刘岩：《校企合作创新网络运行机制调查分析》，《技术经济》2011 年第 8 期。

［149］王小兵：《地方高校科技成果转化问题及其对策浅析》，《中国科技信息》2008 年第 22 期。

［150］王迎军：《构建协同创新机制　培养拔尖创新人才》，《中国教育报》2011 年 4 月 23 日第 5 版。

［151］韦恩·贝克：《社会资本制胜：如何挖掘个人与企业网络中的社会资源》，上海交通大学出版社 2002 年版。

［152］韦影：《社会资本对于技术创新的影响：吸收能力的观点》，博士学位论文，浙江大学，2005 年。

［153］吴东：《怎样做一名与时俱进的新型校长》，《科学咨询》2010 年第 8 期。

［154］吴青熹：《变革型领导、社会资本与协同创新组织学习的视角》，博士学位论文，南京大学，2011 年。

［155］吴晓波、韦影、杜健：《社会资本在企业开展产学研合作中的作用探析》，《科学学研究》2004 年第 6 期。

［156］夏松：《民间组织与社会资本的运作研究》，硕士学位论文，安徽大学，2007 年。

［157］谢芳：《企业集团内部协同创新机理研究》，硕士学位论文，浙江大学，2006 年。

［158］谢舜、肖冬平：《论社会资本对技术创新的作用与影响》，《广西大学学报》（哲学社会科学版）2004 年第 3 期。

［159］熊彼特：《经济发展理论：对于利润、资本、信贷、利息和经济周期的考察》，商务印书馆 1990 年版。